房地产开发
行政处罚
风险防范与实务应对

Administrative Penalty in Real Estate Development:
Risk Prevention
and
Practical Response

陈作科　裴红艳
李云舒　王凌光
成晨阳——著

法律出版社 LAW PRESS · CHINA

陈作科

陈作科律师先后毕业于中山大学、西南政法大学，现为北京大成律师事务所中国区顾问委员会委员，北京大成（广州）律师事务所董事局执行主席。任广东省律师协会房地产法律专业委员会第九届、第十届副主任，广州市律师协会行政法律专业委员会第八届、第九届主任，广东省房地产与建筑工程法律事务律师专家库成员，广州市越秀区人大代表，中国法学会律师学会特邀研究员，广东司法警官职业学院律师学院客座教授。主要执业领域为房地产与建设工程、公司商事等民商事诉讼仲裁以及行政（政府）等领域争议解决。曾在广州市中级人民法院任职法官，2002年开始从事律师工作，为多家政府机关、世界500强企业、上市企业、国有企业、事业单位等提供常年及各类专项法律服务。2012 年 5 月被广州市律师协会评为“2009-2011 年度广州十佳律师”；2014年3月被《亚洲法律杂志》（ALB）评为“2014年度ALB中国十五佳诉讼律师”；2018年9月被广州市律师协会评为“广州最美律师”；2019年、2020年被法律评级机构钱伯斯（Chambers and Partners）评为“公司/商事”上榜律师；2020年9月被司法部评选为“全国优秀律师”。

裴红艳

裴红艳律师毕业于南开大学，获法学学士、文学学士、管理学硕士学位。2001年开始从事律师工作，执业领域主要集中于房地产与建筑工程、公司经营与股权并购等相关的疑难复杂争议解决和非诉项目处理，长期担任多家大型房地产集团（公司）的常年法律顾问。为广州仲裁委员会仲裁员，广东律师专家库-首批房地产及建筑工程法律事务律师专家库成员，曾担任广东省律协房地产法律专业委员会委员、广州市律协公司法专业委员会委员、广东省第十届律师代表大会律师代表、广州市第五届律师代表大会律师代表。现为北京大成（广州）律师事务所执业律师。曾参与编写《房地产物权常见问题专家解答》。

李云舒

李云舒律师毕业于中国政法大学法学院，获行政法学博士学位。2009年起先后在人民法院和律师事务所工作，现任北京大成（广州）律师事务所合伙人。主要执业领域集中于复杂争议解决及行政法律事务，有多年行政法学理论积淀及实务经验，现任多家行政机关、事业单位法律顾问；同时为多家大中型企业特别是房地产企业提供法律服务。曾在《行政执法与行政审判》（最高人民法院行政庭主办）等刊物发表多篇学术论文及译文，参与撰写《行政法与行政诉讼法学案例》等著作。

王凌光

王凌光律师毕业于中国政法大学法学院，获行政法学博士学位。主要执业领域为行政法、竞争法、数据法。现任广州大学公法研究中心研究员、中国行为法学会行政法治研究会理事、广东省法学会行政法学研究会理事、广东省法学会港澳基本法研究会理事、广州市铁路运输法院案件评查专家、广州市贸促会企业跨境贸易投资法律综合支援平台专家、北京大成（广州）律师事务所兼职律师。曾参与《自然灾害防治法（草案）》等多部法律和地方性法规的起草工作；并为多个地方政府及行政主管部门提供法律服务。在《行政法学研究》、《法治日报》、澎湃新闻等学术刊物、媒体发表论文、评论三十余篇，参与撰写《〈中华人民共和国行政处罚法〉理解与适用》等著作多部。主持、参与教育部、司法部、国务院港澳办、澳门特区政府、广东省政法委、广东省人大常委会等课题二十余项。

成晨阳

浙江大学光华法学院研究生在读，本科毕业于中山大学法学院，辅修金融学结业。成绩优异，专业基础扎实，2020年通过国家统一法律职业资格考试，曾获得中山大学优秀学生奖学金、中山大学中伦文德奖学金、许仲伟法学基金奖学金。多次参加各类比赛，取得了“第二届全国金企鹅杯网络法模拟法庭大赛二等奖”“第四届‘赢火虫模拟风控官大赛’银牌风控官”“广州市第三届‘版辩羊城，权论新篇’辩论赛殿军”“中山大学法学院第九届‘乡土中国’调研大赛二等奖”“法学院‘学宪法讲宪法’知识竞赛二等奖”等成绩。近年来，持续在北京大成（广州）律师事务所实习工作，期间主要对房地产开发实务及相关法律问题进行深入研究，将所学理论有效运用到了实务中，在该领域进步显著。

编写说明

因本书中涉及的行政处罚决定书、法院裁判文书作出的时间不同，其中援引的法律规范条文系作出决定或裁判文书当时有效的版本，可能与最新修订版本存在不一致之处。本书在第一章“法规概览”部分已列出本书成稿时相关法律规范的最新修订版本的施行时间。其他部分所提及的法律条文，如无特别说明，均为“法规概览”部分所列的最新修订版本，如本书中的《行政处罚法》即指2021年7月15日实施的《中华人民共和国行政处罚法》；在援引裁判文书和行政处罚决定书时，如涉及旧版本的法律规范，则以《法规名称（修正时间）》表述，如《行政处罚法（2017）》即指2017年9月1日修正发布的《中华人民共和国行政处罚法》。

如旧版本的法律规范与最新修订版有实质性差异，本书将特别说明；如无，则仅指明条文序号之变化。

序　言

房地产项目具有开发周期长、涉及行政审批事项繁多,同时受多个行政主管部门监管的特征。房地产开发企业在项目开发经营过程中,如不能全面了解分散在多部法律法规中的若干层面、角度的相关规定,则发生涉嫌违法违规进而受到行政处罚的风险就会大大增加。彼时,轻则增加开发成本,影响工程进度;重则丧失相关资质,危及企业生存。本书对房地产开发过程中的行政处罚风险防范及应对进行了系统梳理和研究。

本书作者为房地产开发及行政争议解决领域的资深执业律师和法律学者,多年来在相关领域精耕细作,他们凭借自身丰富的实践经验和扎实的理论素养,对房地产开发全过程(包括但不限于设立与资质取得、土地利用、开工建设及竣工、销售及经营等环节)中可能涉及的法律、法规、规章和其他规范性文件进行系统梳理,总结违法行为的类型、表现、处罚措施、处罚依据,并结合已有的行政处罚案例总结、提炼相应的风险防控建议。同时,本书针对行政处罚前后可能涉及的行政检查、行政听证、行政强制、行政复议、行政诉讼,为企业提供应对的指引和策略。

本书的特色在于:

第一,视角独特。相比于市面上其他涉及房地产开发领域法律风险的书籍,本书选取的视角——房地产开发过程中的行政处罚风险防范及应对——对房地产开发企业的经营甚至生死存亡意义重大,但目前尚未发现有对此做深入、系统研究的相关成果。本书作者凭借多年来在这一领域积累的丰富实践经验和扎实的理论素养,对相关问题作出了较为全面的分析、总结,填补了国内就该实务领域进行系统化研究的空白。

第二,紧跟立法。《行政处罚法》是我国行政法领域最重要的单行法之一,是行政机关有效实施行政管理,保障法律、法规贯彻施行的重要手段。《行政处罚法》于1996年通过,2009年和2017年先后两次作了个别条文的修正。该法颁布施行以来,对增强行政机关及其工作人员依法行政理念,依法惩处各类行政违法行为,推动解决乱处罚问题,保护公民、法人和其他组织合法权益发挥了重要作用,积累了宝贵经验,同时,执法实践中也提出了一些新问题。为了解决这些问题,全国人大常委会法工委于2018年启动了《行政处罚法》的修改工作,并于2021年1月22日修订通过。本书根据2021年最新修订的《行政处罚法》撰写,最大限度地将新法的内容吸收、融入本书的相关章节。

第三,内容翔实。本书全面梳理房地产开发全流程中的行政处罚风险,包括房地产开发企业设立与资质取得、土地利用、开工建设及竣工、销售及经营等环节中可能涉及的法律、法规、规章和其他规范性文件,从中总结违法行为的类型、表现、处罚措施、处罚依据,并结合已有的行政处罚案例总结、提炼相应的风险防控建议。

同时,本书围绕行政处罚流程给出对应的指引和应对策略。行政处罚并非一个孤立的行为,可能涉及行政检查、行政调查、行政听证、行政强制等诸多环节和措施;房地产开发企业对行政处罚不服,也有行政复议、行政诉讼等救济途径。本书针对行政处罚中的每一个环节为房地产开发企业提供了对应的指引和防范、应对策略。

第四,以法解例,以案释法。徒法难自行,孤例不成书。本书筛选了各级、各地区行政主管部门和人民法院的数百件代表性行政处罚和行政诉讼案件,与各部分的法律法规相互参照、对应,便于读者更直观地理解相关法律条款在实践中的适用情况。

相信本书能够为房地产领域的从业人员、执业律师、高校及科研院所法学专业师生以及对相关法律问题感兴趣的社会人士带来启迪和助益。

董　皞
教授、博士生导师
中国行政法学研究会副会长
广东省法学会副会长

前　言

房地产行业是我国国民经济的重要组成部分，也是各级政府及其组成部门重点监管的领域。相关法律、法规及规范性文件为这一领域编制了细密的“法网”；相关行政执法实践亦形成了鲜明的“小部门法”特色。因而，对房地产开发全流程中行政处罚责任及应对的分析和梳理，不仅有助于房地产开发企业及其工作人员合规经营、维护自身合法权益，也有助于以解剖麻雀的方式展示这一“小部门法”的治理逻辑与现实法理。

本书的内容主要分为三部分。

第一部分概述（第一章）对行政处罚的基本原则、房地产行业行政处罚的实施机关和法律依据进行了梳理。

根据《行政处罚法》规定，行政机关设定、实施行政处罚应当遵循处罚法定，公正、公开，处罚与教育相结合以及权利保障等基本原则。处罚法定是依法行政原则对行政处罚的基本要求，具体包含三个要求：处罚实施主体法定；处罚权限法定；处罚程序法定。公正原则是指设定和实施行政处罚必须以事实为依据，与违法行为的事实、性质、情节以及社会危害程度相当。该原则是比例原则在行政处罚领域的体现，又被很多学者称为过罚相当原则。违反该原则作出的行政处罚可能被法院以明显不当为由撤销、确认违法或无效。行政处罚的公开原则要求实施行政处罚的依据、过程和结果要依法公开。处罚与教育相结合原则要求行政处罚不仅要通过给与违法行为人制裁，更要通过执法部门的宣传教育，督促违法行为人增强法制观念、自觉守法。在实施行政处罚时，处罚与教育二者不可偏废，不能以罚代教。权利保障是贯穿行政处罚过程的基本原则，其内涵包括：公民、法人或者其他组织对行政机关所给予的行政处罚，享有陈述权、申辩权；对行政处罚不服的，有权依法申请行政复议或者提起行政诉讼；公民、法人或者其他组织因行政机关违法给予行政处罚受到损害的,有权依法提出赔偿要求等。

房地产行业的监管涉及多个行政监管机关。其中,自然资源主管部门、住房和城乡建设主管部门是房地产行业行政处罚最主要的实施机关。自然资源主管部门负责实施《土地管理法》及相关法律法规,其涉及土地的行政处罚事项就多达23项。实践中,绝大部分的行政处罚都是由地方各级人民政府的自然资源主管部门作出,国家自然资源部直接处理的案件极少。住房和城乡建设主管部门负责实施《城市房地产管理法》及相关法律法规,承担了大量相关的行政处罚职权,仅法律、行政法规中规定的就至少有87项。实践中,住房和城乡建设主管部门每年作出的行政处罚案件量非常大。除自然资源主管部门、住房和城乡建设主管部门外,其他行政主管部门在行使职权时,也可能对房地产开发企业和从业人员进行处罚。至少包括:生态环境主管部门(依据《环境影响评价法》《大气污染防治法》《水污染防治法》)、市场监督管理部门(依据《公司法》《广告法》《安全生产法》《特种设备安全法》)、税务主管部门(依据《税收征收管理法》)、价格主管部门(依据《价格法》)等。

房地产行业监管涉及大量法律、法规、规章及司法解释。其中,与房地产开发企业面临的行政处罚风险相关的有《土地管理法》《建筑法》《城乡规划法》《环境影响评价法》《公司法》《大气污染防治法》《广告法》《节约能源法》《水污染防治法》《税收征收管理法》《安全生产法》《特种设备安全法》《水土保持法》《价格法》等;与房地产开发企业防范与应对行政处罚风险相关的有《行政处罚法》《行政复议法》《行政诉讼法》《治安管理处罚法》《行政强制法》《政府信息公开条例》等。

第二部分(第二章至第七章)对房地产开发企业以及其他相关主体在企业设立与资质取得,开发建设与土地利用,项目开工建设、竣工,项目开发销售及经营的过程中可能涉及的行政处罚风险及具体的案例进行了详细的分析。

房地产开发企业在设立与资质取得阶段,主要受到《公司法》《公司登记管理条例》《城市房地产开发经营管理条例》《房地产开发企业资质管理规定》等法律法规的规制,相关法律法规对企业的核心要求是及时开业、正常营业以及合法获得、利用相应的开发资质。在开发建设阶段,房地产企业的核心行为是获取建设用地使用权以及对土地的利用,其行为主要受到《土地管理法》《城市房地产管理法》《大气污染防治法》《土地管理法实施条例》等法律法规的规制,相关法律法规对企业的核心要求是合法获取土地使用权,依法利用土地,并遵循资源节约、环境保护的要求。在开工建设、竣工阶段,房地产开发企业主要受到《建筑法》《城乡规划法》《安全生产法》《环境影响评价法》《水污染防治法》《水土保持法》《建设项目环境保护管理条例》《建设工程质量管理条例》等法律法规的规制,相关法律法规对企业的核心要求是环保节能、安全生产、保障质量、遵循规划。在项目开发销售、经营阶段,房地产开发企业主要受到《广告法》《反不正当竞争法》《价格法》《税收征收管理法》《城市房地产开发经营管理条例》《商品房销售管理办法》《城市商品房预售管理办法》等法律法规的规制,相关法律法规对企业的核心要求是有序竞争、合法纳税。在基本完成项目开发后,房地产开发企业还需要完成物业单位选聘、向物业服务企业移交材料等后续工作,因此还受到《特种设备安全法》《物业管理条例》《住宅专项维修资金管理办法》《民用建筑节能管理规定》等法律法规的规制。

房地产开发周期长,涉及的主体众多,房地产开发企业除了要注意防范本企业面临的行政法律责任风险外,还要注意合作企业的信用状况、违法记录。其中,承包单位(施工企业)、物业服务企业与房地产开发企业关系最为密切,这两类主体在参与房地产开发中主要受到《建筑法》《建设工程质量管理条例》《城市建筑垃圾管理规定》《建设工程安全生产管理条例》《物业管理条例》等法律法规的规制。施工单位主要参与的是房地产开发的施工建设阶段。在该阶段,施工企业要合法承包、依法施工,重点保障工程质量和安全生产,同时注意保护环境。相应地,房地产开发企业在选择施工方时应该着重对施工单位的相关违法记录进行审查。物业服务企业主要参与的是房地产开发销售后的物业管理阶段。前期物业服务企业往往由房地产开发企业选定,在该阶段,物业服务企业要做好各项物业管理工作,保障业主利益,并在前期物业服务合同终止后妥善办理交接工作。相应地,房地产开发企业在选择物业服务企业时应该着重对物业服务企业相关的违法记录进行审查。

第三部分(第八章、第九章)对房地产开发企业及其工作人员在行政处罚及行政救济程序中应注意的事项进行了系统的梳理。

行政处罚程序可能涉及行政检查、行政听证、处罚决定和强制执行四个阶段。在行政检查阶段,房地产开发企业应当关注相关职能部门的随机抽查事项清单、行政检查的频次、参与行政检查的行政机关的范围、行政检查方式、行政执法人员的人数和资格、行政执法人员的回避、法定配合义务、核对笔录等事项。在行政听证阶段,房地产开发企业应当注意申请条件、申请程序和费用、听证前准备、听证参与人等事项。在处罚决定阶段,房地产开发企业应当注意接收行政处罚决定书并检查行政处罚决定书的内容;如果行政处罚决定书缺少必要的内容,可能导致该行政处罚在后续的行政复议和行政诉讼程序中被撤销、确认违法或无效。在行政处罚决定作出前后,行政机关可能会对企业及工作人员作出行政强制,具体包括行政强制措施和行政强制执行两种类型。在行政处罚决定作出前的行政强制措施阶段,房地产开发企业应当注意行政执法人员的人数和身份、行政执法人员是否通知企业负责人或工作人员到场、行政执法人员是否告知权利、听取陈述和申辩等事项。在行政处罚决定作出后的行政强制执行阶段,房地产开发企业应当注意行政机关的行政强制执行权限和执行程序等事项。

行政救济主要分为行政复议和行政诉讼两种途径。

行政复议是房地产开发企业申请行政处罚作出机关的上一级机关或者同级人民政府解决行政争议的程序。一般情况下,房地产开发企业可以自知道行政处罚之日起60日内提出行政复议申请,因而,企业负责处理行政处罚事宜的相关人员或者负责收发文件的人员,在亲自签收行政处罚决定书或者签收邮寄送达的行政处罚文书时,必须要有期限意识,及时向主管领导或决策部门反馈签收情况,以便主管领导或决策部门在法定期限内有足够的时间决定是否提出复议申请。如果提出行政复议申请超过了法定的申请期限,行政机关将不予受理。根据《行政复议法》,行政复议申请可以采取书面或口头方式。实践中,很少见到以口头方式提出行政复议申请的情形,从固定复议申请行为及复议请求的角度来看,也不建议企业采取口头方式提出复议申请。行政复议的审理通常采取书面审的方式。复议机关收到被申请人的资料后,一般不会主动向复议申请人进行送达,但复议申请人可以主动与复议机关沟通,请求复议机关送达被申请人提供的行政复议答复书及相关材料副本,以便更加清晰、全面地了解行政处罚决定作出的事实及法律依据,为日后可能进行的行政诉讼做好准备。在行政复议过程中,被申请人不得自行向申请人和其他有关组织或者个人收集证据。若在复议过程中,有关行政机关继续向被处罚企业进行调查、取证,企业有权予以拒绝。另外,若被申请人在行政复议过程中自行收集了证据,企业可以在后续行政诉讼中要求法院不得将此证据作为定案根据。一般情况下,行政复议期间行政处罚不停止执行;但申请人申请停止执行,行政复议机关认为其要求合理,可以决定停止执行。因而,企业在申请行政复议时可一并提交停止执行申请,并载明申请停止执行的理由,以免损失扩大或不可逆转。

行政诉讼是房地产开发企业请求法院解决行政争议的程序。行政复议决定作出后,若企业对复议决定不服,可以继续提出行政诉讼;对于大部分房地产行业行政处罚决定而言,也可以不经复议直接提起行政诉讼。经过行政复议的案件,应当在收到复议决定书之日起 15 日内向人民法院提起诉讼;未经过行政复议的案件,一般应自知道或者应当知道行政处罚决定之日起 6 个月内提出。因此,当企业认为行政处罚可能存在无效、违法、可撤销的情形时,应注意在法定期限内提起诉讼,否则将有不被受理的风险。行政案件由作出行政处罚的行政机关所在地人民法院管辖;经复议的案件,也可以由复议机关所在地人民法院管辖。证据是决定行政诉讼结果的重要因素。根据《行政诉讼法》及相关司法解释,被告对其作出的行政行为负有举证责任,应当提供作出该行政行为的证据和所依据的规范性文件;原告可以提供证明行政行为违法的证据。原告提供的证据不成立的,不免除被告的举证责任。在诉讼过程中,被告及其诉讼代理人不得自行向原告、第三人和证人收集证据。在行政诉讼中,法院主要审查行政处罚的合法性,因而,企业应当主要围绕行政处罚的证据、法律适用、法定程序、法定职权和行政裁量权行使等要素进行辩论,维护自身的合法权益。

本书的作者长期为房地产企业提供法律服务并跟进相关法律问题的研究。书稿的完成,既是对作者既有经验的总结,也是一个新的开始。限于水平,错误和疏漏在所难免,如对本书的内容有任何批评和指正,请发送到 yunshuli@126. com。

目　录

CONTENTS

第一章 / 概 述

CHAPTER 01

一、行政处罚的基本原则

行政处罚是指行政机关依法对违反行政管理秩序的公民、法人或者其他组织,以减损权益或者增加义务的方式予以惩戒的行为。① 行政处罚既是国家法律责任制度②的重要组成部分,也是行政行为最主要的类型之一。各级政府及其职能部门为了有效地行使行政管理职权,保障法律的贯彻执行,需要具有一定的行政处罚权限。在《行政处罚法》制定之前,由于对行政处罚的一些基本原则没有统一的法律规定,导致实践中存在一些问题,主要表现为处罚的随意性,特别是有些地方和部门随意罚款,或因一事多次处罚、多部门处罚等。造成乱处罚、乱罚款的主要原因:第一,行政处罚的设定权不明确,有些行政机关随意设定行政处罚;第二,执罚主体混乱,不少没有行政处罚权的组织和人员实施行政处罚;第三,行政处罚程序缺乏统一明确的规定,缺少必要的监督、制约机制,随意性较大,致使一些行政处罚不当。③ 因而,1996 年 3 月 17 日,第八届全国人民代表大会第四次会议通过了《行政处罚法》,自同年 10 月 1 日起施行。该法的主要目的在于规范行政处罚的设定和实施,保障和监督行政机关有效实施行政管理,维护公共利益和社会秩序,保护公民、法人或者其他组织的合法权益④。

本节将结合具体的案例,论述行政处罚的基本原则及其适用。

(一)处罚法定原则

《行政处罚法》第四条规定了处罚法定原则。根据该条,公民、法人或者其

---

① 《行政处罚法》(2021)第二条。

② 包括刑事责任、民事责任、行政责任。

③ 参见曹志:《关于〈中华人民共和国行政处罚法(草案)〉的说明》,第八届全国人民代表大会第四次会议,1996 年 3 月 12 日于北京。

④ 《行政处罚法》(2021)第一条。

他组织违反行政管理秩序的行为，应当给予行政处罚的，依照本法由法律、法规或者规章规定，并由行政机关依照本法规定的程序实施。

处罚法定是依法行政原则对行政处罚的基本要求。具体包含三个要求[①]：第一，处罚实施主体法定；第二，处罚权限法定；第三，处罚程序法定。这三个要求是法院审查行政处罚行为合法性的关键要素，违反以上任何一个要求都会导致相关行政处罚违法或无效。[②]

典型案例 1－1 [③]

2014年12月2日，税务局以G公司涉嫌税收违法为由，对其进行立案检查。2016年8月5日，税务局根据他人检举，再次以G公司涉嫌偷税为由，对其进行立案检查，并与2014年12月2日立案检查案件作并案处理。2018年2月7日，税务局通过公告向G公司送达了税务行政处罚事项告知书，告知对G公司不缴个人所得税及财产转让所得处以1倍的罚款计2500余万元，并告知了陈述和申辩的权利。2018年3月12日，G公司提交税务行政处罚听证申请。2018年3月15日，税务局对处罚听证进行了公告并通知了G公司听证，G公司委托代理人及调查人员均参与了听证，形成了听证笔录。2018年6月7日，税务局作出税务行政处罚决定书，对G公司处以已扣未缴个人所得税1倍的罚款计2500余万元，并于2018年6月26日向G公司送达。G公司不服，向原审法院提起诉讼，请求：1. 请求撤销税务局2018年6月7日作出的税务处罚决定书；2. 本案诉讼费由被告承担。另查明，税务处罚听证会的主持人王某1，与之前行政调查程序的王某1是同一人。

法院认为，根据《行政处罚法》(2017)第四十二条[④]的规定，听证程序中，听证主持人应不与行政处罚案件有直接利害关系，其不得为参与行政案件调查的调查人员，否则构成法定回避的事由。本案中，税务局在作出较大数额罚款行政处罚决定前的听证中，其指定的听证主持人系行政处罚同案的调查人员，原

---

① 参见吴锦标：《行政处罚法定原则及其法律价值》，载《法律适用》2005年第9期；毛玮、谭思思：《处罚法定原则的困境与出路——以海洋行政执法为视角》，载《中山大学法律评论》2013年第2期；尹培培：《处罚法定的价值蕴含与现代行政法的变迁》，载《江苏社会科学》2018年第6期。

② 《行政处罚法》第三十八条规定："行政处罚没有依据或者实施主体不具有行政主体资格的，行政处罚无效。违反法定程序构成重大且明显违法的，行政处罚无效。"

③ 四川省德阳市中级人民法院行政判决书，(2019)川06行终32号。

④ 《行政处罚法》(2021)第六十四条。

审法院认定税务局行政处罚行为程序违法,并无不当。

1. 法律规定

(1)《行政处罚法》第四十三条

执法人员与案件有直接利害关系或者有其他关系可能影响公正执法的,应当回避。当事人认为执法人员与案件有直接利害关系或者有其他关系可能影响公正执法的,有权申请回避。当事人提出回避申请的,行政机关应当依法审查,由行政机关负责人决定。决定作出之前,不停止调查。

(2)《行政处罚法》第六十三条

行政机关拟作出下列行政处罚决定,应当告知当事人有要求听证的权利,当事人要求听证的,行政机关应当组织听证:(一)较大数额罚款;(二)没收较大数额违法所得、没收较大价值非法财物;(三)降低资质等级、吊销许可证件;(四)责令停产停业、责令关闭、限制从业;(五)其他较重的行政处罚;(六)法律、法规、规章规定的其他情形。当事人不承担行政机关组织听证的费用。

(3)《行政处罚法》第六十四条

听证应当依照以下程序组织:(一)当事人要求听证的,应当在行政机关告知后五日内提出;(二)行政机关应当在举行听证的七日前,通知当事人及有关人员听证的时间、地点;(三)除涉及国家秘密、商业秘密或者个人隐私依法予以保密外,听证公开举行;(四)听证由行政机关指定的非本案调查人员主持;当事人认为主持人与本案有直接利害关系的,有权申请回避;(五)当事人可以亲自参加听证,也可以委托一至二人代理;(六)当事人及其代理人无正当理由拒不出席听证或者未经许可中途退出听证的,视为放弃听证权利,行政机关终止听证;(七)举行听证时,调查人员提出当事人违法的事实、证据和行政处罚建议,当事人进行申辩和质证;(八)听证应当制作笔录。笔录应当交当事人或者其代理人核对无误后签字或者盖章。当事人或者其代理人拒绝签字或者盖章的,由听证主持人在笔录中注明。

(4)最高人民法院《关于适用〈中华人民共和国行政诉讼法〉的解释》(以下简称《行政诉讼法解释》)第九十六条

有下列情形之一,且对原告依法享有的听证、陈述、申辩等重要程序性权利不产生实质损害的,属于行政诉讼法第七十四条第一款第二项规定的"程序轻微违法":(一)处理期限轻微违法;(二)通知、送达等程序轻微违法;(三)其他程序轻微违法的情形。

2. 案例分析

行政听证程序是行政处罚作出前的重要程序，依上述法律规定，听证程序中，听证主持人应不与行政处罚案件有直接利害关系，其不得为参与行政案件调查的调查人员，否则构成法定回避的事由。听证主持人主持听证过程，其对听证程序起主导作用，对听证程序产生明确影响，当听证主持人确定违反法定回避规定时，则属程序违法，而非《行政诉讼法解释》规定的“程序轻微违法”之情形。当听证主持人确定违反法定回避规定时，法院可能以行政处罚行为违反法定程序为由予以撤销，若在具体个案中被认定构成“重大且明显违法”的，行政处罚无效。

（二）公正、公开原则

《行政处罚法》第五条规定了公正、公开原则。

行政处罚的公正原则，是指设定和实施行政处罚必须以事实为依据，与违法行为的事实、性质、情节以及社会危害程度相当。该原则是比例原则在行政处罚领域的体现，又被很多学者称为过罚相当原则①。违反该原则作出的行政处罚可能被法院以明显不当为由撤销或者确认违法、无效。

典型案例 1-2 ②

D公司经国家商标局核准于2009年7月14日取得“乐活LOHAS”注册商标，核定使用商品为第30类“糕点；方便米饭；麦片；冰淇淋”，目前尚未在产品上使用该商标。2009年9月8日，工商管理部门接到举报称，S公司生产销售的“乐活LOHAS”等月饼有商标侵权嫌疑，故展开相应调查，查明S公司在当年生产销售的23款月饼中有一款月饼使用“乐活LOHAS”商标，根据当事人的销售记录，截至2009年9月20日，“乐活LOHAS”月饼已销售10,200盒，标价119元/盒，计货值为120余万元。工商管理部门于2010年3月4日及4月12日两次就该行政处罚一案举行听证。

---

① 参见王松、秦鹏：《违反过罚相当原则的行政处罚应予变更》，载《人民司法》2010年第18期；舒畅：《过罚相当原则具体适用的发展——基于对苏州鼎盛食品公司案的分析》，载《公法研究》2017年第2期；杨登峰、李晴：《行政处罚中比例原则与过罚相当原则的关系之辨》，载《交大法学》2017年第4期。

② 苏州某食品有限公司与江苏省苏州工商行政管理局行政处罚纠纷案，参见（2011）苏知行终字第0004号行政判决书，载《最高人民法院公报》2013年第10期。

2010年6月11日,工商管理部门作出行政处罚决定,认定S公司的行为属于《商标法》(2011)第五十二条[①]第(一)项所规定的侵犯注册商标专用权的行为,依据《商标法》(2011)第五十三条[②]以及《商标法实施条例》(2002)第五十二条的规定,对S公司作出了责令停止侵权行为并罚款人民币50万元的行政处罚决定。该具体行政行为作出后,S公司不服并于2010年6月29日向苏州市人民政府申请行政复议。苏州市人民政府经审理后认为工商管理部门的处罚决定认定事实清楚,证据确凿,程序合法,内容适当,于2010年8月27日作出(2010)苏行复第148号行政复议决定书,决定维持工商管理部门作出的行政处罚决定。S公司对此仍不服,遂向法院提起行政诉讼。

法院认为,S公司对"I will爱维尔"与"乐活LOHAS"连用标识的使用系商标性使用,该标识与D公司"乐活LOHAS"注册商标构成近似,其行为侵害了D公司注册商标专用权。工商管理部门认定S公司的行为侵犯注册商标专用权,并作出责令停止侵权行为的行政处罚且正确的,但其作出罚款50万元的行政处罚显失公正。最终,法院将"1.责令停止侵权行为;2.罚款人民币50万元"的行政处罚决定变更为"责令停止侵权行为"。

1.法律规定

(1)《行政处罚法》第五条第二款

设定和实施行政处罚必须以事实为依据,与违法行为的事实、性质、情节以及社会危害程度相当。

(2)《商标法》第六十条

有本法第五十七条所列侵犯注册商标专用权行为之一,引起纠纷的,由当事人协商解决;不愿协商或者协商不成的,商标注册人或者利害关系人可以向人民法院起诉,也可以请求工商行政管理部门处理。

工商行政管理部门处理时,认定侵权行为成立的,责令立即停止侵权行为,没收、销毁侵权商品和主要用于制造侵权商品、伪造注册商标标识的工具,违法经营额五万元以上的,可以处违法经营额五倍以下的罚款,没有违法经营额或者违法经营额不足五万元的,可以处二十五万元以下的罚款。对五年内实施两次以上商标侵权行为或者有其他严重情节的,应当从重处罚。销售不知道是侵

---

① 对应《商标法》(2019)第五十七条。

② 对应《商标法》(2019)第六十条。

犯注册商标专用权的商品,能证明该商品是自己合法取得并说明提供者的,由工商行政管理部门责令停止销售。

对侵犯商标专用权的赔偿数额的争议,当事人可以请求进行处理的工商行政管理部门调解,也可以依照《中华人民共和国民事诉讼法》向人民法院起诉。经工商行政管理部门调解,当事人未达成协议或者调解书生效后不履行的,当事人可以依照《中华人民共和国民事诉讼法》向人民法院起诉。

2. 案例分析

行政处罚显失公正一般是指行政处罚虽然在形式上不违法,但处罚结果明显不公正,损害了公民、法人或者其他组织的合法权益。根据《行政处罚法》第五条第二款,实施行政处罚必须以事实为依据,与违法行为的事实、性质、情节以及社会危害程度相当。因此,行政主体在实施行政处罚时,应当遵循该条规定的"过罚相当原则"。如果行政机关作出的行政处罚明显违背"过罚相当原则",使行政处罚结果与违法程度不相适应,则应当认定属于行政处罚显失公正。

根据《商标法》第六十条的规定,工商行政管理部门在处理侵犯注册商标专用权纠纷时,认定侵权行为成立的,责令立即停止侵权行为,并可处以罚款。对该条款的正确理解应当是工商行政机关对商标侵权行为作出行政处罚时,在责令立即停止侵权行为的同时,可以对是否并处罚款作出选择。因此,工商行政机关在行使该自由裁量权时,应当根据《行政处罚法》第五条第二款确立的"过罚相当原则",综合考虑处罚相对人的主观过错程度、违法行为的情节、性质、后果及危害程度等因素,决定是否对相对人并处罚款。本案中,工商管理部门在对 S 公司进行行政处罚时,责令其停止侵权行为即足以达到保护注册商标专用权以及保障消费者和相关公众利益的行政执法目的,但工商管理部门未考虑 S 公司上述主观上无过错,侵权性质、行为和情节显著轻微,尚未造成实际危害后果等因素,对原告并处 50 万元罚款,使行政处罚的结果与违法行为的社会危害程度之间明显不适当,其行政处罚缺乏妥当性和必要性,应当认定属于显失公正的行政处罚。

行政处罚的公开原则,是指实施行政处罚的依据、过程和结果要依法公开。就依据而言,《行政处罚法》第五条第三款规定,对违法行为给予行政处罚的规定必须公布;未经公布的,不得作为行政处罚的依据。就过程和结果而言,《行政处罚法》第三十九条规定,行政处罚的实施机关、立案依据、实施程序和救济渠道等信息应当公示。第四十四条规定，行政机关在作出行政处罚决定之前，应当告知当事人拟作出的行政处罚内容及事实、理由、依据，并告知当事人依法享有的陈述、申辩、要求听证等权利。第四十八条规定，具有一定社会影响的行政处罚决定应当依法公开。公开的行政处罚决定被依法变更、撤销、确认违法或者确认无效的，行政机关应当在三日内撤回行政处罚决定信息并公开说明理由。

典型案例 1－3[①]

2019年9月4日15时41分许，客运局执法人员在开展执法检查中，发现肖某驾驶其所有的汽车停靠在路边接运两名乘客。客运局经调查得知：肖某系通过“滴滴出行”网约车平台派单后到达大润发超市附近接到两名乘客并准备送往目的地；肖某利用该车加入“滴滴出行”网约车平台已有约3年，且一直进行网约车客运。9月9日，客运局作出处罚决定，根据内部工作方案关于违章行为从严处理的要求，以原告肖某未取得车辆营运证从事非法营运为由，决定给予罚款人民币2万元的行政处罚。肖某不服，提起行政诉讼。

法院认为，《网约车管理实施细则》[②]第十三条规定，“从事网约车经营的车辆，应当取得网络预约出租汽车运输证”。本案原告驾驶未取得交通行政主管部门核发的网络预约出租汽车运输证件的车辆从事网约车营运活动，其行为违反了上述规定，构成违法。同时，《行政处罚法》(2017)第四条第三款[③]规定，“对违法行为给予行政处罚的规定必须公布；未经公布的，不得作为行政处罚的依据”。该规定要求行政处罚必须遵循公开原则，首先是处罚适用的所有法律法规及规范性文件等依据要公开，其次是决定处罚的过程要公开，使被处罚的管理对象能够明知。客运局查明肖某网约车的违法行为后，根据内部工作方案文件要求，决定从严(从重)处罚。经庭审查明，上述工作方案是客运局根据工作需要开展的一次专项行动的内部方案，并非可以作为行政处罚依据的法律法规及规章，且并未向社会公众和管理对象公示与发布，不应作为对原告从严(从重)处罚的依据。因此，客运局的处罚决定中对原告从严(从重)处罚的依据不合法。法院判决撤销了客运局的行政处罚决定。

---

① 参见长沙铁路运输法院行政判决书，(2019)湘8601行初606号。

② 指《长沙市网络预约出租汽车经营服务管理实施细则》，长政办发(2017)15号。

③ 对应《行政处罚法》(2021)第三十二条。

1. 法律规定

《行政处罚法》第五条第三款

对违法行为给予行政处罚的规定必须公布;未经公布的,不得作为行政处罚的依据。

2. 案例分析

行政机关根据工作需要制定的内部方案,并非可以作为行政处罚依据的法律法规及规章,且并未向社会公众和管理对象公示与发布,不应作为对原告从严(从重)处罚的依据。

(三)处罚与教育相结合原则

《行政处罚法》第六条规定了处罚与教育相结合原则,即实施行政处罚,纠正违法行为,应当坚持处罚与教育相结合,教育公民、法人或者其他组织自觉守法。这意味着,行政处罚不仅要通过给予违法行为人制裁,更要通过执法部门的宣传教育,督促违法行为人增强法制观念、自觉守法。在实施行政处罚时,处罚与教育二者不可偏废,不能以罚代教①。

典型案例 1-4 ②

2019年1月9日、10日,温江区市场监督管理局(以下简称"市监局")接到电话和信件投诉举报,举报A公司在某网络平台上发布虚假广告和使用医疗用语广告,其销售的"百日御清固体饮料"含有保健食品原料黄芪。经过6个月的调查,温江区市监局于2019年7月10日作出行政处罚决定,责令A公司停止发布违法广告,在相应范围内消除影响,并给予行政处罚如下:1. 对发布含有虚假内容广告的行为和发布涉及疾病治疗功能广告的行为罚款1038元;2. 没收违法生产经营的"百日御清固体饮料"62盒(规格:180克/盒);3. 没收违法生产经营百日御清的违法所得3000元;4. 对利用新的食品原料生产食品未经过安全性评估的行为罚款9余万元。A公司不服该处罚决定,向温江区政府提起行政复议。2019年10月29日,温江区政府维持了案涉行政处罚决定。A公司不服,遂提起诉讼。

---

① 参见吴高盛主编:《〈中华人民共和国行政处罚法〉释义及实用指南》,中国民主法制出版社2015年版,第23页。

② 四川省成都市中级人民法院行政判决书,(2020)川01行终217号。

法院认为,行政处罚应当是行政机关进行行政管理的手段而不是目的,温江区市监局在执法中应当坚持教育与处罚相结合,在给予适当行政处罚的同时,对A公司进行必要的批评教育,明确指出在四川省正式将黄芪纳入食药物质管理之前,不得生产销售案涉产品。本案中,温江区市监局适用《行政处罚法》(2017)第二十七条第一款[①]的规定,对A公司发布含有虚假内容和涉及疾病治疗功能商业广告的行为予以从轻处罚,但在对A公司利用新的食品原料生产食品未经安全性评估的行为进行减轻处罚时并未适用前述规定。A公司使用黄芪生产普通食品,其违法行为的事实、性质、情节以及社会危害程度与案涉行政处罚之间过罚失当。最终,法院撤销了案涉行政处罚和行政复议决定。

1. 法律规定

(1)《行政处罚法》第六条

实施行政处罚,纠正违法行为,应当坚持处罚与教育相结合,教育公民、法人或者其他组织自觉守法。

(2)《行政处罚法》第三十二条

当事人有下列情形之一,应当从轻或者减轻行政处罚:(一)主动消除或者减轻违法行为危害后果的;(二)受他人胁迫或者诱骗实施违法行为的;(三)主动供述行政机关尚未掌握的违法行为的;(四)配合行政机关查处违法行为有立功表现的;(五)法律、法规、规章规定其他应当从轻或者减轻行政处罚的。

(3)《行政处罚法》第三十三条

违法行为轻微并及时改正,没有造成危害后果的,不予行政处罚。初次违法且危害后果轻微并及时改正的,可以不予行政处罚。当事人有证据足以证明没有主观过错的,不予行政处罚。法律、行政法规另有规定的,从其规定。对当事人的违法行为依法不予行政处罚的,行政机关应当对当事人进行教育。

2. 案例分析

行政处罚应当是行政机关进行行政管理的手段而不是目的,行政机关在执法中应当坚持教育与处罚相结合,在给予适当行政处罚的同时,对行政相对人进行必要的批评教育,指明守法经营的要求和方式,从而达到督促行政相对人

---

① 《行政处罚法》(2021)第三十二条。

遵守法律的目的。

（四）权利保障原则

权利保障原则是贯穿于行政处罚全过程的一条原则。根据《行政处罚法》第七条，公民、法人或者其他组织对行政机关所给予的行政处罚，享有陈述权、申辩权；对行政处罚不服的，有权依法申请行政复议或者提起行政诉讼。公民、法人或者其他组织因行政机关违法给予行政处罚受到损害的，有权依法提出赔偿要求。《行政处罚法》的其他规定对行政相对人的权利进行了具体的规定。

典型案例 1－5①

2014年9月，X公司在无规划部门批准的情况下，在租用W公司场地范围内搭建钢棚，兴建家禽批发市场。同年10月20日，珠晖区政府向W公司发出《关于立即停止违法建设并自行拆除违章建筑的督办函》，要求该公司立即停止违规建设行为，否则，珠晖区政府将组织相关部门依法拆除。10月23日，衡阳市规划局作出行政处罚决定，要求X公司7日内自行拆除违法建设，恢复原貌。12月10日，珠晖区政府组织珠晖城管大队等部门对坐落在W公司污水处理站土地上的钢架棚予以了部分拆除。2015年7月10日，珠晖区政府再次组织相关部门对尚未拆除的钢架棚予以强制拆除时，遭到X公司组织人员的抵抗，强拆行为未能实施。2015年9月5日，X公司提起本案诉讼，请求：确认珠晖区政府、珠晖城管大队强制拆除X公司临时建筑的行为违法；确认衡阳市规划局作出的行政处罚决定程序违法并予以撤销；由衡阳市规划局与珠晖区政府、珠晖城管大队共同承担赔偿经济损失50万元的责任。

法院认为，违法建筑通常没有合法权益；但如果存在野蛮强拆造成屋内物品损失，或者通过正常拆除可回收二手建筑材料，但因强拆损失的，应当对相关价值予以赔偿。本案中，X公司所建临时钢架棚属于违法建筑的事实清楚，但由于衡阳市规划局和珠晖区政府剥夺了X公司对涉诉违法行为的陈述、申辩权及救济途径，造成了X公司自行拆除可能性的丧失，由此导致违法建筑中能重复利用的钢管等材料失去利用价值，给X公司造成了损失，该损失依法应予赔偿。关于损失数额，由于本案的行政机关在强制拆除过程中，未依法通过清点、

① 湖南省高级人民法院行政判决书，（2018）湘行终974号。

登记造册、录像等方式进行证据保全,致使X公司无法提供相应证据。原审根据仅有的证据,酌情认定损失为5万元,符合法律规定。

1. 法律规定

(1)《行政处罚法》第六条

公民、法人或者其他组织对行政机关所给予的行政处罚,享有陈述权、申辩权;对行政处罚不服的,有权依法申请行政复议或者提起行政诉讼。公民、法人或者其他组织因行政机关违法给予行政处罚受到损害的,有权依法提出赔偿要求。

(2)《国家赔偿法》第二条

国家机关和国家机关工作人员行使职权,有本法规定的侵犯公民、法人和其他组织合法权益的情形,造成损害的,受害人有依照本法取得国家赔偿的权利。本法规定的赔偿义务机关,应当依照本法及时履行赔偿义务。

(3)《行政诉讼法》第三十八条

在起诉被告不履行法定职责的案件中,原告应当提供其向被告提出申请的证据。但有下列情形之一的除外:(一)被告应当依职权主动履行法定职责的;(二)原告因正当理由不能提供证据的。在行政赔偿、补偿的案件中,原告应当对行政行为造成的损害提供证据。因被告的原因导致原告无法举证的,由被告承担举证责任。

(4)最高人民法院《关于适用〈中华人民共和国行政诉讼法〉的解释》第四十七条

根据行政诉讼法第三十八条第二款的规定,在行政赔偿、补偿案件中,因被告的原因导致原告无法就损害情况举证的,应当由被告就该损害情况承担举证责任。对于各方主张损失的价值无法认定的,应当由负有举证责任的一方当事人申请鉴定,但法律、法规、规章规定行政机关在作出行政行为时依法应当评估或者鉴定的除外;负有举证责任的当事人拒绝申请鉴定的,由其承担不利的法律后果。当事人的损失因客观原因无法鉴定的,人民法院应当结合当事人的主张和在案证据,遵循法官职业道德,运用逻辑推理和生活经验、生活常识等,酌情确定赔偿数额。

2. 案例分析

公民、法人或者其他组织因行政机关违法给予行政处罚受到损害的,有权依法提出赔偿要求。违法建筑没有合法权益;但如果野蛮强拆造成建筑物内物品损失,或者通过正常拆除可回收二手建筑材料,但因违法强拆造成损失的,应当对相关价值予以赔偿。在行政赔偿、补偿的案件中,原告对行政行为造成的损害提供证据。因被告的原因导致原告无法举证的,由被告承担举证责任。当事人的损失因客观原因无法鉴定的,人民法院应当结合当事人的主张和在案证据,遵循法官职业道德,运用逻辑推理和生活经验、生活常识等,酌情确定赔偿数额。

二、房地产行业行政处罚的实施机关

(一)自然资源主管部门

国务院和地方各级人民政府自然资源主管部门是房地产行业行政处罚的实施机关之一。《土地管理法》第五条规定:"国务院自然资源主管部门统一负责全国土地的管理和监督工作。县级以上地方人民政府自然资源主管部门的设置及其职责,由省、自治区、直辖市人民政府根据国务院有关规定确定。"

目前,国务院自然资源主管部门是自然资源部。1998 年 3 月 10 日,第九届全国人民代表大会第一次会议通过了《关于国务院机构改革方案的决定》,根据该决定由原地质矿产部、原国家土地管理局、原国家海洋局和原国家测绘局共同组建原国土资源部;根据 2018 年 3 月 17 日,第十三届全国人民代表大会第一次会议批准了《国务院机构改革方案》,"组建自然资源部。将国土资源部的职责,国家发展和改革委员会的组织编制主体功能区规划职责,住房和城乡建设部的城乡规划管理职责,水利部的水资源调查和确权登记管理职责,农业部的草原资源调查和确权登记管理职责,国家林业局的森林、湿地等资源调查和确权登记管理职责,国家海洋局的职责,国家测绘地理信息局的职责整合,组建自然资源部,作为国务院组成部门。自然资源部对外保留国家海洋局牌子。不再保留国土资源部、国家海洋局、国家测绘地理信息局"。其主要职责是:对自然资源开发利用和保护进行监管,建立空间规划体系并监督实施,履行全民所有各类自然资源资产所有者职责,统一调查和确权登记,建立自然资源有偿使用制度,负责测绘和地质勘查行业管理等。

根据《自然资源部行政处罚事项清单的规定》,[①]自然资源主管部门行使多

---

① 自然资源部办公厅 2019 年 12 月 9 日发布。

项与土地利用和房地产开发相关的行政处罚职权(见表1-1)。

表1-1 自然资源部行政处罚事项清单

类别	序号	事项名称	处罚种类	实施主体层级	设定依据
土地类(23项)	1	对买卖或者以其他形式非法转让土地的行政处罚	没收违法所得,限期拆除在非法转让的土地上新建的建筑物和其他设施,恢复土地原状,没收在非法转让的土地上新建的建筑物和其他设施,罚款	国家级、省级、市级、县级自然资源主管部门	《土地管理法》第七十三条、《土地管理法实施条例》第三十八条
	2	对占用耕地建窑、建坟或者擅自在耕地上建房、挖砂、采石、采矿、取土等,破坏种植条件的行政处罚	责令限期改正或者治理,罚款	国家级、省级、市级、县级自然资源主管部门	《土地管理法》第七十四条、《土地管理法实施条例》第四十条
	3	对拒不履行土地复垦义务的行政处罚	责令限期改正,责令缴纳复垦费,罚款	国家级、省级、市级、县级自然资源主管部门	《土地管理法》第七十五条、《土地管理法实施条例》第四十一条
	4	对未经批准或者采取欺骗手段骗取批准,非法占用土地的行政处罚	责令退还非法占用的土地,限期拆除在非法占用的土地上新建的建筑物和其他设施,恢复土地原状,没收在非法占用的土地上新建的建筑物和其他设施,罚款	国家级、省级、市级、县级自然资源主管部门	《土地管理法》第七十六条第一款、《土地管理法实施条例》第四十二条
	5	对超过批准的数量占用土地的行政处罚	责令退还非法占用的土地,限期拆除在非法占用的土地上新建的建筑物和其他设施,恢复土地原状,没收在非法占用的土地上新建的建筑物和其他设施,罚款	国家级、省级、市级、县级自然资源主管部门	《土地管理法》第七十六条第二款、《土地管理法实施条例》第四十二条

续表

类别	序号	事项名称	处罚种类	实施主体层级	设定依据
土地类(23项)	6	对有关当事人拒不归还非法批准、使用的土地的行政处罚	责令退还非法占用的土地,限期拆除在非法占用的土地上新建的建筑物和其他设施,恢复土地原状,没收在非法占用的土地上新建的建筑物和其他设施,罚款	国家级、省级、市级、县级自然资源主管部门	《土地管理法》第七十六条、第七十八条
	7	对依法收回国有土地使用权当事人拒不交出土地的,临时使用土地期满拒不归还土地的,或者不按照批准的用途使用土地的行政处罚	责令交还土地,罚款	国家级、省级、市级、县级自然资源主管部门	《土地管理法》第八十条、《土地管理法实施条例》第四十三条
	8	对擅自将农民集体所有的土地使用权出让、转让或者出租用于非农业建设的行政处罚	责令限期改正,没收违法所得,罚款	国家级、省级、市级、县级自然资源主管部门	《土地管理法》第八十一条、《土地管理法实施条例》第三十九条
	9	对转让房地产时,不符合法律规定的条件,非法转让以出让方式取得的土地使用权的行政处罚	没收违法所得,限期拆除在非法转让的土地上新建的建筑物和其他设施,没收在非法转让的土地上新建的建筑物和其他设施,罚款	国家级、省级、市级、县级自然资源主管部门	《城市房地产管理法》第三十九条第一款、第六十六条,《土地管理法》第七十三条,《土地管理法实施条例》第三十八条

续表

类别	序号	事项名称	处罚种类	实施主体层级	设定依据
土地类（23项）	10	对转让房地产时未经批准，非法转让以划拨方式取得的土地使用权的，或者经过批准转让以划拨方式取得的土地使用权，但未按规定缴纳土地使用权出让金的行政处罚	责令缴纳土地使用权出让金，没收违法所得，罚款	国家级、省级、市级、县级自然资源主管部门	《城市房地产管理法》第四十条第一款、第六十七条，《土地管理法》第七十三条，《土地管理法实施条例》第三十八条
	11	对建设项目施工和地质勘查临时占用耕地的土地使用者，自临时用地期满之日起1年以上未恢复种植条件的行政处罚	责令限期改正，罚款	国家级、省级、市级、县级自然资源主管部门	《土地管理法实施条例》第二十八条、第四十四条
	12	对在土地利用总体规划确定的禁止开垦区进行开垦的行政处罚	责令限期改正，责令退还非法占用的土地，限期拆除在非法占用的土地上新建的建筑物和其他设施，恢复土地原状，没收在非法占用的土地上新建的建筑物和其他设施，罚款	国家级、省级、市级、县级自然资源主管部门	《土地管理法实施条例》第十七条、第三十四条，《土地管理法》第七十六条
	13	对在临时使用的土地上修建永久性建筑物、构筑物的行政处罚	责令限期拆除	国家级、省级、市级、县级自然资源主管部门	《土地管理法实施条例》第三十五条
	14	对在土地利用总体规划制定前已建的不符合土地利用总体规划确定用途的建筑物、构筑物重建、扩建的行政处罚	责令限期拆除	国家级、省级、市级、县级自然资源主管部门	《土地管理法实施条例》第三十六条

续表

类别	序号	事项名称	处罚种类	实施主体层级	设定依据
土地类(23项)	15	对非法占用基本农田建窑、建房、建坟、挖砂、采石、采矿、取土、堆放固体废弃物或者从事其他活动破坏基本农田,毁坏种植条件的行政处罚	责令改正或者治理,恢复原种植条件,罚款	国家级、省级、市级、县级自然资源主管部门	《基本农田保护条例》第三十条、第三十三条
	16	对接受调查的单位和个人拒绝或者阻挠土地调查人员依法进行调查的行政处罚	责令限期改正,罚款	国家级、省级、市级、县级自然资源主管部门	《土地调查条例》第三十二条第一项
	17	对接受调查的单位和个人提供虚假调查资料的行政处罚	责令限期改正,罚款	国家级、省级、市级、县级自然资源主管部门	《土地调查条例》第三十二条第二项
	18	对接受调查的单位和个人拒绝提供调查资料的行政处罚	责令限期改正,罚款	国家级、省级、市级、县级自然资源主管部门	《土地调查条例》第三十二条第三项
	19	对接受调查的单位和个人转移、隐匿、篡改、毁弃原始记录、土地登记簿等相关资料的行政处罚	责令限期改正,罚款	国家级、省级、市级、县级自然资源主管部门	《土地调查条例》第三十二条第四项
	20	对接受土地调查的单位和个人无正当理由不履行现场指界义务的行政处罚	责令限期改正,罚款	国家级、省级、市级、县级自然资源主管部门	《土地调查条例》第十七条、第三十二条,《土地调查条例实施办法》第三十二条

续表

类别	序号	事项名称	处罚种类	实施主体层级	设定依据
土地类(23 项)	21	对土地复垦义务人拒绝、阻碍国土资源主管部门监督检查或者在接受监督检查时弄虚作假的行政处罚	责令改正,罚款	国家级、省级、市级、县级自然资源主管部门	《土地复垦条例》第四十三条
	22	对擅自转让房地产开发项目的行政处罚	责令停止违法行为,没收违法所得,罚款	国家级、省级、市级、县级自然资源主管部门	《城市房地产开发经营管理条例》第三十五条
	23	对伪造、变造不动产权属证书、不动产登记证明,或者买卖、使用伪造、变造的不动产权属证书、不动产登记证明的行政处罚	收缴,没收违法所得	国家级、省级、市级、县级自然资源主管部门	《不动产登记暂行条例》第三十一条
城乡规划类(5 项)	1	对城乡规划编制甲级资质单位隐瞒有关情况或者提供虚假材料申请城乡规划编制单位资质的行政处罚	警告	国家级自然资源主管部门	《城乡规划编制单位资质管理规定》第三十七条
	2	对城乡规划编制甲级资质单位超越资质等级许可的范围承揽城乡规划编制工作的行政处罚	降低资质等级或者吊销资质证书	国家级自然资源主管部门	《城乡规划法》第六十二条第一款第一项
	3	对城乡规划编制甲级资质单位违反国家有关标准编制城乡规划的行政处罚	降低资质等级或者吊销资质证书	国家级自然资源主管部门	《城乡规划法》第六十二条第一款第二项

续表

类别	序号	事项名称	处罚种类	实施主体层级	设定依据
城乡规划类（5 项）	4	对城乡规划编制甲级资质单位以欺骗手段取得资质证书承揽城乡规划编制工作的行政处罚	降低资质等级或者吊销资质证书	国家级自然资源主管部门	《城乡规划法》第六十二条第二款
	5	对城乡规划编制甲级资质单位取得资质证书后，不再符合相应的资质条件的行政处罚	责令限期改正，降低资质等级或者吊销资质证书	国家级自然资源主管部门	《城乡规划法》第六十三条

按照属地管辖和级别管辖的规定，自然资源部对全国范围内重大、复杂和法律法规规定应当由其管辖的自然资源违法案件作出行政处罚。同时，由于农村宅基地管理职责已划转，自然资源部无《土地管理法》第七十七条①规定的行政处罚事项。实践中，绝大部分的行政处罚都是由地方各级人民政府的自然资源主管部门作出，自然资源部直接处理的案件极少。截至 2020 年 6 月，自然资源部只公布了三个部立案件②，均为 2016 年和 2017 年原国土资源部查处的案件。其中"朔城区委、区政府违法批准征收、使用土地案"和"河北省磁县 H 公司违法占地案"均涉及房地产开发领域。

典型案例 1－6 ③

原国土资源部于 2016 年 6 月 3 日决定对朔城区委、区政府违法批准征收、使用土地问题立案查处。经查，2012 年 12 月，朔城区委、区政府违反法律法规

① 《土地管理法》第七十七条规定："未经批准或者采取欺骗手段骗取批准，非法占用土地的，由县级以上人民政府自然资源主管部门责令退还非法占用的土地，对违反土地利用总体规划擅自将农用地改为建设用地的，限期拆除在非法占用的土地上新建的建筑物和其他设施，恢复土地原状，对符合土地利用总体规划的，没收在非法占用的土地上新建的建筑物和其他设施，可以并处罚款；对非法占用土地单位的直接负责的主管人员和其他直接责任人员，依法给予处分；构成犯罪的，依法追究刑事责任。超过批准的数量占用土地，多占的土地以非法占用土地论处。"

② 参见自然资源部官方网，http://www.mnr.gov.cn/zt/zh/xzzfgs/jg/lacc/，最后访问日期：2020 年 6 月 23 日。

③ 参见国土资案处（2016）1 号行政处罚决定书。

规定，批准下团堡乡党委、政府及石庄窝村委会和张蔡庄乡党委、政府及高庄村委会征收集体土地900余亩，并将800余亩土地用于现代农业科技示范园和农场项目建设，其中有150余亩农用地用于房屋、水域景观、园区道路非农业建设，违反了《土地管理法》(2004)第四十三条、第四十四条、第四十五条、第五十三条规定，构成了违法批准征收、使用土地行为。

2016年12月28日，原国土资源部根据《土地管理法》(2004)第七十八条、《违反土地管理规定行为处分办法》第十九条、第二十二条的规定，作出如下决定：

一、确认朔城区委《朔城区委书记办公会议纪要〔2012〕第6期》无效。石庄窝村委会、高庄村委会自行解除与村民签订的《征地协议》。

二、朔城区委、区政府收回违法批准使用的现代农业科技示范园和农场项目用地，对属于非农业建设的违法建筑物依法组织拆除。有关当事人拒不归还的，以违法占用土地论处。违法批准征收的土地依法交还原集体经济组织。如果村集体和村民不愿接收退还土地，可依法办理土地承包经营权流转和设施农业用地等手续，保障农地农用，严禁进行非农业建设。

三、依法将案件移送纪检监察机关追究有关责任人员的责任。本案中，朔城区委原书记（现朔州经济开发区管委会主任）郭某某、朔城区政府原副区长（现朔州市委统战部调研员）乔某某、朔城区政府原副区长（现朔州市园林处党组书记、主任）王某某等国家机关工作人员涉嫌存在违法批准征收、使用土地问题，依法移送山西省纪检监察机关依法依规处理。

典型案例 1－7①

2017年6月20日，原国土资源部对河北省磁县H公司违法占地建设生态园问题立案调查。经查，2015年以来，H公司在建设生态园过程中未依法办理建设用地审批手续，擅自改变48.93亩流转土地农业用途进行非农业建设，自行拆除13.18亩土地上建筑物后，仍造成35.75亩农用地用于非农业建设。H公司上述行为违反了《土地管理法》(2004)第四十三条、第四十四条、第五十三条，《农村土地承包法》(2009)第三十三条等规定。

2017年9月23日，原国土资源部依法向H公司送达了《行政处罚告知书》和《行政处罚听证告知书》。9月26日，H公司提交了陈述申辩材料和听证申

① 参见国土资案处(2017)1号行政处罚决定书。

请。11月17日,原国土资源部组织召开了听证会。本案调查过程中,原国土资源部已对项目占地建设实际、自行整改和土地利用总体规划修改等情况给予了考虑,并按照从轻原则认定占地面积、地类和规划等违法事实和拟定处罚内容。根据听证会情况,充分考虑H公司自行整改的情形,原国土资源部决定按照《河北省国土资源行政处罚裁量办法(试行)》规定的最低限处以罚款。

2017年12月19日,原国土资源部根据《土地管理法》第七十六条①、《土地管理法实施条例》第四十二条、《行政处罚法》第二十七条②、《河北省国土资源行政处罚裁量办法(试行)》等规定,决定处罚如下:

1. 责令15日内拆除在违反土地利用总体规划的26.96亩农用地上新建的建筑物和其他设施,恢复土地原状。具体包括景观水池,观景台,木质环廊及商品部,部分水泥硬化道路、水泥硬化沟渠、砖铺地面和零星建筑物等。

2. 没收在符合土地利用总体规划的8.79亩农用地上新建的建筑物和其他设施。具体包括办公区,喷泉广场,部分水泥硬化道路和地面、水泥硬化沟渠、砖铺地面和零星建筑物等。

3. 并处罚款58余万元。其中,违法占用16.86亩基本农田处以每平方米30元罚款,计33.72万元;违法占用17.59亩耕地处以每平方米20元罚款,计23.45万元;违法占用1.30亩其他农用地处以每平方米10元罚款,计0.87万元。

H公司违法占地进行非农业建设,造成21.82亩耕地(含基本农田13.72亩)种植条件严重毁坏,涉嫌构成非法占用农用地罪,原国土资源部已将案件移送邯郸市公安局。

除此之外,自然资源部也会与国务院其他部门一起进行专项整治,如"为贯彻落实国务院关于暂停新建高尔夫球场和开展全国高尔夫球场综合清理整治工作的通知要求,彻底刹住违法滥建高尔夫球场之风,自2017年以来,国家发展和改革委员会、自然资源部、生态环境部、住房和城乡建设部、水利部、农业农村部、文化和旅游部、国家市场监督管理总局、国家体育总局、中国银行保险监督管理委员会、国家林业和草原局等11部门连续三年联合开展了高尔夫球场清理整治'回头看'工作。2019年,11部门通过认真组织开展专项检查、日常巡

① 对应《土地管理法》(2019)第七十七条。

② 对应《行政处罚法》(2021)第三十二条。

查、媒体暗访和球场数据核查等,发现当前高尔夫球场清理整治成果总体上得到了较好维护,违法滥建高尔夫球场行为已基本刹住。但是,也发现个别地方和一些领导干部还存在政治纪律和政治规矩不强、主体责任落实不到位、监管责任缺失等问题,共有江苏丹阳沃得农业生态园、湖南株洲湘水湾、广东佛山北滘镇体育主题休闲公园、陕西太伟生态运动公园4个高尔夫球场存在顶风新建、拒不停工、隐瞒不报等严重问题。目前,地方政府均已对上述球场进行了坚决取缔,并严肃追究了相关单位和人员的责任。截至2019年年底,通过清理整治工作,全国已累计取缔131个高尔夫球场"①。

(二)住房和城乡建设主管部门

国务院和地方各级人民政府住房和城乡建设主管部门也具有房地产开发领域的行政处罚权限。如《城市房地产管理法》第七条规定:"国务院建设行政主管部门、土地管理部门依照国务院规定的职权划分,各司其职,密切配合,管理全国房地产工作。县级以上地方人民政府房产管理、土地管理部门的机构设置及其职权由省、自治区、直辖市人民政府确定。"

目前,国务院住房和城乡建设主管部门是住房和城乡建设部。该部的前身是建设部——根据全国人民代表大会于2008年3月15日发布实施的《第十一届全国人民代表大会第一次会议关于国务院机构改革方案的决定》,组建住房和城乡建设部,不再保留建设部。其主要职责包括:保障城镇低收入家庭住房;推进住房制度改革;规范住房和城乡建设管理秩序;建立科学规范的工程建设标准体系;规范房地产市场秩序、监督管理房地产市场;监督管理建筑市场、规范市场各方主体行为;研究拟订城市建设的政策、规划并指导实施,指导城市市政公用设施建设、安全和应急管理,拟订全国风景名胜区的发展规划、政策并指导实施,负责国家级风景名胜区的审查报批和监督管理,组织审核世界自然遗产的申报,会同文物等有关主管部门审核世界自然与文化双重遗产的申报,会同文物主管部门负责历史文化名城(镇、村)的保护和监督管理工作;规范村镇建设、指导全国村镇建设;建筑工程质量安全监管;推进建筑节能、城镇减排;负责住房公积金监督管理,确保公积金的有效使用和安全;开展住房和城乡建设

① 《国家部门联合公布2019年全国高尔夫球场清理整治情况》,载自然资源部官方网,http://www.mnr.gov.cn/dt/ywbb/202006/t20200605_2524967.html,最后访问日期:2020年6月23日。

方面的国际交流与合作以及承办国务院交办的其他事项。其中多项涉及房地产开发的行政处罚，包括建筑市场、房地产市场、城市管理、工程质量安全等领域。

表1－2为国务院及地方各级人民政府住房和城乡建设主管部门主要的行政处罚职权及依据①。

表1－2　各级住房和城乡建设主管部门主要职权及其依据

序号	职权名称	职权依据
1	对超越资质等级许可的范围承揽城乡规划编制工作，违反国家有关标准编制城乡规划的处罚	《城乡规划法》第六十二条第一款
2	对未依法取得资质证书承揽城乡规划编制工作的处罚	《城乡规划法》第六十二条第二款
3	对以欺骗手段取得资质证书承揽城乡规划编制工作的处罚	《城乡规划法》第六十二条第三款
4	对未取得建设工程规划许可证或未按照建设工程规划许可证的规定进行建设的处罚	《城乡规划法》第六十四条
5	对未经批准进行临时建设，未按照批准内容进行临时建设，临时建筑物、构筑物超过批准期限不拆除的处罚	《城乡规划法》第六十六条
6	对建设单位未在建设工程竣工验收后六个月内报送竣工验收资料的处罚	《城乡规划法》第六十七条
7	对未取得施工许可证或者开工报告未经批准擅自施工的处罚	《建筑法》第六十四条、《建设工程质量管理条例》第五十七条
8	对发包单位将工程发包给不具有相应资质条件的承包单位的，或者违反《建筑法》规定将建筑工程肢解发包的，超越本单位资质等级承揽工程的，未取得资质证书承揽工程的，以欺骗手段取得资质证书的处罚	《建筑法》第六十五条，《建设工程质量管理条例》第五十四条、第五十五条
9	对建筑施工企业转让、出借资质证书或者以其他方式允许他人以本企业的名义承揽工程的处罚	《建筑法》第六十六条

① 住房和城乡建设主管部门承担了大量的行政处罚职权，此处仅列举相关法律和行政法规规定的行政处罚职权，规章规定的行政处罚职权详见后面章节。

续表

序号	职权名称	职权依据
10	对承包单位将承包的工程转包的或者违反规定进行分包的处罚	《建筑法》第六十七条、《建设工程质量管理条例》第六十二条第一款
11	对在工程发包与承包中索贿、受贿、行贿,不构成犯罪的处罚	《建筑法》第六十八条
12	对工程监理单位与建设单位或者建筑施工企业串通,弄虚作假、降低工程质量的处罚	《建筑法》第六十九条第一款、《建设工程质量管理条例》第六十七条
13	对涉及建筑主体或者承重结构变动的装修工程擅自施工的处罚	《建筑法》第七十条、《建设工程质量管理条例》第六十九条
14	对建筑施工企业违反《建筑法》规定,对建筑安全事故隐患不采取措施予以消除的处罚	《建筑法》第七十一条
15	对建设单位违反规定,要求建筑设计单位或者建筑施工企业违反建筑工程质量、安全标准,降低工程质量的处罚	《建筑法》第七十二条
16	对建筑设计单位不按照建筑工程质量、安全标准进行设计的处罚	《建筑法》第七十三条
17	对建筑施工企业在施工中偷工减料的,使用不合格的建筑材料、建筑构配件和设备的,或者有其他不按照工程设计图纸或者施工技术标准施工的行为的处罚	《建筑法》第七十四条
18	对建筑施工企业违反《建筑法》规定,不履行保修义务或者拖延履行保修义务的处罚	《建筑法》第七十五条、《建设工程质量管理条例》第六十六条
19	对建设单位将建设工程肢解发包的处罚	《建设工程质量管理条例》第五十五条
20	对建设单位有迫使承包方以低于成本的价格竞标的等八类行为之一的处罚	《建设工程质量管理条例》第五十六条
21	未组织竣工验收,擅自交付使用;验收不合格,擅自交付使用的;对不合格的建设工程按照合格工程验收的处罚	《建设工程质量管理条例》第五十八条
22	对建设工程竣工验收后,建设单位未向建设行政主管部门或者其他有关部门移交建设项目档案的处罚	《建设工程质量管理条例》第五十九条

续表

序号	职权名称	职权依据
23	对勘察、设计、施工、工程监理单位超越本单位资质等级承揽工程,未取得资质证书承揽工程和以欺骗手段取得资质证书承揽工程的处罚	《建设工程质量管理条例》第六十条
24	对工程监理单位转让工程监理业务的处罚	《建设工程质量管理条例》第六十二条第一款
25	对勘察单位未按照工程建设强制性标准进行勘察,设计单位未根据勘察成果文件进行工程设计,设计单位指定建筑材料、建筑构配件的生产厂、供应商,设计单位未按照工程建设强制性标准进行设计的处罚	《建设工程质量管理条例》第六十三条
26	对施工单位在施工中偷工减料的,使用不合格的建筑材料、建筑构配件和设备的,或者有不按照工程设计图纸或者施工技术标准施工的其他行为的处罚	《建设工程质量管理条例》第六十四条
27	对施工单位未对建筑材料、建筑构配件、设备和商品混凝土进行检验,或者未对涉及结构安全的试块、试件以及有关材料取样检测的处罚	《建设工程质量管理条例》第六十五条
28	对施工单位不履行保修义务或者拖延履行保修义务的处罚	《建设工程质量管理条例》第六十六条
29	对工程监理单位与被监理工程的施工承包单位以及建筑材料、建筑构配件和设备供应单位有隶属关系或者其他利害关系承担该项建设工程的监理业务的处罚	《建设工程质量管理条例》第六十八条
30	对发生重大工程质量事故隐瞒不报、谎报或者拖延报告期限的处罚	《建设工程质量管理条例》第七十条
31	对注册执业人员因过错造成质量事故的处罚	《建设工程质量管理条例》第七十二条
32	给予单位罚款处罚的,对单位直接负责的主管人员和其他直接责任人员的处罚	《建设工程质量管理条例》第七十三条
33	对住宅物业的建设单位未通过招投标的方式选聘物业服务企业或者未经批准,擅自采用协议方式选聘物业服务企业的处罚	《物业管理条例》第五十六条
34	对建设单位擅自处分属于业主的物业共用部位、共用设施设备的所有权或者使用权的处罚	《物业管理条例》第五十七条

续表

序号	职权名称	职权依据
35	对不移交有关资料的处罚	《物业管理条例》第五十八条
36	对物业服务企业将一个物业管理区域内的全部物业管理一并委托给他人的处罚	《物业管理条例》第五十九条
37	对挪用专项维修资金的处罚	《物业管理条例》第六十条
38	对建设单位在物业管理区域内不按照规定配置必要的物业管理用房的处罚	《物业管理条例》第六十一条
39	对未经业主大会同意，物业服务企业擅自改变物业管理用房的用途的处罚	《物业管理条例》第六十二条
40	对擅自改变物业管理区域内按照规划建设的公共建筑和共用设施用途；擅自占用、挖掘物业管理区域内道路、场地，损害业主共同利益；擅自利用物业共用部位、共用设施设备进行经营的处罚	《物业管理条例》第六十三条
41	对必须进行招标的项目而不招标的，将必须进行招标的项目化整为零或者以其他任何方式规避招标的处罚	《招标投标法》第四十九条
42	对招标代理机构泄露应当保密的与招标投标活动有关的情况和资料的，或者与招标人、投标人串通损害国家利益、社会公共利益或者他人合法权益的处罚	《招标投标法》第五十条
43	对招标人以不合理的条件限制或者排斥潜在投标人的，对潜在投标人实行歧视待遇的，强制要求投标人组成联合体共同投标的，或者限制投标人之间竞争的处罚	《招标投标法》第五十一条
44	对依法必须进行招标的项目的招标人向他人透露已获取招标文件的潜在投标人的名称、数量或者可能影响公平竞争的有关招标投标的其他情况的，或者泄露标底的处罚	《招标投标法》第五十二条
45	对投标人相互串通投标或者与招标人串通投标的，投标人以向招标人或者评标委员会成员行贿的手段谋取中标的处罚	《招标投标法》第五十三条
46	对投标人以他人名义投标或者以其他方式弄虚作假，骗取中标，尚未构成犯罪的处罚	《招标投标法》第五十四条

续表

序号	职权名称	职权依据
47	对依法必须进行招标的项目,招标人违反《招标投标法》规定,与投标人就投标价格、投标方案等实质性内容进行谈判的处罚	《招标投标法》第五十五条
48	对评标委员会成员收受投标人的财物或者其他好处的,评标委员会成员或者参加评标的有关工作人员向他人透露对投标文件的评审和比较、中标候选人的推荐以及与评标有关的其他情况的处罚	《招标投标法》第五十六条
49	对招标人在评标委员会依法推荐的中标候选人以外确定中标人的,依法必须进行招标的项目在所有投标被评标委员会否决后自行确定中标人的处罚	《招标投标法》第五十七条
50	对中标人将中标项目转让给他人的,将中标项目肢解后分别转让给他人的,违反《招标投标法》规定将中标项目的部分主体、关键性工作分包给他人的,或者分包人再次分包的处罚	《招标投标法》第五十八条
51	对招标人与中标人不按照招标文件和中标人的投标文件订立合同的,或者招标人、中标人订立背离合同实质性内容的协议的处罚	《招标投标法》第五十九条
52	对中标人不按照与招标人订立的合同履行义务,情节严重的处罚	《招标投标法》第六十条
53	对招标人依法应当公开招标而采用邀请招标的处罚;对招标文件、资格预审文件的发售、澄清、修改的时限,或者确定的提交资格预审申请文件、投标文件的时限不符合《招标投标法》和《招标投标法实施条例》规定的处罚;对接受未通过资格预审的单位或者个人参加投标的处罚;对接受应当拒收的投标文件的处罚	《招标投标法实施条例》第六十四条
54	对招标人超过《招标投标法实施条例》规定的比例收取投标保证金、履约保证金或者不按照规定退还投标保证金及银行同期存款利息的处罚	《招标投标法实施条例》第六十六条
55	对依法必须进行招标的项目的招标人不按照规定组建评标委员会,或者确定、更换评标委员会成员违反《招标投标法》和《招标投标法实施条例》规定的处罚	《招标投标法实施条例》第七十条第一款

续表

序号	职权名称	职权依据
56	对评标委员会成员收受投标人的财物或者其他好处的处罚	《招标投标法实施条例》第七十二条
57	对依法必须进行招标的项目的招标人无正当理由不发出中标通知书,不按照规定确定中标人,中标通知书发出后无正当理由改变中标结果,无正当理由不与中标人订立合同,在订立合同时向中标人提出附加条件的处罚	《招标投标法实施条例》第七十三条
58	对中标人无正当理由不与招标人订立合同,在签订合同时向招标人提出附加条件,或者不按照招标文件要求提交履约保证金的处罚	《招标投标法实施条例》第七十四条
59	对招标人和中标人不按照招标文件和中标人的投标文件订立合同,合同的主要条款与招标文件、中标人的投标文件的内容不一致,或者招标人、中标人订立背离合同实质性内容的协议的处罚	《招标投标法实施条例》第七十五条
60	对中标人将中标项目转让给他人的,将中标项目肢解后分别转让给他人的,违反《招标投标法》和《招标投标法实施条例》规定将中标项目的部分主体、关键性工作分包给他人的,或者分包人再次分包的处罚	《招标投标法实施条例》第七十六条
61	对违反《城市房地产管理法》第四十五条第一款规定预售商品房的处罚	《城市房地产管理法》第六十八条
62	对未取得资质等级证书或者超越资质等级从事房地产开发经营的处罚	《城市房地产开发经营管理条例》第三十四条
63	对擅自转让房地产开发项目的处罚	《城市房地产开发经营管理条例》第三十五条
64	对擅自预售商品房的处罚	《城市房地产开发经营管理条例》第三十六条
65	对建设单位未将保证安全施工的措施或者拆除工程的有关资料报送有关部门备案的处罚	《建设工程安全生产管理条例》第五十四条第二款
66	对建设单位提出不符合安全生产法律、法规和强制性标准规定的要求,要求施工单位压缩合同约定的工期,将拆除工程发包给不具有相应资质等级的施工单位的处罚	《建设工程安全生产管理条例》第五十五条

续表

序号	职权名称	职权依据
67	对勘察单位、设计单位未按照法律、法规和工程建设强制性标准进行勘察、设计,以及采用新结构、新材料、新工艺的建设工程和特殊结构的建设工程,设计单位未在设计中提出保障施工作业人员安全和预防生产安全事故的措施建议的处罚	《建设工程安全生产管理条例》第五十六条
68	对工程监理单位未对施工组织设计中的安全技术措施或者专项施工方案进行审查,发现安全事故隐患未及时要求施工单位整改或者暂时停止施工,施工单位拒不整改或者不停止施工,未及时向有关主管部门报告,以及未依照法律、法规和工程建设强制性标准实施监理的处罚	《建设工程安全生产管理条例》第五十七条
69	对注册执业人员未执行法律、法规和工程建设强制性标准的处罚	《建设工程安全生产管理条例》第五十八条
70	对为建设工程提供机械设备和配件的单位,未按照安全施工的要求配备齐全有效的保险、限位等安全设施和装置的处罚	《建设工程安全生产管理条例》第五十九条
71	对出租单位出租未经安全性能检测或者经检测不合格的机械设备和施工机具及配件的处罚	《建设工程安全生产管理条例》第六十条
72	对施工起重机械和整体提升脚手架、模板等自升式架设设施安装、拆卸单位未编制拆装方案、制定安全施工措施,未由专业技术人员现场监督,未出具自检合格证明或者出具虚假证明,未向施工单位进行安全使用说明,办理移交手续的处罚	《建设工程安全生产管理条例》第六十一条
73	对施工单位有《建设工程安全生产管理条例》第六十二条规定行为的处罚	《建设工程安全生产管理条例》第六十二条
74	对施工单位挪用列入建设工程概算的安全生产作业环境及安全施工措施所需费用的处罚	《建设工程安全生产管理条例》第六十三条
75	对施工单位有《建设工程安全生产管理条例》第六十四条规定行为的处罚	《建设工程安全生产管理条例》第六十四条
76	对施工单位有《建设工程安全生产管理条例》第六十五条规定行为的处罚	《建设工程安全生产管理条例》第六十五条
77	对施工单位的主要负责人、项目负责人未履行安全生产管理职责的处罚	《建设工程安全生产管理条例》第六十六条

续表

序号	职权名称	职权依据
78	对施工单位取得资质证书后,降低安全生产条件的处罚	《建设工程安全生产管理条例》第六十七条
79	对施工单位有施工工地未设置硬质围挡,或者未采取覆盖、分段作业、择时施工、洒水抑尘、冲洗地面和车辆等有效防尘降尘措施,建筑土方、工程渣土、建筑垃圾未及时清运,或者未采用密闭式防尘网遮盖等行为的处罚;对建设单位未对暂时不能开工的建设用地的裸露地面进行覆盖,或者未对超过3个月不能开工的建设用地的裸露地面进行绿化、铺装或者遮盖的处罚	《大气污染防治法》第一百一十五条
80	对违反《建设工程勘察设计管理条例》第八条规定的处罚	《建设工程勘察设计管理条例》第三十五条
81	对未经注册,擅自以注册建设工程勘察、设计人员的名义从事建设工程勘察、设计活动的处罚	《建设工程勘察设计管理条例》第三十六条
82	对建设工程勘察、设计注册执业人员和其他专业技术人员未受聘于一个建设工程勘察、设计单位或者同时受聘于两个以上建设工程勘察、设计单位,从事建设工程勘察、设计活动的处罚	《建设工程勘察设计管理条例》第三十七条
83	对发包方将建设工程勘察、设计业务发包给不具有相应资质等级的建设工程勘察、设计单位的处罚	《建设工程勘察设计管理条例》第三十八条
84	对建设工程勘察、设计单位将所承揽的建设工程勘察、设计转包的处罚	《建设工程勘察设计管理条例》第三十九条
85	对勘察、设计单位未依据项目批准文件,城乡规划及专业规划,国家规定的建设工程勘察、设计深度要求编制建设工程勘察、设计文件的处罚	《建设工程勘察设计管理条例》第四十条

实践中,住房和城乡建设主管部门每年作出的行政处罚案件量非常大。以下仅以对建筑工程施工转包、违法分包行为的查处为例进行说明。

2019年,地方各级人民政府住房和城乡建设主管部门共排查项目319,577个,涉及建设单位230,289家、施工单位252,956家,共排查出11,526个项目存在各类建筑市场违法违规行为。其中,存在违法发包行为的项目825个,占违法项目总数的7.15%;存在转包行为的项目486个,占违法项目总数的4.21%;存在违法分包行为的项目606个,占违法项目总数的5.26%;存在挂靠行为的项目 182 个,占违法项目总数的 1.58%;存在未领施工许可证先行开工等其他市场违法行为的项目 9427 个,占违法项目总数的 81.80%。最终被查处存在违法违规行为的建设单位 4396 家;存在违法违规行为的施工企业 8786 家。其中,存在转包行为的企业 568 家,存在违法分包行为的企业 614 家,存在挂靠行为的企业 174 家,存在出借资质行为的企业 88 家,存在其他违法行为的企业 7342 家。对存在违法违规行为的企业和人员,分别采取停业整顿、吊销资质、限制投标资格、责令停止执业、通报批评、诚信扣分、没收违法所得、罚款等一系列行政处罚或行政管理措施。其中,责令停业整顿的企业 456 家,吊销资质的企业 4 家,限制投标资格的企业 205 家,给予通报批评、诚信扣分等处理的企业 3369 家;责令停止执业 6 人,给予通报批评 2416 人;没收违法所得总额 266.81 万元(含个人违法所得 8.3 万元),罚款总额 73,977.22 万元(含个人罚款 1629.72 万元)①。

(三)其他主管部门

除上文提及的自然资源主管部门、住房和城乡建设主管部门外,其他行政主管部门在行使职权时,也可能对房地产开发企业和从业人员进行行政处罚。主要包括:生态环境主管部门(依据《环境影响评价法》《大气污染防治法》《水污染防治法》)、市场监督管理部门(依据《公司法》《广告法》《安全生产法》《特种设备安全法》)、税务主管部门(依据《税收征收管理法》)、价格主管部门(依据《价格法》)等。

三、法规概览

本书以房地产开发经营整个流程的各个环节为纵向线索,编织起房地产开发全流程行政处罚风险防范与应对措施指引。鉴于本书中将涉及众多法律、法规及司法解释,且作为处罚依据的法律法规具有一定的时效性,故本节将书中涉及的法律、法规及司法解释列明如下。其中"与房地产开发企业面临的行政处罚风险相关的法律文件"是有关行政机关作出处罚决定的依据,而"与房地产

① 参见《住房和城乡建设部办公厅关于 2019 年建筑工程施工转包违法分包等违法违规行为查处情况的通报》(建办市函〔2020〕141 号),住房和城乡建设部官方网,http://www.mohurd.gov.cn/wjfb/202003/t20200331_244733.html,最后访问日期:2020 年 6 月 23 日。

开发企业防范与应对行政处罚风险相关的法律文件”是企业防范与应对行政法律责任必要的参考文件。①

（一）与房地产开发企业面临的行政处罚风险相关的法律文件

表1-3 与房地产开发企业行政处罚风险相关的法律文件

名 称	最新修订或修正施行时间	颁布机关
法律		
《土地管理法》(2019)	2020年1月1日	全国人民代表大会常务委员会
《城市房地产管理法》(2019)	2020年1月1日	全国人民代表大会常务委员会
《建筑法》(2019)	2019年4月23日	全国人民代表大会常务委员会
《消防法》(2019)	2019年4月23日	全国人民代表大会常务委员会
《城乡规划法》(2019)	2019年4月23日	全国人民代表大会常务委员会
《环境影响评价法》(2018)	2018年12月29日	全国人民代表大会常务委员会
《公司法》(2018)	2018年10月26日	全国人民代表大会常务委员会
《大气污染防治法》(2018)	2018年10月26日	全国人民代表大会常务委员会
《广告法》(2018)	2018年10月26日	全国人民代表大会常务委员会
《节约能源法》(2018)	2018年10月26日	全国人民代表大会常务委员会
《水污染防治法》(2017)	2018年1月1日	全国人民代表大会常务委员会
《税收征收管理法》(2015)	2015年4月24日	全国人民代表大会常务委员会
《安全生产法》(2014)	2014年12月1日	全国人民代表大会常务委员会
《特种设备安全法》	2014年1月1日	全国人民代表大会常务委员会
《水土保持法》(2010)	2011年3月1日	全国人民代表大会常务委员会
《价格法》	1998年5月1日	全国人民代表大会常务委员会

① 因本书正文中涉及的行政处罚决定书、法院裁判文书作出的时间不同，行政处罚决定书、法院裁判文书中援引的法律法规条文系作出决定或裁判文书当时有效的版本，可能与最新修订版本存在不一致之处，下表已列出最新修订版本的施行时间，鉴于各版本中具体条文的序号可能与最新修订版本有所不同，读者在查询案例及相关法条时应注意法条内容的历史沿革和修订过程。正文指引中的风险一览表、每个案例后的法律规定、案例分析、警示意义及拓展部分提及的法律条文均为最新修订版本。

续表

名　称	最新修订 或修正施行时间	颁布机关
行政法规		
《城市房地产开发经营管理条例》(2020)	2020 年 3 月 27 日	国务院
《城镇国有土地使用权出让和转让暂行条例》(2020)	2020 年 11 月 29 日	国务院
《建设工程质量管理条例》(2019)	2019 年 4 月 23 日	国务院
《城市道路管理条例》(2019)	2019 年 3 月 24 日	国务院
《招标投标法实施条例》	2019 年 3 月 2 日	国务院
《发票管理办法》(2019)	2019 年 3 月 2 日	国务院
《物业管理条例》(2018)	2018 年 3 月 19 日	国务院
《自然保护区条例》(2017)	2017 年 10 月 7 日	国务院
《建设项目环境保护管理条例》(2017)	2017 年 10 月 1 日	国务院
《无证无照经营查处办法》	2017 年 10 月 1 日	国务院
《公司登记管理条例》(2016)	2016 年 2 月 6 日	国务院
《企业信息公示暂行条例》	2014 年 10 月 1 日	国务院
《土地管理法实施条例》(2014)①	2014 年 7 月 29 日	国务院
《城镇排水与污水处理条例》	2014 年 1 月 1 日	国务院
《民用建筑节能条例》	2008 年 10 月 1 日	国务院
《建设工程安全生产管理条例》	2004 年 2 月 1 日	国务院
部门规章		
《房地产广告发布规定》	2021 年 6 月 1 日	国家市场监督管理局
《房地产开发企业资质管理规定》(2018)	2018 年 12 月 22 日	住房和城乡建设部
《政府采购货物和服务招标投标管理办法》(2017)	2017 年 10 月 1 日	财政部
《建筑工程设计招标投标管理办法》	2017 年 5 月 1 日	住房和城乡建设部

① 根据 2018 年 3 月 21 日发布的《中共中央印发〈深化党和国家机构改革方案〉》,为统一行使全民所有自然资源资产所有者职责,统一行使所有国土空间用途管制和生态保护修复职责,原国土资源部的职责已整合至现"自然资源部"下,不再保留国务资源部。因《土地管理法》修正案已于 2020 年 1 月 1 日起施行,而《土地管理法实施条例》修订草案尚处于征求意见阶段,故下文《土地管理法实施条例》中提及的"土地行政主管部门"即《土地管理法》中的"自然资源主管部门"。

续表

名 称	最新修订 或修正施行时间	颁布机关
《房地产广告发布规定》	2016 年 2 月 1 日	原国家工商行政管理总局
《城镇污水排入排水管网许可管理办法》	2015 年 3 月 1 日	住房和城乡建设部
《公共租赁住房管理办法》	2012 年 7 月 15 日	住房和城乡建设部
《商品房屋租赁管理办法》	2011 年 2 月 1 日	住房和城乡建设部
《住宅室内装饰装修管理办法》（2011）	2011 年 1 月 26 日	原建设部
《住宅专项维修资金管理办法》	2008 年 2 月 1 日	原建设部,财政部
《民用建筑节能管理规定》	2006 年 1 月 1 日	原建设部
《城市建筑垃圾管理规定》	2005 年 6 月 1 日	原建设部
《城市商品房预售管理办法》（2004）	2004 年 7 月 20 日	原建设部
《商品房销售管理办法》	2001 年 6 月 1 日	原建设部
《国家土地管理局土地登记规则》	1996 年 2 月 1 日	原国家土地管理局
其他规范性文件		
《建设部城市房地产市场评估管理暂行办法》	1992 年 10 月 1 日	原建设部
广东省地方性法规		
《广东省商事登记条例》	2019 年 11 月 29 日	广东省人民代表大会常务委员会
《广东省环境保护条例》	2019 年 11 月 29 日	广东省人民代表大会常务委员会
《广东省实施〈中华人民共和国环境噪声污染防治法〉办法》	2018 年 11 月 29 日	广东省人民代表大会常务委员会
《广东省商品房预售管理条例》	2014 年 9 月 25 日	广东省人民代表大会常务委员会
《广东省城乡规划条例》	2013 年 5 月 1 日	广东省人民代表大会常务委员会

(二)与房地产开发企业防范与应对行政处罚风险相关的法律文件

表1-4 与房地产开发企业防范与应对行政处罚风险相关的法律文件

名称	最新修订版施行时间	颁布机关
法律		
《行政处罚法》(2021)	2021年7月15日	全国人民代表大会常务委员会
《行政复议法》(2017)	2018年1月1日	全国人民代表大会常务委员会
《行政诉讼法》(2017)	2017年7月1日	全国人民代表大会常务委员会
《治安管理处罚法》(2012)	2013年1月1日	全国人民代表大会常务委员会
《行政强制法》	2012年1月1日	全国人民代表大会常务委员会
行政法规及国务院部门规范性文件		
《政府信息公开条例》(2019)	2019年5月15日	国务院
《国务院办公厅关于印发国务院部门权力和责任清单编制试点方案的通知》	2015年12月28日	国务院办公厅
《国务院办公厅关于推广随机抽查规范事中事后监管的通知》	2015年7月29日	国务院办公厅
《行政复议法实施条例》	2007年8月1日	国务院
《关于规范市场监督管理行政处罚裁量权的指导意见》	2019年12月24日	国家市场监督管理总局
司法解释及司法文件		
《最高人民法院关于行政诉讼证据若干问题的规定》	2002年10月1日	最高人民法院
《关于审理行政案件适用法律规范问题的座谈会纪要》	2004年5月18日	最高人民法院
广东省地方性法规		
《广东省行政检查办法》	2020年6月1日	广东省人民政府
《广东省〈行政执法证〉管理办法》	2019年12月5日	广东省人民政府
《广东省行政处罚听证程序实施办法》	2018年1月23日	广东省人民政府
《广东省行政执法监督条例》(2016)	2016年7月1日	广东省人民代表大会常务委员会

第二章

/ CHAPTER 02

房地产开发企业设立与资质取得阶段

一、风险一览表

设立企业是进行房地产开发的第一步，而取得相应的房地产开发资质则是进行项目开发、出售房屋的前提条件。房地产开发企业在设立与资质取得阶段，主要受《公司法》《公司登记管理条例》《城市房地产开发经营管理条例》《房地产开发企业资质管理规定》等的规制，违反上述规定可能会面临相应的行政处罚风险。具体而言，在该阶段房地产开发企业可能面临的行政违法风险，认定违法后应承担的行政责任，执法机关的处罚依据、处罚措施如表2－1所示：

表2－1　房地产企业设立阶段风险一览

序号	违法类别	具体违法行为	处罚措施	处罚依据
1	超期不开业或停业	公司成立后无正当理由超过6个月未开业，或者开业后自行停业连续6个月以上	由公司登记机关吊销营业执照	《公司法》第二百一十一条、《公司登记管理条例》第六十七条
2	无执照	违反《城市房地产开发经营管理条例》规定，未取得营业执照，擅自从事房地产开发经营	由县级以上人民政府工商行政管理部门责令停止房地产开发经营活动，没收违法所得，可以并处违法所得5倍以下的罚款	《城市房地产开发经营管理条例》第三十三条

续表

序号	违法类别	具体违法行为	处罚措施	处罚依据
3	无资质或超越资质	违反《城市房地产开发经营管理条例》规定,未取得资质等级证书或者超越资质等级从事房地产开发经营	(1)由县级以上人民政府房地产开发主管部门责令限期改正,处5万元以上10万元以下的罚款;逾期不改正的,由工商行政管理部门吊销营业执照 (2)逾期不改正的,无资质企业由房地产开发主管部门提请工商行政管理部门吊销营业执照;超越资质企业由原资质审批部门吊销资质证书,并提请工商行政管理部门吊销营业执照	《城市房地产开发经营管理条例》第三十四条,《房地产开发企业资质管理规定》第十九条、第二十条
4	资质证书取得方式不合法	隐瞒真实情况、弄虚作假骗取资质证书	由原资质审批部门公告资质证书作废,收回证书,并可处以1万元以上3万元以下的罚款	《房地产开发企业资质管理规定》第二十一条
5	违法利用资质证书	涂改、出租、出借、转让、出卖资质证书		
6	不办理变更登记	企业不按照规定办理变更手续	由原资质审批部门予以警告、责令限期改正,并可处以5000元以上1万元以下的罚款	《房地产开发企业资质管理规定》第二十四条

房地产开发企业在设立以及资质获取阶段,法律法规对企业的核心要求是及时开业、正常营业以及合法获得、利用相应的开发资质。在此阶段,企业若存在上述表列出的6类违法行为,就可能面临行政处罚的风险。为进一步厘清上述行政处罚风险在实践中的具体表现形式,下文将结合有关案例详细说明。

二、超期不开业或停业

典型案例 2-1①

该案中,R房地产开发有限公司开业后自行连续停业超过6个月。广州市

① 穗从工商处字(2019)32号行政处罚决定书。

从化区原工商行政管理局认定，R房地产开发有限公司的上述行为构成《公司登记管理条例》第六十七条“公司成立后无正当理由超过6个月未开业的，或者开业后自行停业连续6个月以上的”所指的违法行为。

广州市从化区原工商行政管理局在履行法定程序后决定对当事人作出吊销营业执照的行政处罚，并以公告形式向当事人送达了处罚决定书，处罚决定书同时要求当事人在被吊销营业执照后不得从事经营活动，并依法组织清算，自清算结束之日起30日内，由清算组向广州市从化区原工商行政管理局申请办理注销登记。

典型案例 2-2[①]

广州市番禺区原工商行政管理局于2019年4月8日对当事人广州H房地产开发有限公司连续两年未报送年度报告且未进行纳税申报，涉嫌构成6个月未开业行为立案调查。经查明：截至2019年4月，当事人未报送2015年和2016年年度报告，且未进行纳税申报。

对此，广州市番禺区原工商行政管理局认为，H房地产开发有限公司上述行为构成《公司法》第二百一十一条所指的“公司成立后无正当理由超过六个月未开业的”的行为。根据《公司法》第二百一十一条、《公司登记管理条例》第六十七条规定，“公司成立后无正当理由超过6个月未开业的……可以由公司登记机关吊销营业执照”，对当事人作出吊销营业执照的处罚。

（一）法律规定

1.《公司法》第二百一十一条第一款

公司成立后无正当理由超过六个月未开业的，或者开业后自行停业连续六个月以上的，可以由公司登记机关吊销营业执照。

2.《公司登记管理条例》第六十七条

公司成立后无正当理由超过六个月未开业的，或者开业后自行停业连续六个月以上的，可以由公司登记机关吊销营业执照。

---

① 穗番工商处字（2019）2043号行政处罚决定书。

(二)案例分析

成立企业应有正常的经营目的,为了维护正常的市场秩序,公司成立后长期不开业会被吊销营业执照;同时,若公司开业后自行停业时间过长,可能会增加公司债权人及其他市场主体的交易风险。因此,开业后停业时间过长的企业,也存在被吊销营业执照的风险。上述案例中,当事人因为开业后自行停业超过6个月被认为超期停业而吊销了营业执照。另外,案例2－1中当事人长期停业,处罚机关无法直接向其送达相关文书,因此采取了公告方式送达。

(三)警示意义及应对建议

房地产开发企业在公司成立后应及时开业经营,并注意保留相关经营证据,若有正当理由无法开业应及时向有关机关据实说明情况。

另外,房地产开发企业应当注意在法定期限内及时提交企业年报、按时年检、依法纳税等,实践中,工商税务部门常常会定期联合清理"僵尸企业",未及时提交或办理上述手续的企业往往被列为重点检查及清理对象。

(四)拓展:公司营业执照被吊销的衍生风险提示

1. 对于公司法定代表人的风险

若由于公司停止运营超过6个月导致公司被吊销营业执照的,则担任该类企业法定代表人的自然人可能在任职资格方面受到一定限制。根据《公司法》第一百四十六条第一款第(四)项、《企业法人法定代表人登记管理规定》第四条第一款第(六)项、原国家工商行政管理局《关于进一步做好企业法人法定代表人任职限制规定执行工作的通知》,若法定代表人对企业停业行为负有个人责任,则在公司被吊销营业执照之日起3年内,将限制其担任法定代表人、董事、监事及高级管理人员的资格。

2. 税务风险

《税收征收管理法实施细则》第十五条第三款规定:"纳税人被工商行政管理机关吊销营业执照或者被其他机关予以撤销登记的,应当自营业执照被吊销或者被撤销登记之日起15日内,向原税务登记机关申报办理注销税务登记。"因此,被采取吊销营业执照的公司,需在15日之内进行税务注销,到税务机关补缴之前所欠的税金以及滞纳金,否则可能面临税务机关处罚的风险。

3. 公司营业执照被吊销未能及时清算注销的风险

根据《公司法》的相关规定，公司被依法吊销营业执照是公司解散的法定事由，公司因被吊销执照而解散的，应当在营业执照被吊销之日起15日内成立清算组，开始清算。最高人民法院《关于适用〈中华人民共和国公司法〉若干问题的规定（二）》第十八条第一款规定："有限责任公司的股东、股份有限公司的董事和控股股东未在法定期限内成立清算组开始清算，导致公司财产贬值、流失、毁损或者灭失，债权人主张其在造成损失范围内对公司债务承担赔偿责任的，人民法院应依法予以支持。"第二款规定："有限责任公司的股东、股份有限公司的董事和控股股东因怠于履行义务，导致公司主要财产、账册、重要文件等灭失，无法进行清算，债权人主张其对公司债务承担连带清偿责任的，人民法院应依法予以支持。"因此，在公司被吊销营业执照时，相关清算义务人应在法定期限内成立清算组并积极履行清算义务，否则就有被公司债权人追偿的风险。

三、无执照

典型案例 2-3 ①

该案中，案件当事人石某、杨某夫妇与李某、侯某夫妇签订《合作建房协议》，双方共同修建房屋，其中石某依约定享有部分房屋的所有权。2011年10月至2012年7月房屋修建期间，石某、杨某先后将分得的七套房屋向外出卖，卖出的七套房屋均办理了房产证和土地使用权证，补交了土地出让金，并缴纳了买卖房屋的相关税费。2016年3月30日，X县工商行政部门以石某的售房行为属于无照从事商品房开发并经营销售商品房的行为，违反了《无照经营查处取缔办法》（现已废止）第二条②、《城市商品房预售管理办法》（2001）第六条、《城市房地产管理法》（2009）第三十条第二款、《商品房销售管理办法》第三十六条和《城市房地产开发经营管理条例》（2011）第三十四条之规定，对石某作出《行政处罚决定书》，决定没收违法所得109余万元。

后来，石某不服该行政处罚决定书向法院起诉要求撤销该处罚决定，一审

---

① 湖北省恩施土家族苗族自治州中级人民法院行政判决书，（2017）鄂28行终87号。

② 本篇法规现已被《无证无照经营查处办法》（2017年8月6日发布，2017年10月1日实施）废止，该条对应现《无证无照经营查处办法》第二条。

法院认为,该处罚决定书认定事实清楚,证据充分,适用法律正确,程序合法。故原告石某要求撤销《行政处罚决定书》的证据不足,理由不充分,其请求本院不予支持。二审法院维持原判。

(一)法律规定

1.《无证无照经营查处办法》第二条

任何单位或者个人不得违反法律、法规、国务院决定的规定,从事无证无照经营。

2.《城市房地产开发经营管理条例》第三十三条

违反本条例规定,未取得营业执照,擅自从事房地产开发经营的,由县级以上人民政府工商行政管理部门责令停止房地产开发经营活动,没收违法所得,可以并处违法所得5倍以下的罚款。

(二)案例分析

本案当事人石某为自然人,其无执照出售房屋被法院认定为"经营行为",进而认定其属于无执照经营,故对其作出了行政处罚。对房地产开发企业而言,虽然无营业执照从事经营的可能性较小,但企业仍应当注意,在依法取得营业执照前,不得开展房地产开发经营活动。

(三)警示意义及应对建议

房地产开发企业应当依法取得营业执照后再开业经营。

(四)拓展:相关问题

1.无照经营的查处部门是哪个部门?

根据《无证无照经营查处办法》第四条、第六条的规定,县级以上地方人民政府负责组织、协调本行政区域的无证无照经营查处工作,建立有关部门分工负责、协调配合的无证无照经营查处工作机制。经营者未依法取得营业执照从事经营活动的,由履行工商行政管理职责的部门①予以查处。

---

① 根据《国务院关于机构设置的通知》(国发〔2018〕6号),2018年国务院机构改革方案中,不再保留国家工商行政管理总局、国家质量监督检验检疫总局、国家食品药品监督管理总局,组建国家市场监督管理总局。

2. 无证无照经营行为的查处是否纳入信用管理?

根据《无证无照经营查处办法》第十五条的规定,任何单位或者个人从事无证无照经营的,由查处部门记入信用记录,并依照相关法律、法规的规定予以公示。

四、无资质或超越资质

典型案例 2-4①

该案中,被处罚人北京S有限公司于2017年12月8日取得房地产开发企业暂定资质证书,有效期至2018年12月17日,到期后未办理资质等级核定手续。2019年2月18日,该公司将其开发建设的位于丰台区的某房屋出租给他人。

北京市住房和城乡建设委员会认为:被处罚人的上述行为违反了《房地产开发企业资质管理规定》第三条第二款的规定,依据《房地产开发企业资质管理规定》第十九条对其处以6.5万元罚款。

典型案例 2-5②

北京C房地产开发有限公司未取得资质等级证书或者超越资质等级从事房地产开发经营,北京市海淀区房屋管理局认为,C公司上述行为违反了房地产开发经营的资质要求,故依据《城市房地产开发经营管理条例》第三十四条;《商品房销售管理办法》第三十七条;《房地产开发企业资质管理规定》第十九条、第二十条,对其处以罚款。

(一)法律规定

1.《城市房地产开发经营管理条例》第三十四条

违反本条例规定,未取得资质等级证书或者超越资质等级从事房地产开发经营的,由县级以上人民政府房地产开发主管部门责令限期改正,处5万元以

① 北京市住房和城乡建设委员会京建法罚(市)字(2019)第010580号行政处罚决定书。

② 北京市海淀区房屋管理局京建法罚(海房)字(2019)第760358号行政处罚决定书。

上10万元以下的罚款；逾期不改正的，由工商行政管理部门吊销营业执照。

2.《房地产开发企业资质管理规定》第十九条

企业未取得资质证书从事房地产开发经营的，由县级以上地方人民政府房地产开发主管部门责令限期改正，处5万元以上10万元以下的罚款；逾期不改正的，由房地产开发主管部门提请工商行政管理部门吊销营业执照。

3.《房地产开发企业资质管理规定》第二十条

企业超越资质等级从事房地产开发经营的，由县级以上地方人民政府房地产开发主管部门责令限期改正，处5万元以上10万元以下的罚款；逾期不改正的，由原资质审批部门吊销资质证书，并提请工商行政管理部门吊销营业执照。

（二）案例分析

在我国，从事房地产开发经营应具备相应的资质并取得政府部门核发的资质等级证书，新设立的房地产开发企业申请备案后可以获得暂定资质证书，但暂定资质证书有一定的有效期，上述案例2-5中的企业就是因为未及时申请延期或办理资质等级核定手续，因此受到了处罚。

（三）警示意义及应对建议

房地产开发企业在进行开发经营活动前应办理资质等级核定手续，并严格依照资质等级从事相应的开发经营活动；对于新设立的房地产开发企业，在取得暂定资质证书后可以从事房地产开发经营业务，但一旦未申请延期或申请延期未获得许可，则可能存在被认定为未取得房地产开发企业资质而从事房地产开发的风险，进而受到处罚。

五、资质证书取得方式不合法、违法利用资质证书

典型案例 2-6①

因W县F公司在某住宅项目开发建设中存在出借房地产开发资质证书行为，滨州市住房和城乡建设局根据《房地产开发企业资质管理规定》第二十一条

① 滨州市市住建局(2018)滨建罚字017号行政处罚决定书。

的规定,决定对其处以罚款3万元,收回其房地产开发资质证书,并公告该资质证书作废。

(一)法律规定

《房地产开发企业资质管理规定》第二十一条

企业有下列行为之一的,由原资质审批部门公告资质证书作废,收回证书,并可处以1万元以上3万元以下的罚款:(一)隐瞒真实情况、弄虚作假骗取资质证书的;(二)涂改、出租、出借、转让、出卖资质证书的。

(二)案例分析

该案中,当事人依法获得了房地产开发资质证书,但其违法出借资质证书给其他单位进行项目建设,因此,滨州市住建局认定其出借资质的行为违法,对其作出罚款处罚,并收回了其资质证书。

(三)警示意义及应对建议

房地产开发企业应当提交真实的开发经营业绩等申报材料,并不得违法使用资质证书,不得出借资质证书给他人。

六、不办理变更登记

典型案例 2-7 ①

2019年8月15日,北京H有限公司的法定代表人由王某变更为洪某,并领取了新的营业执照。但该公司在法定代表人变更后30日内未到原资质审批部门办理企业资质变更手续,直到2019年11月22日才到原资质审批部门办理变更手续,公司企业资质证书记载的法定代表人仍为王某。

北京市住房和城乡建设委员会认为,该公司的上述行为违反了《房地产开发企业资质管理规定》第十五条的规定,故依据《房地产开发企业资质管理规定》第二十四条责令H公司自收到处罚决定书之日起30日内改正违法行为,给

① 北京市住房和城乡建设委员会京建法罚(市)字(2019)第010632号行政处罚决定书。

予警告,并对其处以6000余元罚款。

(一)法律规定

《房地产开发企业资质管理规定》第十五条

企业变更名称、法定代表人和主要管理、技术负责人,应当在变更30日内,向原资质审批部门办理变更手续。

《房地产开发企业资质管理规定》第二十四条

企业不按照规定办理变更手续的,由原资质审批部门予以警告、责令限期改正,并可处以5000元以上1万元以下的罚款。

(二)案例分析

该案中,当事人公司更换了法定代表人,但没有及时到资质审批部门办理法定代表人变更的相关手续,因此受到了处罚。

(三)警示意义及应对建议

企业变更名称,法定代表人和主要管理、技术负责人的,应当在变更30日内,向原资质审批部门办理变更手续。

七、本章小结

在我国传统的房地产开发模式下,房地产开发项目全流程的融资、买地、建房、卖房都以开发企业为中心,欲设立房地产开发企业首先需要确定所设立企业的形式,并符合《公司法》等对于设立企业的一般要求。

由于房地产开发具有系统性和专业性,并非所有企业均可以从事房地产开发工作,进行房地产开发需要具备一定的资质,我国自1989年便开始规范房地产开发领域的资质[①],目前,房地产开发企业应当按照《房地产开发企业资质管理规定》申请核定企业资质等级,未取得房地产开发资质等级证书的企业,不得从事房地产开发经营业务。一般而言,准备开发房地产的企业将在设立并完成

① 参见1989年9月28日原建设部颁布的《关于颁布城市综合开发公司资质等级标准的通知》(建房字〔1989〕408号)。

备案手续后取得暂定资质证书，此时企业应注意在暂定资质证书有效期满前1个月内向房地产开发主管部门申请核定资质等级，房地产开发主管部门会根据企业的开发经营业绩核定相应的资质等级。

为防范行政处罚风险，企业在获得资质证书后还应注意妥善保管，不得擅自涂改、出借、出租、出卖、转让资质证书，并应当在规定的业务范围内从事房地产开发经营业务，不得越级承担任务，若资质证书记载的相关事项发生变更，应及时到有关部门申请更改。

第三章

/ CHAPTER 03

房地产开发建设之土地利用阶段

一、风险一览表

在房地产开发企业进行开发建设中，核心行为是获取建设用地使用权以及对土地的利用，在此过程中，其行为主要受到《土地管理法》《城市房地产管理法》《大气污染防治法》《土地管理法实施条例》《城市房地产开发经营管理条例》《房地产开发企业资质管理规定》《闲置土地处置办法》《土地登记规则》《城镇国有土地使用权出让和转让暂行条例》《基本农田保护条例》《自然保护区条例》等法律法规的规制，违反上述法律将可能面临承担行政法律责任的风险。具体而言，在该过程中房地产开发企业可能面临的行政违法风险、认定违法后承担的行政法律责任、有关机关的处罚依据、处罚措施如表3－1所示：

表3－1　房地产企业开发建设阶段风险一览

序号	违法类别	具体违法行为	处罚措施	处罚依据
1	怠于登记	不按规定如期申请初始土地登记或变更土地登记	(1)不按规定如期申请初始土地登记的，按照非法占地的处理办法论处； (2)不按规定如期申请变更土地登记的，除按违法占地处理外，视情节轻重报经县级以上人民政府批准，注销土地登记，注销土地证书	《土地登记规则》第六十九条
2	未经批准或骗取批准后非法占用、改建	未经批准或者采取欺骗手段骗取批准，非法占用土地(超过批准的数量占用土地，多占的土地以非法占用土地论处)	由县级以上人民政府自然资源主管部门责令退还非法占用的土地	《土地管理法》第七十七条、《土地管理法实施条例》第四十二条

续表

序号	违法类别	具体违法行为	处罚措施	处罚依据
3	非法转让、占用土地，变更土地用途	违反土地利用总体规划擅自将农用地改为建设用地	(1)限期拆除在非法占用的土地上新建的建筑物和其他设施，恢复土地原状，对符合土地利用总体规划的，没收在非法占用的土地上新建的建筑物和其他设施，可以并处罚款(非法占用土地每平方米30元以下)； (2)对非法占用土地单位的直接负责的主管人员和其他直接责任人员，依法给予处分	《土地管理法》第二条、第七十四条，《土地管理法实施条例》第三十八条
		买卖或者以其他形式非法转让土地	(1)由县级以上人民政府自然资源主管部门没收违法所得； (2)可以并处罚款(非法所得的50%以下)； (3)对直接负责的主管人员和其他直接责任人员，依法给予处分	
4	擅自转让划拨土地使用权	未经批准擅自转让、出租、划拨土地使用权①	市、县人民政府土地管理部门应当没收其非法收入，并根据情节处以罚款	《城镇国有土地使用权出让和转让暂行条例》第四十六条
5	非法占用耕地	占用耕地建窑、建坟或者擅自在耕地上建房、挖砂、采石、采矿、取土等，破坏种植条件的，或者因开发土地造成土地荒漠化、盐渍化	由县级以上人民政府自然资源主管部门、农业农村主管部门等按照职责责令限期改正或者治理，可以并处罚款(耕地开垦费的2倍以下)	《土地管理法》第七十五条、《土地管理法实施条例》第四十条、《基本农田保护条例》第十七条

① 需要注意，依据《国务院关于取消第一批行政审批项目的决定》《国务院关于第五批取消和下放管理层级行政审批项目的决定》，该条例规定的“国有划拨土地使用权抵押审批”“土地使用权和地上建筑物、其他附着物所有权分割转让审批”已被取消。

续表

序号	违法类别	具体违法行为	处罚措施	处罚依据
6	违法利用集体土地	(1)擅自将农民集体所有的土地通过出让、转让使用权或者出租等方式用于非农业建设； (2)违法将集体经营性建设用地通过出让、出租等方式交由单位或者个人使用	由县级以上人民政府自然资源主管部门责令限期改正，没收违法所得，并处罚款	《土地管理法》第八十二条
7	违规使用临时土地	在临时使用的土地上修建永久性建筑物、构筑物	(1)由县级以上人民政府土地行政主管部门责令限期拆除； (2)逾期不拆除的，由作出处罚决定的机关依法申请人民法院强制执行	《土地管理法》第五十七条、《土地管理法实施条例》第三十五条
8	开发禁垦区	在土地利用总体规划确定的禁止开垦区内从事土地开发活动	(1)由县级以上人民政府土地行政主管部门责令限期改正； (2)逾期不改正的，依照《土地管理法》第七十六条的规定处罚	《土地管理法实施条例》第十七条、第三十四条
9	违规占用自然资源保护区土地	(1)在自然保护区的缓冲区开展旅游和生产经营活动； (2)在自然保护区的核心区和缓冲区内建设生产设施； (3)在自然保护区的实验区内建设污染环境、破坏资源或者景观的生产设施	(1)责令限期改正，已建成的生产设施责令限期拆除； (2)在自然保护区的实验区内已经建成的设施，其污染物排放超过国家和地方规定的排放标准的，应当限期治理；造成损害的，必须采取补救措施	《自然保护区条例》第二十八条、第三十二条
10	违规重建、扩建	对在土地利用总体规划制定前已建的不符合土地利用总体规划确定的用途的建筑物、构筑物进行重建、扩建	(1)由县级以上人民政府土地行政主管部门责令限期拆除； (2)逾期不拆除的，由作出处罚决定的机关依法申请人民法院强制执行	《土地管理法实施条例》第三十六条

续表

序号	违法类别	具体违法行为	处罚措施	处罚依据
11	拒绝复垦土地	拒不履行土地复垦义务	(1)由县级以上人民政府自然资源主管部门责令限期改正; (2)逾期不改正的,责令缴纳复垦费,专项用于土地复垦,可以处以罚款(土地复垦费的2倍以下)	《土地管理法》第七十六条、《土地管理法实施条例》第四十一条
12	逾期不恢复种植条件	建设项目施工和地质勘查需要临时占用耕地,自临时用地期满之日起1年内未及时恢复种植条件	由县级以上人民政府土地行政主管部门责令限期改正,可以处耕地复垦费2倍以下的罚款	《土地管理法实施条例》第二十八条、第四十四条
13	拒还土地	(1)依法收回国有土地使用权当事人拒不交出土地; (2)临时使用土地期满拒不归还; (3)不按照批准的用途使用国有土地	(1)由县级以上人民政府自然资源主管部门责令交还土地; (2)处以罚款(非法占用土地每平方米10元以上30元以下)	《土地管理法》第八十一条、《土地管理法实施条例》第四十三条
14	阻挠土地征收	违反土地管理法律、法规规定,阻挠国家建设征收土地	(1)由县级以上人民政府土地行政主管部门责令交出土地; (2)拒不交出土地的,申请人民法院强制执行	《土地管理法实施条例》第四十五条
15	擅自转让房地产开发项目	违反本条例规定,擅自转让房地产开发项目	由县级以上人民政府负责土地管理工作的部门责令停止违法行为,没收违法所得,可以并处违法所得5倍以下的罚款	《城市房地产开发经营管理条例》第三十五条

续表

序号	违法类别	具体违法行为	处罚措施	处罚依据
16	闲置土地	超过约定动工开发日期满一定时期未动工开发建设,且无法定可以不动工的情形	(1)未动工开发满1年的,由市、县国土资源主管部门报经本级人民政府批准后,向国有建设用地使用权人下达《征缴土地闲置费决定书》,按照土地出让或者划拨价款的20%征缴土地闲置费。土地闲置费不得列入生产成本; (2)未动工开发满2年的,由市、县国土资源主管部门报经有批准权的人民政府批准后,向国有建设用地使用权人下达《收回国有建设用地使用权决定书》,无偿收回国有建设用地使用权。闲置土地设有抵押权的,同时抄送相关土地抵押权人	《闲置土地处置办法》第二条、第九条、第十四条,《土地管理法》第三十八条,《城市房地产管理法》第二十六条
17	未覆盖裸露待建设地面	建设单位未对暂时不能开工的建设用地的裸露地面进行覆盖,或者未对超过3个月不能开工的建设用地的裸露地面进行绿化、铺装或者遮盖	(1)由县级以上人民政府住房城乡建设等主管部门按照职责责令改正,处1万元以上10万元以下的罚款; (2)拒不改正的,责令停工整治	《大气污染防治法》第一百一十五条

房地产企业在开发房地产项目利用土地的过程中,应合法获取土地使用权,依法利用土地,并在开工建设前遵循有关资源节约、环境保护的要求,在此过程中,开发企业若存在上表列出的17类违法行为,就可能受到行政处罚。因此,房地产开发企业应予以重视,对这些风险进行重点防范。为进一步厘清上述行政处罚风险在实践中的具体表现形式,下文将结合有关案例详细说明。

二、怠于登记

典型案例 3-1[①]

该案中,Y房地产开发有限公司与当地原国土资源局签订了国有建设用地使用权出让合同,公司依约缴纳了土地出让金后,认为该地块附近存在污染,不具备商住用地条件,于是以此为由多次要求解除合同。房地产开发公司并未与原国土资源局办理交地手续,也没有进行国有土地使用权登记。原国土资源局认为,该公司的行为导致案涉土地的长久闲置,可对该公司进行相应的行政处罚,同时,原国土资源局未同意该公司提出的顺延交付土地时间和顺延土地使用年限的要求。

此后,Y公司起诉要求原国土资源局将交付土地的时间顺延至污染企业搬迁之日,开工建设日期、土地使用年限顺延,并赔偿损失,但因未提供充分证据证明涉案土地周边有环境污染,影响其土地开发,法院认为,其诉讼请求无事实和法律依据,判决驳回其诉讼请求。

(一)法律规定

《土地登记规则》第六十九条

土地使用者、所有者凡不按规定如期申请初始土地登记的,按照非法占地的处理办法论处;对凡不按规定如期申请变更土地登记的,除按违法占地处理外,视情节轻重报经县级以上人民政府批准,注销土地登记,注销土地证书。

(二)案例分析

该案中,房地产开发公司在依出让合同取得涉案土地使用权后,以涉案地块不具备商用条件为由欲解除合同,因故未与国土部门办理交地手续,也没有进行国有土地使用权登记。原国土资源局认为,该公司怠于办理登记手续、长久闲置土地的行为违法,原国土资源局可对该公司作出相应的行政处罚。诉讼中,因公司未提供充分证据证明涉案土地周边有环境污染,影响其土地开发,法

---

① 浙江省金华市婺城区人民法院行政判决书,(2015)金婺行初字第155号。

院认为,其诉讼请求无事实和法律依据,判决驳回其诉讼请求。

(三)警示意义及应对建议

房地产开发企业在获得建设用地使用权后,应及时办理土地初始登记和变更登记,若有正当理由无法办理的,应注意保留相关证据,并及时向有关部门据实说明。

三、未经批准或骗取批准后非法占用、改建

典型案例 3-2 ①

Y公司未经自然资源行政主管部门审批,未办理合法用地手续实施建设行为,涉嫌违反《土地管理法》第七十七条之规定。天津市规划和自然资源局津南分局依据《土地管理法》第七十七条以及《土地管理法实施条例》第四十二条之规定,立案调查后对其作出以下处罚决定:(1)责令Y公司退还在天津市X村非法占用的近9000平方米的土地;(2)对天津市Y公司按照15元/平方米的标准处以罚款,共计13余万元。

(一)法律规定

1.《土地管理法》第七十七条

未经批准或者采取欺骗手段骗取批准,非法占用土地的,由县级以上人民政府自然资源主管部门责令退还非法占用的土地,对违反土地利用总体规划擅自将农用地改为建设用地的,限期拆除在非法占用的土地上新建的建筑物和其他设施,恢复土地原状,对符合土地利用总体规划的,没收在非法占用的土地上新建的建筑物和其他设施,可以并处罚款;对非法占用土地单位的直接负责的主管人员和其他直接责任人员,依法给予处分;构成犯罪的,依法追究刑事责任。

超过批准的数量占用土地,多占的土地以非法占用土地论处。

---

① 天津市规划和自然资源局津南分局津南规自监土地举处罚字(2019)第7号行政处罚决定书。

2.《土地管理法实施条例》第四十二条

依照《土地管理法》第七十六条①的规定处以罚款的，罚款额为非法占用土地每平方米30元以下。

（二）案例分析

该案中，被处罚人在未经自然资源行政主管部门审批，未办理合法用地手续的情况下即实施建设行为，擅自开工建设，因此被执法部门责令退还土地，并受到了罚款处罚。

（三）警示意义及应对建议

房地产企业在进行开发建设前务必了解当地的土地利用总体规划，遵循规划用途并依法严格履行有关审批手续后再开工建设。

四、非法转让、占用土地、变更土地用途

典型案例 3－3 ②

W房地产开发有限公司擅自占用X区土地建造停车场，总占地面积766.6平方米。嘉兴市原国土资源局秀洲区分局认定，其占用的766.6平方米土地中的615平方米属规划确定的一般农田，不符合《X镇土地利用总体规划（2006—2020年）》；其中151.6平方米属于城镇用地，符合《X镇土地利用总体规划（2006—2020年）》。当事人非法占用的土地利用现状为耕地615平方米，城镇村及工矿用地151.6平方米。

嘉兴市秀洲区综合行政执法局认为，W房地产开发有限公司该行为已违反了《土地管理法》第二条第三款“任何单位和个人不得侵占、买卖或者以其他形式非法转让土地。土地使用权可以依法转让”之规定，属未经依法批准，非法占用土地行为。依据《土地管理法》（2004）第七十六条、《土地管理法实施条例》第四十二条的规定和执法局案审组集体讨论自由裁量的裁定，对W公司从以下几方面进行了处罚：

① 该条援引的是2004年《土地管理法》，对应《土地管理法》（2019）第七十七条。

② 嘉兴市秀洲区综合行政执法局行政处罚决定书，秀综执罚决字（2017）5－010号。

(1)责令被处罚人限期退还非法占用的土地;

(2)责令被处罚人限期拆除不符合土地利用总体规划的土地上建造的构筑物及附属设施,恢复土地原状;

(3)没收在非法占用不符合土地利用总体规划的地上建造的构筑物和其他附属设施;

(4)对非法占用不符合土地利用总体规划的一般农田处以每平方米20元的罚款,计罚款人民币1余万元。

典型案例 3-4 ①

经申请执行人原夏津县国土资源局查实,被执行人未经依法批准,擅自于2017年7月占用夏津县某村集体土地4834.65平方米进行非农业建设的行为,违反了《土地管理法》(2004)第四十三条、第四十四条、第五十九条的规定。申请执行人原夏津县国土资源局根据《土地管理法》(2004)第七十六条和《土地管理法实施条例》第四十二条的规定,于2017年8月10日作出土地(矿产)行政处罚决定书。

处罚内容如下:(1)责令退还非法占用的集体土地;(2)限15日内自行拆除在非法占用的土地上新建的建筑物及其他设施;(3)没收在非法占用的土地上新建的建筑物及其他设施;(4)对非法占用的土地处以每平方米25元的罚款,共计人民币12余万元。

典型案例 3-5 ②

被处罚人陈某与欧某、谢某签订《房屋土地租赁合同书》,承租位于C地的3.5亩土地作为建设工厂使用。2016年3月,陈某未经批准,擅自在承租的土地上建设铸铁加工厂,经湛江市国土资源测绘院测量,并由陈某确认,实际占地面积2244.85平方米,建筑面积1747.62平方米。宗地地类为林地(2228.82平方米)、果园(16.03平方米),不符合土地利用总体规划。

原湛江市国土资源局认为,陈某未经批准、擅自承租集体农用地用于非农建设的行为,违反了《土地管理法》(2004)第二条、第六十三条的规定,构成未

---

① 参见山东省夏津县人民法院(2018)鲁1427行审8号行政裁定书。

② 参见湛江市国土资源局湛国土资(执法)决字(2016)第197号行政处罚决定书。

经批准、非法转让土地的违法事实。根据《土地管理法》(2004)第七十三条、第八十一条和《土地管理法实施条例》第三十八条、第三十九条的规定,对陈某作出如下行政处罚:(1)限期自行拆除在非法占用的土地上新建的建筑物和其他设施,恢复土地原状;(2)按非法转让土地价款24,500元处以15%的罚款,计罚款3675元。

(一)法律规定

1.《土地管理法》第二条

中华人民共和国实行土地的社会主义公有制,即全民所有制和劳动群众集体所有制。

全民所有,即国家所有土地的所有权由国务院代表国家行使。

任何单位和个人不得侵占、买卖或者以其他形式非法转让土地。土地使用权可以依法转让。

国家为了公共利益的需要,可以依法对土地实行征收或者征用并给予补偿。

国家依法实行国有土地有偿使用制度。但是,国家在法律规定的范围内划拨国有土地使用权的除外。

2.《土地管理法》第七十四条

买卖或者以其他形式非法转让土地的,由县级以上人民政府自然资源主管部门没收违法所得;对违反土地利用总体规划擅自将农用地改为建设用地的,限期拆除在非法转让的土地上新建的建筑物和其他设施,恢复土地原状,对符合土地利用总体规划的,没收在非法转让的土地上新建的建筑物和其他设施;可以并处罚款;对直接负责的主管人员和其他直接责任人员,依法给予处分;构成犯罪的,依法追究刑事责任。

3.《土地管理法》第八十一条

擅自将农民集体所有的土地通过出让、转让使用权或者出租等方式用于非农业建设,或者违反本法规定,将集体经营性建设用地通过出让、出租等方式交由单位或者个人使用的,由县级以上人民政府自然资源主管部门责令限期改正,没收违法所得,并处罚款。

4.《土地管理法实施条例》第三十八条

依照《土地管理法》第七十三条①的规定处以罚款的，罚款额为非法所得的50%以下。

（二）案例分析

上述案例中，被处罚人进行建设前未了解土地利用整体规划，擅自在农业农地上开展非农建设或未经批准非法占用土地，违反了有关法律法规的要求，因此被责令限期拆除违法建筑物，并被处以罚款处罚。

（三）警示意义及应对建议

我国实行土地的社会主义公有制，即全民所有制和集体所有制，禁止任何单位和个人侵占、买卖或者以其他形式非法转让土地，房地产开发企业不得非法转让或受让土地；企业在通过买卖、租赁等方式取得土地使用权的过程中，应密切关注区域内土地利用的整体规划，遵循整体规划的要求，依法从事建设活动和转让土地使用权，切勿将农业用地擅自用于非农建设。

（四）拓展：有关问题②

1. 什么是土地利用总体规划？

土地利用总体规划，是指在一定区域内，根据土地的自然特点、经济条件和国民经济、社会发展用地需求的长期预测，对土地的开发、利用、治理、保护在空间上、时间上所作的总体安排和布局，是对各主要用地部门的用地规模提出控制性指标，划分土地利用区域，确定实施规划的方针政策和措施。

土地利用规划是国家实行土地用途管制的基础，是编制地区和专项土地利用规划以及审批土地的依据。土地利用总体规划对于控制土地利用的方向、提高土地利用强度、合理布局产业和明确区域分工具有重要意义。

2. 我国经历了哪三轮土地利用总体规划？

（1）第一轮土地利用总体规划（1986～2000年）：1987年12月《关于土地利用总体规划工作报告的通知》，明确了土地利用总体规划是国土规划的组成部

---

① 该条援引的是2004年修订的《土地管理法》，对应《土地管理法》（2019）第七十四条。

② 资料来源：自然资源部官方网站。

分,是土地利用宏观的、指导性的长期规划。按行政区划分为全国、省级(自治区、直辖市)、市县级三个层次。1993 年 2 月,国务院批准实施《全国土地利用总体规划纲要(草案)》,这是我国第一部土地利用总体规划。

(2)第二轮土地利用总体规划(1996～2010 年):1998 年 8 月,第九届全国人民代表大会常务委员会第四次会议审议通过了《土地管理法》修订案,“土地利用总体规划”成为《土地管理法》的专章。1999 年 4 月,国务院批准实施《全国土地利用总体规划纲要(1997—2010 年)》。需要提及的是,1998 年 3 月国务院实施机构改革,将原地质矿物部、国家土地管理局、国家海洋局和国家测绘局合并,共同组建了原国土资源部。

(3)第三轮土地利用总体规划(2006～2020 年):2008 年 10 月,国务院批准实施《全国土地利用总体规划纲要(2006—2020 年)》,并指出,土地利用总体规划是落实土地宏观调控和土地用途管制、规划城乡建设的重要依据,是实行最严格土地管理制度的一项基本手段。

3. 2019 年 1 月以后不再编制土地利用总体规划,今后,主体功能区规划、土地利用总体规划、城乡规划、海洋功能区划等统称为“国土空间规划”。

(1)目前使用的土地利用总体规划是 2008 年批准实施的,将于 2020 年到期。

(2)2018 年 3 月 14 日国务院机构改革方案出台,组建自然资源部。

(3)2019 年 5 月 28 日,自然资源部印发《关于全面开展国土空间规划工作的通知》,明确了各地不再新编和报批主体功能区规划、土地利用总体规划、城镇体系规划、城市(镇)总体规划、海洋功能区划等。

(4)2019 年 8 月 26 日,新修正的《土地管理法》正式发布,明确指出:“经依法批准的国土空间规划是各类开发、保护、建设活动的基本依据。已经编制国土空间规划的,不再编制土地利用总体规划和城乡规划。”

(5)2020 年 11 月 13 日,自然资源部国土空间规划局召开的城镇开发边界试划研究工作部署会提到,《全国国土空间规划纲要(2020—2035 年)》争取 2019 年年底前上报,并拟于 2021 年第一季度报党中央、国务院审定;省级国土空间规划计划 2021 年 6 月底前完成审批;市县级国土空间规划计划 2021 年 9 月完成审批。

五、擅自转让划拨土地使用权

典型案例 3－6[①]

S区某校以联合开发为名，擅自将国有划拨土地转让给企业用于房地产开发，同时，S公司存在未经批准在国有划拨土地上进行房地产开发的行为。2011年6月30日，原商洛市国土资源局对S区某校、S公司作出了行政处罚决定书，主要内容为：S区某校、S公司的行为违反了《土地管理法》(2004)第二条第三款及《城镇国有土地使用权出让和转让暂行条例》第四十四条之规定，属非法转让国有划拨土地使用权行为，同时该校将原批准为教学用地的土地变为商住用地的行为，违反了《土地管理法》(2004)第五十六条之规定，属于擅自改变土地用途行为。依据《土地管理法》(2004)第七十三条、第八十条，《城镇国有土地使用权出让和转让暂行条例》第四十六条及《土地管理法实施条例》第三十八条之规定，作出以下处罚：(1)没收商州区委党校非法转让国有划拨土地违法所得，并收回商州区委党校非法转让的5.37亩国有土地使用权；(2)没收S公司委托林某在非法转让的土地上投资新建的建筑物，总建筑面积1657.3平方米和其他设施；(3)对S公司处以10万元罚款。

另外，因本案中，S区某校与X公司签订的《联合开发合同》及《补充协议》中，均约定以S区某校拥有的划拨土地与X公司进行房地产联合开发。法院认为，虽然后期为解决遗留问题，经商洛市政府批准完善土地相关手续。但本案审理的S区某校与X公司签订的《联合开发合同》及《补充协议》在2010年9月被商洛市国土资源局查处前未办理土地批准手续，故本案所涉合同及补充协议无效。因S区某校和X公司对于联合开发的土地属于划拨土地，双方对于未经人民政府批准办理土地性质变更手续的事实均是明知的，故对于导致合同无效的后果，双方当事人均有过错，均应承担相应的法律责任。

(一)法律规定

《城镇国有土地使用权出让和转让暂行条例》第四十六条

对未经批准擅自转让、出租、抵押划拨土地使用权的单位和个人，市、县人

---

① 陕西省高级人民法院(2019)陕民终787号民事判决书。

民政府土地管理部门应当没收其非法收入，并根据情节处以罚款。

（二）案例分析

本案中，被处罚人未经人民政府批准办理土地性质变更手续，擅自以划拨土地参与房地产合作开发，不仅受到了行政处罚，还导致相关民事合同被认定为无效，遭受了损失。

（三）警示意义及应对建议

根据《城市房地产管理法》第二十三条、《土地管理法》第五十四条相关规定，国家机关用地，城市基础设施用地和公益事业用地，国家重点扶持的能源、交通、水利等基础设施用地经县级以上人民政府依法批准，可以以划拨方式取得建设用地，划拨方式取得的建设用地除法律、行政法规另有规定外，没有使用期限的限制。在实务中，许多机关单位或者企业基于土地政策或历史原因能够以划拨的方式无偿取得建设用地的使用权。但由于划拨土地使用权的特殊性质，在转让时需要履行特殊的手续，因此，房地产开发企业以划拨方式取得的土地，在转让、出租时，应遵循报批手续，谨慎防范权利纠纷以及相关行政处罚风险。

（四）拓展：有关问题

1. 转让、出租、抵押划拨土地使用权的主体需要具备哪些条件？

根据《城镇国有土地使用权出让和转让暂行条例》第四十四条、第四十五条相关规定，符合以下条件的划拨土地使用权和地上建筑物，经市、县人民政府土地管理部门和房产管理部门批准可以转让、出租、抵押，具体为：(1)土地使用者为公司、企业、其他经济组织和个人；(2)领有国有土地使用证；(3)具有地上建筑物、其他附着物合法的产权证明。

2. 转让出租、抵押划拨土地使用权需要履行哪些手续？

根据《关于完善建设用地使用权转让、出租、抵押二级市场的指导意见》（国办发〔2019〕34号）规定："以划拨方式取得的建设用地使用权转让，需经依法批准，土地用途符合《划拨用地目录》的，可不补缴土地出让价款，按转移登记办理；不符合《划拨用地目录》的，在符合规划的前提下，由受让方依法依规补缴土地出让价款。"

六、非法占用耕地

典型案例 3－7[①]

被处罚人B公司为了推进某项目，未经批准擅自在瓯北街道某村150平方米集体土地上动工建设，经鉴定其所占土地类别为耕地。原永嘉县国土资源局认为，B公司未经批准擅自建造临时棚的行为，已违反了《土地管理法》（2004）第三十七条“禁止占用耕地建窑、建坟或者擅自在耕地上建房、挖砂、采石、采矿、取土等”和《基本农田保护条例》第十七条“禁止任何单位和个人在基本农田保护区内建窑、建房、建坟、挖砂、采石、采矿、取土、堆放固体废弃物或者进行其他破坏基本农田的活动”的规定，已构成违法，属破坏耕地（破坏基本农田）行为，计占地面积为2650平方米，但鉴于部分土地已及时得到治理，均已绿化，并且积极主动配合执法过程，决定对该部分不予处罚，对其余土地作出如下处罚：（1）责令B公司在收到行政处罚决定书之日起30日内自行拆除占地面积3263平方米（其中建筑占地面积为613平方米，其余土地2650平方米已绿化）上所建的建筑物及构筑物，并作出恢复土地耕作条件的改正和治理；（2）按照80元/平方米的罚款标准，对B公司并处罚款人民币近5万元。

（一）法律规定

1.《土地管理法》第七十五条

违反本法规定，占用耕地建窑、建坟或者擅自在耕地上建房、挖砂、采石、采矿、取土等，破坏种植条件的，或者因开发土地造成土地荒漠化、盐渍化的，由县级以上人民政府自然资源主管部门、农业农村主管部门等按照职责责令限期改正或者治理，可以并处罚款；构成犯罪的，依法追究刑事责任。

2.《土地管理法实施条例》第四十条

依照《土地管理法》第七十四条[②]的规定处以罚款的，罚款额为耕地开垦费的2倍以下。

---

① 永嘉县国土资源局行政处罚决定书，永土资罚（2016）65号。

② 该条援引2004年《土地管理法》，对应2019年《土地管理法》第七十五条。

3.《基本农田保护条例》第十七条

禁止任何单位和个人在基本农田保护区内建窑、建房、建坟、挖砂、采石、采矿、取土、堆放固体废弃物或者进行其他破坏基本农田的活动。

禁止任何单位和个人占用基本农田发展林果业和挖塘养鱼。

(二)案例分析

该案中,被处罚人为了推进公司项目建设,动工前未了解土地类别,未经批准擅自占用耕地进行开发建设,因此受到了有关部门责令限期拆除、恢复种植条件、罚款等处罚。

(三)警示意义及应对建议

为确保国家粮食安全,我国实行严格的耕地保护制度,房地产开发企业在进行项目规划时务必关注土地性质,提前了解规划区域内土地的规划类别,动工建设前应履行报批手续,不得擅自占用耕地进行开发建设,开发建设中也应遵守耕地及基本农田保护的相关规定,做好环保配套措施。如果在建设中发现已经占用耕地农田,应及时采取治理措施,主动恢复已占用耕地的种植条件,以降低被处罚的风险。

七、违法利用集体土地

典型案例 3-8[①]

2017年4月15日,原告与被告P公司签订《棚室承包合同》,约定原告承包P公司开办的位于涿州市的种植大棚一栋,承包期限为25年,自2017年6月30日至2042年6月30日,并交纳了承包费用。2018年5月9日,涿州市义和庄镇人民政府、原涿州市国土资源局向被告P公司联合下发《责令改正违法行为通知书》。被告P公司在涿州市某镇某村集体土地建房的行为被相关行政机关确定为违法行为,且涉案项目棚室已被强制拆除。

二审法院认为,上诉人P公司未经批准占用某镇某村集体土地建房的行为

① 河北省保定市中级人民法院民事判决书,(2020)冀06民终42号。

已被涿州市义和庄镇人民政府、原涿州市国土资源局认定为违法行为且案涉大棚已被相关行政机关进行了拆除，故上诉人关于案涉棚室的建设具有合法性的主张与事实不符，法院不予支持。一审法院认定涉及棚室承租的棚室承包合同属无效合同，于法有据，并无不当。关于租赁费的返还，根据《合同法》第五十八条①"合同无效或者被撤销后，因该合同取得的财产，应当予以返还"的规定，一审法院判决上诉人P公司返还被上诉人李某已缴纳的所有承包费用亦无不当。

（一）法律规定

《土地管理法》第八十二条

擅自将农民集体所有的土地通过出让、转让使用权或者出租等方式用于非农业建设，或者违反本法规定，将集体经营性建设用地通过出让、出租等方式交由单位或者个人使用的，由县级以上人民政府自然资源主管部门责令限期改正，没收违法所得，并处罚款。

（二）案例分析

该案中，房地产开发企业未经批准占用了村集体土地，并在土地上建房。当地政府及原国土资源局认为其行为违法，依法强制拆除了企业违法在集体土地上建造的房屋。房地产开发企业占用农用地进行违法建设的行为被政府认定为违法，在土地上建设的棚室被强制拆除，导致企业与第三人签订的棚室承包合同被法院认定为无效合同，引发了涉案民事纠纷。

（三）警示意义及应对建议

房地产开发企业在开发建设前应明悉土地所有权主体，在利用集体土地的过程中应遵循有关法律法规的要求，合法使用集体土地。

（四）拓展：改革动向

最新修改的《土地管理法》于2020年1月1日起施行。该法第六十三条规定："土地利用总体规划、城乡规划确定为工业、商业等经营性用途，并经依法登

---

① 现该条规定被《民法典》第一百五十七条承袭，《民法典》第一百五十七条统一规定了民事法律行为无效、被撤销或者确定不发生效力后的法律效果。

记的集体经营性建设用地,土地所有权人可以通过出让、出租等方式交由单位或者个人使用,并应当签订书面合同,载明土地界址、面积、动工期限、使用期限、土地用途、规划条件和双方其他权利义务。前款规定的集体经营性建设用地出让、出租等,应当经本集体经济组织成员的村民会议三分之二以上成员或者三分之二以上村民代表的同意。通过出让等方式取得的集体经营性建设用地使用权可以转让、互换、出资、赠与或者抵押,但法律、行政法规另有规定或者土地所有权人、土地使用权人签订的书面合同另有约定的除外。集体经营性建设用地的出租,集体建设用地使用权的出让及其最高年限、转让、互换、出资、赠与、抵押等,参照同类用途的国有建设用地执行。具体办法由国务院制定。"《土地管理法》删除了旧法第四十三条关于"任何单位和个人进行建设,需要使用土地,必须使用国有土地"的规定。

据此,在符合土地和城乡规划、依法登记,并经本集体经济组织2/3以上成员或者村民代表同意的条件下,集体经营性建设用地可以出租、出让给集体经济组织以外的单位或者个人直接使用,其与国有建设用地同权同价、同等入市。

八、违规使用临时土地

典型案例 3-9①

经查实,贵州X公司于2018年8月向原仁怀市国土资源局申请办理临时用地备案,原仁怀市国土资源局同意其使用某村集体土地8749平方米作公司的临时用地,但该公司未经过审批,于2013年在该地块上修建永久性建筑物一栋两层作为办公楼。经贵州H公司勘测定界,该建筑占地面积为194.26平方米,建筑总面积为402.53平方米。经仁怀市土地利用总体规划图确认,该地块为有条件建设区,不符合土地利用规划。仁怀市综合执法局认为,该公司行为的违反了《土地管理法》(2004)第五十七条第二款的规定,故依据《土地管理法》(2004)第七十六条第一款和《土地管理实施条例》第四十二条的规定,决定对其作出如下行政处罚:对违法占用的土地上的新建建筑物及其他设施处以限期拆除,并按10元每平方米处以罚款,共计罚款1942.6元。

① 仁怀市综合执法局行政处罚决定书,仁综执(土)罚字(2019)第14-002号。

（一）法律规定

1.《土地管理法》第五十七条

建设项目施工和地质勘查需要临时使用国有土地或者农民集体所有的土地的，由县级以上人民政府自然资源主管部门批准。其中，在城市规划区内的临时用地，在报批前，应当先经有关城市规划行政主管部门同意。土地使用者应当根据土地权属，与有关自然资源主管部门或者农村集体经济组织、村民委员会签订临时使用土地合同，并按照合同的约定支付临时使用土地补偿费。

临时使用土地的使用者应当按照临时使用土地合同约定的用途使用土地，并不得修建永久性建筑物。

临时使用土地期限一般不超过二年。

2.《土地管理法》第七十七条

未经批准或者采取欺骗手段骗取批准，非法占用土地的，由县级以上人民政府自然资源主管部门责令退还非法占用的土地，对违反土地利用总体规划擅自将农用地改为建设用地的，限期拆除在非法占用的土地上新建的建筑物和其他设施，恢复土地原状，对符合土地利用总体规划的，没收在非法占用的土地上新建的建筑物和其他设施，可以并处罚款；对非法占用土地单位的直接负责的主管人员和其他直接责任人员，依法给予处分；构成犯罪的，依法追究刑事责任。

超过批准的数量占用土地，多占的土地以非法占用土地论处。

3.《土地管理法实施条例》第三十五条

在临时使用的土地上修建永久性建筑物、构筑物的，由县级以上人民政府土地行政主管部门责令限期拆除；逾期不拆除的，由作出处罚决定的机关依法申请人民法院强制执行。

4.《土地管理法实施条例》第四十二条

依照《土地管理法》第七十六条[①]的规定处以罚款的，罚款额为非法占用土地每平方米30元以下。

---

① 该条援引的是2004年《土地管理法》，对应《土地管理法》（2019）第七十七条。

（二）案例分析

该案中，被处罚人办理临时用地备案后，未经过审批在地块上修建永久性建筑物一栋两层作为办公楼，被执法机关查处，有关机关认为，该公司系违规使用临时土地，故责令其限期拆除违规建筑并对其处以罚款。

（三）警示意义及应对建议

房地产开发企业应按照临时土地批准的用途使用土地，建设中需要变更土地用途的，应依法办理审批手续。

九、开发禁垦区

典型案例 3－10[①]

申请执行人原 Y 县国土资源局于 2016 年 9 月 3 日向法院申请强制执行某行政处罚决定。法院受理后，依法组成合议庭进行了审查。

被执行人江某于 1996 年 9 月未经批准，擅自在 Y 县某村土地上建住宅用房。经查实，被执行人已占用土地面积 160.86 平方米，经原 Y 县国土资源局规划中心确认，该占用地块的地类系农用地（水田），规划分区为一般农田保护区，不符合土地利用总体规划。该行为属未经批准非法占地行为。根据《土地管理法》（2004）第七十六条及《土地管理法实施条例》第三十四条的规定，决定处罚如下：（1）限期 30 日内自行拆除非法占用土地上新建的建筑物，并恢复土地原状；（2）对非法占用的土地处以 15 元/平方米的罚款，计人民币 2413 元。原 Y 县国土资源局向当事人送达行政处罚决定书后，江某在法定期间内未提起行政诉讼，也未履行，故原 Y 县国土资源局于 2016 年 9 月 3 日向法院申请强制执行行政处罚：（1）限期 30 日内自行拆除非法占用土地上新建的建筑物，并恢复土地原状；（2）对非法占用的土地处以 15 元/平方米的罚款，计人民币 2413 元。

法院经审查认为，原 Y 县国土资源局作出的行政处罚决定，认定事实清楚，适用法律法规正确，执行程序并无不当。因被执行人未自动履行。故依据《行

① 浙江省玉环县人民法院行政裁定书，（2016）浙 1021 行审 647 号。

政强制法》第五十三条、第五十七条和《行政诉讼法》第九十七条之规定,裁定准予强制执行。其中,限期30日内自行拆除非法占用土地上新建的建筑物,并恢复土地原状的行政处罚决定,由原Y县某镇人民政府组织实施。

(一)法律规定

1.《土地管理法实施条例》第十七条

禁止单位和个人在土地利用总体规划确定的禁止开垦区内从事土地开发活动。

在土地利用总体规划确定的土地开垦区内,开发未确定土地使用权的国有荒山、荒地、荒滩从事种植业、林业、畜牧业、渔业生产的,应当向土地所在地的县级以上地方人民政府土地行政主管部门提出申请,按照省、自治区、直辖市规定的权限,由县级以上地方人民政府批准。

开发未确定土地使用权的国有荒山、荒地、荒滩从事种植业、林业、畜牧业或者渔业生产的,经县级以上地方人民政府依法批准,可以确定给开发单位或者个人长期使用,使用期限最长不得超过50年。

2.《土地管理法实施条例》第三十四条

违反本条例第十七条的规定,在土地利用总体规划确定的禁止开垦区内进行开垦的,由县级以上人民政府土地行政主管部门责令限期改正;逾期不改正的,依照《土地管理法》第七十六条[①]的规定处罚。

(二)案例分析

该案中,被执行人江某未经批准,擅自在村土地上建住宅用房,其占用地块的类别系农用地(水田),规划分区为一般农田保护区,不符合土地利用总体规划。有关行政机关认为,其上述行为属未经批准非法占地行为。因此,根据《土地管理法》及《土地管理法实施条例》的规定,决定责令其限期自行拆除非法占用土地上新建的建筑物,恢复土地原状,并对其非法占用的土地处以15元/平方米的罚款。然而,申请执行人向江某送达行政处罚决定书后,江某在法定期间内不提起行政诉讼,又不履行,故申请执行人原Y县国土资源局向法院申请强制执行行政处罚,法院审查后准予强制执行。

---

① 该条援引的是2004年《土地管理法》,对应《土地管理法》(2019)第七十七条。

（三）警示意义及应对建议

房地产开发企业在进行开发建设选址时，应该关注相关土地的性质以及当地土地利用总体规划，确保建设地块不属于禁垦区。

十、违规占用自然资源保护区土地

典型案例 3－11 [①]

宁河区北淮淀镇北淮淀村村民郑某、张某，未经土地行政主管部门批准，擅自在古海岸与湿地国家级自然保护区核心区内占用土地357.56平方米修建房屋和其他设施。原宁河区国土资源分局依法对其立案查处，同年8月下达《行政处罚决定书》。目前涉案的违法建筑已经拆除。

典型案例 3－12 [②]

蓟州区下营镇太平沟村村民王某，未经土地行政主管部门批准，擅自在天津八仙山国家级自然保护区内占用土地803.6平方米修建房屋用于农家院经营。原蓟州区国土资源分局于2017年8月依法立案查处，同年9月下达《行政处罚决定书》，责令退还非法占用土地，限期拆除在非法占用土地上新建房屋。

（一）法律规定

1.《自然保护区条例》第二十八条

禁止在自然保护区的缓冲区开展旅游和生产经营活动。因教学科研的目的，需要进入自然保护区的缓冲区从事非破坏性的科学研究、教学实习和标本采集活动的，应当事先向自然保护区管理机构提交申请和活动计划，经自然保护区管理机构批准。

---

① 参见《天津通报2起国家级自然保护区内违法占地建房案》，载新华网，http://www.xinhuanet.com//2017-10/26/c_1121860134.htm，最后访问日期：2020年6月1日。

② 参见《天津通报2起国家级自然保护区内违法占地建房案》，载新华网，http://www.xinhuanet.com//2017-10/26/c_1121860134.htm，最后访问日期：2020年6月1日。

从事前款活动的单位和个人,应当将其活动成果的副本提交自然保护区管理机构。

2.《自然保护区条例》第三十二条

在自然保护区的核心区和缓冲区内,不得建设任何生产设施。在自然保护区的实验区内,不得建设污染环境、破坏资源或者景观的生产设施;建设其他项目,其污染物排放不得超过国家和地方规定的污染物排放标准。在自然保护区的实验区内已经建成的设施,其污染物排放超过国家和地方规定的排放标准的,应当限期治理;造成损害的,必须采取补救措施。

在自然保护区的外围保护地带建设的项目,不得损害自然保护区内的环境质量;已造成损害的,应当限期治理。

限期治理决定由法律、法规规定的机关作出,被限期治理的企业事业单位必须按期完成治理任务。

(二)案例分析

上述案例中,当事人未经有关部门批准,擅自占用自然保护区土地建造房屋,被相关部门查处,受到了处罚。

(三)警示意义及应对建议

开展旅游和生产经营活动、建设生产设施,应避开自然保护区的核心区和缓冲区。

因教学科研的目的,需要进入自然保护区的缓冲区从事非破坏性的科学研究、教学实习和标本采集活动的,应当事先向自然保护区管理机构提交申请和活动计划,经自然保护区管理机构批准,并应当将活动成果的副本提交自然保护区管理机构。

在自然保护区的实验区内,不得建设污染环境、破坏资源或者景观的生产设施;建设其他项目,其污染物排放不得超过国家和地方规定的污染物排放标准。

十一、违规重建、扩建

典型案例 3－13[①]

2011年10月至2012年3月，当事人陈某未经批准在R镇K村翻建住宅两幢，其中一幢为三层，另一幢为二层，均为砖混结构，已结顶，另有三处棚房及地面水泥硬化。经实地勘测，用地面积591平方米，建筑占地420.20平方米（计建筑面积718.06平方米）。经土地案件鉴定结果：该地块土地利用现状图为水田和有林地；《土地利用总体规划（2006—2020年）》属一般基本农田和林地，不符合该镇土地利用总体规划。

当地原国土资源局认为，其行为违反了《土地管理法》（2004）第四十三条、第四十四条、第六十四条。因此，根据《土地管理法》（2004）第七十六条，《土地管理法实施条例》第三十六条、第四十二条之规定，决定对其作出如下行政处罚：(1)责令陈某将非法占用的土地退还给集体经济组织；(2)限陈某在15日内自行拆除在非法占用的土地上已建的建筑物及地面水泥硬化物；(3)对陈某非法占地行为并处每平方米30元的罚款，计人民币近2万元。

（一）法律规定

《土地管理法实施条例》第三十六条

对在土地利用总体规划制定前已建的不符合土地利用总体规划确定的用途的建筑物、构筑物重建、扩建的，由县级以上人民政府土地行政主管部门责令限期拆除；逾期不拆除的，由作出处罚决定的机关依法申请人民法院强制执行。

（二）案例分析

该案中，当事人未经批准在规划为水田和林地的地块上翻建住宅。当地原国土资源局认为，其行为违反了《土地管理法》（2004）第四十三条、第四十四条、第六十四条。因此，根据《土地管理法》（2004）第七十六条，《土地管理法实施条例》第三十六条、第四十二条之规定，对其作出责令退还土地、限期自行拆

---

① 文昌市国土资源局行政处罚决定书，文土资罚（2018）第035号。

除已建建筑物、罚款的行政处罚。

（三）警示意义及应对建议

房地产开发企业在重建、扩建前务必了解相关地块的土地利用规划，确保有关建筑物、构筑物所占土地符合法律法规要求的利用方式。

十二、拒绝复垦土地

典型案例 3-14 ①

原泾县国土资源局于2016年10月10日作出行政处罚决定书，认定：泾县J公司于2011年年初从泾川镇T村村民卫某处流转了T村某处集体耕地26.864亩，2011年上半年该公司未经批准，先后安排卫某和该公司人员使用机械擅自对南侧1.53亩耕地实施建筑渣土回填，直接造成回填地块失去耕种条件，对此，申请执行人原国土资源局先后两次向该公司下达了责令改正违法行为通知书，该公司未按通知书要求对回填地块恢复原状，其行为违反了《土地管理法》第四十二条、第四十四条的规定，对该公司的违法行为定性为拒不履行土地复垦义务、非法占地。

根据《土地管理法》第七十五条、第七十六条，《土地管理法实施条例》第四十一条，《安徽省实施〈中华人民共和国土地管理法〉办法》第二十三条的规定，原泾县国土资源局作出处罚决定如下：（1）责令将1.53亩的土地承包经营权退还给卫某；剩余的25.334亩土地，泾县J房地产开发有限公司未改变土地利用现状也未实际占用，免予行政处罚；（2）按每平方米9元缴纳被破坏的1.53亩耕地复垦费，计9000余元；（3）对破坏的1.53亩耕地，处以土地复垦费9元每平方米2倍的罚款（18元/平方米），计近2万元。

（一）法律规定

1.《土地管理法》第七十六条

违反本法规定，拒不履行土地复垦义务的，由县级以上人民政府自然资源

① 安徽省泾县人民法院行政裁定书，（2017）皖1823行审40号。

主管部门责令限期改正;逾期不改正的,责令缴纳复垦费,专项用于土地复垦,可以处以罚款。

2.《土地管理法实施条例》第四十一条

依照《土地管理法》第七十五条[①]的规定处以罚款的,罚款额为土地复垦费的 2 倍以下。

(二)案例分析

该案中,被处罚人未经批准在耕地上进行建筑渣土回填,破坏了耕种条件,在收到责令改正的通知书后仍未改正,因此,其行为被认定为拒不履行土地复垦义务、非法占地,并被申请由法院强制执行行政罚款决定。

(三)警示意义及应对建议

房地产开发企业在开发建设中应严格遵循耕地保护规定,保护土地的耕种条件;若建设行为影响了耕地使用,开发企业在接到复垦通知书后应及时恢复原状,改正有关建设行为,避免受到处罚。

三、逾期不恢复种植条件

典型案例 3-15[②]

W 公司于 2013 年 10 月超过临时用地批准时限在龙湾区永中街道某村占用土地并建设厂房,非法占用土地面积合计 964.31 平方米,土地权属来源为某村集体土地,现状为一处建筑占地面积为 65.20 平方米,建筑面积为 126.21 平方米的二层砖房;一处建筑占地面积为 890.56 平方米,建筑面积为 890.56 平方米的彩钢棚及空地,现阶段用途为工业用地。上述非法占用的土地在《龙湾中心城区土地利用总体规划(2006—2020 年)》确定的功能为新增园地,不符合土地利用总体规划;在全国第二次土地调查中土地现状地类为水田,2013 年度土地调查中土地现状地类为水田。

有关行政机关认为,W 公司的以上行为已违反了《土地管理法实施条例》

① 该条援引的是 2004 年《土地管理法》,对应《土地管理法》(2019)第七十六条。

② 温州市国土资源局龙湾分局行政处罚决定书,温土资龙罚(2016)42 号。

第二十八条“建设项目施工和地质勘查需要临时占用耕地的,土地使用者应当自临时用地期满之日起1年内恢复种植条件”的规定,属于逾期不恢复种植条件的行为。根据《土地管理法实施条例》第四十四条的规定,决定对W公司处罚如下:(1)责令自接到行政处罚决定书之日起30日内自行拆除非法占用的土地上新建的建(构)筑物和其他设施,恢复土地种植条件;(2)对逾期不恢复种植条件的行为处以每平方米40元罚款,罚款合计近4万元。

(一)法律规定

1.《土地管理法实施条例》第二十八条

建设项目施工和地质勘查需要临时占用耕地的,土地使用者应当自临时用地期满之日起1年内恢复种植条件。

2.《土地管理法实施条例》第四十四条

违反本条例第二十八条的规定,逾期不恢复种植条件的,由县级以上人民政府土地行政主管部门责令限期改正,可以处耕地复垦费2倍以下的罚款。

(二)案例分析

该案中,房地产开发企业超过临时用地批准时限,占用村集体土地并建设厂房,且企业非法占用的土地在《土地利用总体规划(2006—2020年)》确定的功能为新增园地,全国第二次土地调查中土地现状地类为水田,2013年度土地调查中土地现状地类为水田,不符合土地利用总体规划。因此,有关行政机关认为,企业上述行为违反了《土地管理法实施条例》第二十八条“建设项目施工和地质勘查需要临时占用耕地的,土地使用者应当自临时用地期满之日起1年内恢复种植条件”的规定,属于逾期不恢复种植条件的行为,依法对其作出行政处罚。

(三)警示意义及应对建议

房地产开发企业应遵循保护耕地的宗旨,原则上不宜占用耕地进行开发建设,对于确需临时占用耕地的建设项目,施工勘察完成后应及时恢复种植条件。

十四、拒还土地

典型案例 3-16①

该案中，被处罚人Z公司未经批准擅自改变在深圳市坪山区石井街道石井社区某国有储备地块上已批临时用地用途，共占地3913.56平方米。

深圳市坪山区规划土地监察局认为，被处罚人的行为违反了《土地管理法》（2004）第八十条和《土地管理法实施条例》第四十三条之规定，对其处以罚款11余万元，并责令退还土地。

（一）法律规定

1.《土地管理法》第八十一条

依法收回国有土地使用权当事人拒不交出土地的，临时使用土地期满拒不归还的，或者不按照批准的用途使用国有土地的，由县级以上人民政府自然资源主管部门责令交还土地，处以罚款。

2.《土地管理法实施条例》第四十三条

依照《土地管理法》第八十条的规定处以罚款的，罚款额为非法占用土地每平方米10元以上30元以下。

（二）案例分析

本案中，被处罚人获批临时用地后，未经批准擅自改变临时土地的用途用于其他建设，因此受到有关部门责令退还土地和罚款的处罚。

（三）警示意义及应对建议

建设单位在开发建设中需要临时占用国有土地的，应获得有关部门的批准，并严格按照临时用地批准的用途使用土地，切勿擅自对土地用途、规划条件进行变更，还应注意在临时使用土地期满后及时退还。

---

① 深圳市坪山区规划土地监察局行政处罚决定书，深坪土监罚决字（2019）09－0014号。

十五、阻挠土地征收

典型案例 3－17①

申请执行人楚雄市自然资源局述称，被执行人王某未经批准，擅自在楚雄市非法占用集体土地2220.4平方米建盖停车场和菜市场，其行为违反了《土地管理法》第六十二条之规定，自然资源局依法作出行政处罚决定，责令王某限期拆除在非法占用的土地上新建的建筑物和其他设施，并恢复土地原貌。王某在法定期限内未申请复议或起诉，也不履行处罚决定，故自然资源局根据《土地管理法》第七十六条和《土地管理法实施条例》第四十五条之规定，请求法院依法强制执行，法院审查后准予强制执行。

（一）法律规定

《土地管理法实施条例》第四十五条

违反土地管理法律、法规规定，阻挠国家建设征收土地的，由县级以上人民政府土地行政主管部门责令交出土地；拒不交出土地的，申请人民法院强制执行。

（二）案例分析

该案中，当事人未经批准，擅自非法占用集体土地建盖停车场和菜市场，其行为违反了《土地管理法》第六十二条之规定，对此，行政机关依法作出了行政处罚决定，责令违法行为人限期拆除在非法占用的土地上新建的建筑物和其他设施，并恢复土地原貌。因当事人未在法定期限内履行，行政机关申请法院强制执行，法院在审查后准予强制执行。

（三）警示意义及应对建议

房地产开发企业应遵守国家合法的征收决定，若认为有关机关的征收行为违法的，也应通过法定程序寻求救济，而不得以非法手段阻挠征收活动。

---

① 云南省楚雄市人民法院行政裁定书，（2020）云2301行审6号。

十六、擅自转让房地产开发项目

（一）法律规定

《城市房地产开发经营管理条例》第三十五条

违反本条例规定，擅自转让房地产开发项目的，由县级以上人民政府负责土地管理工作的部门责令停止违法行为，没收违法所得，可以并处违法所得5倍以下的罚款。

（二）警示意义及应对建议

企业转让房地产开发项目时，应依据土地取得方式依法转让，并履行相应的法定手续。

（三）拓展：有关问题

1. 房地产开发项目转让应当符合哪些条件？

具体应当符合《城市房地产管理法》第三十八条至第四十条的规定。

第三十八条规定："下列房地产，不得转让：（一）以出让方式取得土地使用权的，不符合本法第三十九条规定的条件的；（二）司法机关和行政机关依法裁定、决定查封或者以其他形式限制房地产权利的；（三）依法收回土地使用权的；（四）共有房地产，未经其他共有人书面同意的；（五）权属有争议的；（六）未依法登记领取权属证书的；（七）法律、行政法规规定禁止转让的其他情形。"

第三十九条规定："以出让方式取得土地使用权的，转让房地产时，应当符合下列条件：（一）按照出让合同约定已经支付全部土地使用权出让金，并取得土地使用权证书；（二）按照出让合同约定进行投资开发，属于房屋建设工程的，完成开发投资总额的百分之二十五以上，属于成片开发土地的，形成工业用地或者其他建设用地条件。转让房地产时房屋已经建成的，还应当持有房屋所有权证书。"

第四十条规定："以划拨方式取得土地使用权的，转让房地产时，应当按照国务院规定，报有批准权的人民政府审批。有批准权的人民政府准予转让的，应当由受让方办理土地使用权出让手续，并依照国家有关规定缴纳土地使用权出让金。以划拨方式取得土地使用权的,转让房地产报批时,有批准权的人民政府按照国务院规定决定可以不办理土地使用权出让手续的,转让方应当按照国务院规定将转让房地产所获收益中的土地收益上缴国家或者作其他处理。"

2. 房地产开发项目转让存在的其他风险?

我国法律对房地产开发项目的转让规定了严格的限制条件,不具备法定转让条件可能导致转让合同无效,合同被认定为无效将导致自始无效,合作各方将面临承担缔约过失责任等风险。

3. 以转让项目公司股权方式实现开发项目转让的,存在何种法律风险?

在实践中,以项目公司股权出让实现项目转让也是各房地产开发企业转让开发项目采取的方式之一。需要注意的是,以股权转让方式转让开发项目要符合《公司法》的有关规定,该方式可能规避了关于土地使用权转让的法律监管,且在一定程度上减少了纳税总额。但是,在房地产开发企业未经土地主管部门许可,且不具备土地使用权转让条件的情况下,以股权转让的方式实现土地使用权转让的,存在涉嫌"非法转让、倒卖土地使用权罪"的风险。近年实践中即有此类个案。

十七、闲置土地

典型案例 3-18 ①

2013年7月12日,原来安县国土资源和房产管理局与南京Y房地产开发有限公司签订出让合同。2013年9月27日,原来安县国土资源和房产管理局(甲方)与Y房产公司(乙方)签订《国有建设用地使用权出让合同变更协议》。出让合同约定,宗地建设项目应在2014年6月24日之前开工,但Y房产公司至本案审理时仍未开工。二审期间,原来安县自然资源与规划局依据来安县人民政府作出的《来安县人民政府关于收回来安Y房地产开发有限公司两宗国有建设用地使用权的批复》,向Y房产公司下达《收回国有建设用地使用权决定书》。该决定书认定,案涉宗地为闲置土地,根据《闲置土地处置办法》第十四条的规定,经报请来安县人民政府批准,该局依法收回案涉土地使用权。

① 安徽省高级人民法院民事裁定书,(2020)皖民终168号。

(一)法律规定

1.《土地管理法》第三十七条

非农业建设必须节约使用土地,可以利用荒地的,不得占用耕地;可以利用劣地的,不得占用好地。

禁止占用耕地建窑、建坟或者擅自在耕地上建房、挖砂、采石、采矿、取土等。

禁止占用永久基本农田发展林果业和挖塘养鱼。

2.《城市房地产管理法》第二十六条

以出让方式取得土地使用权进行房地产开发的,必须按照土地使用权出让合同约定的土地用途、动工开发期限开发土地。超过出让合同约定的动工开发日期满一年未动工开发的,可以征收相当于土地使用权出让金百分之二十以下的土地闲置费;满二年未动工开发的,可以无偿收回土地使用权;但是,因不可抗力或者政府、政府有关部门的行为或者动工开发必需的前期工作造成动工开发迟延的除外。

3.《闲置土地处置办法》第二条

本办法所称闲置土地,是指国有建设用地使用权人超过国有建设用地使用权有偿使用合同或者划拨决定书约定、规定的动工开发日期满一年未动工开发的国有建设用地。

已动工开发但开发建设用地面积占应动工开发建设用地总面积不足三分之一或者已投资额占总投资额不足百分之二十五,中止开发建设满一年的国有建设用地,也可以认定为闲置土地。

4.《闲置土地处置办法》第九条

经调查核实,符合本办法第二条规定条件,构成闲置土地的,市、县国土资源主管部门应当向国有建设用地使用权人下达《闲置土地认定书》。

5.《闲置土地处置办法》第十四条

除本办法第八条规定情形外,闲置土地按照下列方式处理:

(一)未动工开发满一年的,由市、县国土资源主管部门报经本级人民政府批准后,向国有建设用地使用权人下达《征缴土地闲置费决定书》,按照土地出让或者划拨价款的百分之二十征缴土地闲置费。土地闲置费不得列入生产成本;

（二）未动工开发满两年的，由市、县国土资源主管部门按照《土地管理法》第三十七条和《城市房地产管理法》第二十六条的规定，报经有批准权的人民政府批准后，向国有建设用地使用权人下达《收回国有建设用地使用权决定书》，无偿收回国有建设用地使用权。闲置土地设有抵押权的，同时抄送相关土地抵押权人。

（二）案例分析

节约土地资源是我国的一贯政策，闲置土地不符合节约资源的要求。本案中的南京Y房地产开发有限公司就是因为逾期未开工超过两年，被相关部门认定为闲置土地，并作出了《收回国有建设用地使用权决定书》。

（三）警示意义及应对建议

房地产开发企业在获得出让土地后，应积极依法办理相关工程的报建手续，依据合同约定的动工时间及时开工建设，有法定原因延迟动工的，应及时向有关部门据实提供土地闲置原因说明材料，防止受让土地被认定为闲置土地后被征缴土地闲置费或被无偿收回。

十八、未覆盖裸露待建设地面

典型案例 3－19①

本案中，沧州市住房和城乡建设局认为，X房地产开发有限公司扬尘防治措施落实不到位，依据《大气污染防治法》第一百一十五条的规定结合，沧州市住房和城乡建设局《行政处罚自由裁量权标准》第一百一十四条的规定，对其处以罚款3万元。

（一）法律规定

《大气污染防治法》第一百一十五条

违反本法规定，施工单位有下列行为之一的，由县级以上人民政府住房城

① 参见沧州市住房和城乡建设局（沧建）罚字（2019）第（010）号（安）行政处罚决定书。

乡建设等主管部门按照职责责令改正，处一万元以上十万元以下的罚款；拒不改正的，责令停工整治：

（一）施工工地未设置硬质围挡，或者未采取覆盖、分段作业、择时施工、洒水抑尘、冲洗地面和车辆等有效防尘降尘措施的；

（二）建筑土方、工程渣土、建筑垃圾未及时清运，或者未采用密闭式防尘网遮盖的。

违反本法规定，建设单位未对暂时不能开工的建设用地的裸露地面进行覆盖，或者未对超过三个月不能开工的建设用地的裸露地面进行绿化、铺装或者遮盖的，由县级以上人民政府住房城乡建设等主管部门依照前款规定予以处罚。

（二）案例分析

待建设的裸露地面极易产生扬尘，污染空气，本案中当事人未对暂时没有开工的裸露地面进行覆盖或采取其他防尘措施，因此受到处罚。

（三）警示意义及应对建议

对于暂时不能开工建设的裸露地面，企业应采取有效措施进行覆盖，防止扬尘污染；超过 3 个月仍无法开工的，应对裸露地面予以绿化、铺装或遮盖，以免受到行政处罚。

十九、本章小结

土地使用权的取得和利用是房地产开发项目的关键环节，而土地资源作为人类生存的基本资料和劳动对象，受到国家政策的严格保护。长期以来，党中央、国务院始终坚持最严格的耕地保护制度，持续加大耕地保护力度，强化耕地保护主体责任，坚持节约集约用地，严格落实占补平衡，严守耕地红线。2020 年 1 月 1 日起施行的修正后的新《土地管理法》明确，国家实行永久基本农田保护制度，对永久基本农田实行特殊保护是耕地保护工作的重中之重。在此背景下，各行政机关也必将在执法检查、违法查处中加大对擅自占地、违规开发土地、破坏耕地等违法开发建设行为的执法力度，房地产开发企业应当在开发建设的全流程注意保护土地资源、节约集约用地。

具体而言,房地产开发企业在以出让、划拨等方式取得国有建设用地使用权时,应遵循相应的审批程序,取得土地后不得擅自转让,不得违反法定或约定条件进行开发建设,同时要密切关注当地的土地利用总体规划,在开发中与耕地、自然保护区保持一定的距离,而确有正当理由无法及时开工建设或完成开发项目的,也应注意及时向有关管理部门说明情况,并做好对裸露地面的绿化、铺装或遮盖措施,以免受到处罚。

第四章

/ CHAPTER 04

房地产项目开工建设、竣工阶段

一、风险一览表

在房地产开发企业开工建设、竣工阶段，主要受《建筑法》《城乡规划法》《安全生产法》《环境影响评价法》《水污染防治法》《水土保持法》《建设项目环境保护管理条例》《建设工程质量管理条例》《城市道路管理条例》《建设工程安全生产管理条例》《城镇排水与污水处理条例》《建筑工程设计招标投标管理办法》《建筑工程施工许可管理办法》《城市建筑垃圾管理规定》《城镇污水排入排水管网许可管理办法》及相关地方性规范文件的规制，违反上述规定将面临承担行政责任的风险。具体而言，在该阶段房地产开发企业可能面临的行政违法风险、违法后的行政责任、有关机关的处罚依据、处罚措施如表 4－1 所示：

表 4－1 房地产企业开工建设、竣工阶段风险一览

序号	违法类别	具体违法行为	处罚措施	处罚依据
1	违反“三同时”制度（同时设计、同时施工、同时投产使用）	需要配套建设的环境保护设施未建成、未经验收或者验收不合格，建设项目即投入生产或者使用，或者在环境保护设施验收中弄虚作假	(1)由县级以上环境保护行政主管部门责令限期改正，处 20 万元以上 100 万元以下的罚款； (2)逾期不改正的，处 100 万元以上 200 万元以下的罚款； (3)对直接负责的主管人员和其他责任人员，处 5 万元以上 20 万元以下的罚款； (4)造成重大环境污染或者生态破坏的，责令停止生产或者使用，或者报经有批准权的人民政府批准，责令关闭	《建设项目环境保护管理条例》第二十三条

续表

序号	违法类别	具体违法行为	处罚措施	处罚依据
2	未依法公开环保报告	建设单位未依法向社会公开环境保护设施验收报告	由县级以上环境保护行政主管部门责令公开,处5万元以上20万元以下的罚款,并予以公告	
3	环保措施违法	建设单位编制建设项目初步设计未落实防治环境污染和生态破坏的措施以及环境保护设施投资概算,未将环境保护设施建设纳入施工合同,或者未依法开展环境影响后评价	(1)由建设项目所在地县级以上环境保护行政主管部门责令限期改正,处5万元以上20万元以下的罚款; (2)逾期不改正的,处20万元以上100万元以下的罚款	《建设项目环境保护管理条例》第二十二条
		建设单位在项目建设过程中未同时组织实施环境影响报告书、环境影响报告表及其审批部门审批决定中提出的环境保护对策措施	(1)由建设项目所在地县级以上环境保护行政主管部门责令限期改正,处20万元以上100万元以下的罚款; (2)逾期不改正的,责令停止建设	
4	环评违法	建设单位未依法报批建设项目环境影响评价文件,擅自开工建设	(1)由县级以上生态环境主管部门责令停止建设,根据违法情节和危害后果,处建设项目总投资额1%以上5%以下的罚款,并可以责令恢复原状; (2)对建设单位直接负责的主管人员和其他直接责任人员,依法给予处分	《环境影响评价法》第三十一条、《广东省环境保护条例》第七十二条
		建设单位未依法备案建设项目环境影响登记表	由县级以上生态环境主管部门责令备案,处五万元以下的罚款	

续表

序号	违法类别	具体违法行为	处罚措施	处罚依据
4	环评违法	建设项目环境影响报告书、环境影响报告表存在基础资料明显不实,内容存在重大缺陷、遗漏或者虚假,环境影响评价结论不正确或者不合理等严重质量问题	由设区的市级以上人民政府生态环境主管部门对建设单位处50万元以上200万元以下的罚款,并对建设单位的法定代表人、主要负责人、直接负责的主管人员和其他直接责任人员,处5万元以上20万元以下的罚款	《环境影响评价法》第三十二条
5	规划许可手续不完备	未依法办理规划许可审批手续建设地下建筑物、构筑物的,或者擅自改变经许可审批确定的地下空间的使用功能、高度、层数和面积	由当地城市、县人民政府城乡规划主管部门责令停止建设,限期改正,处以建设工程造价5%以上10%以下的罚款	《城乡规划法》第六十四条、《广东省城乡规划条例》第八十条
		未取得建设工程规划许可证或者未按照建设工程规划许可证的规定进行建设	(1)由县级以上地方人民政府城乡规划主管部门责令停止建设; (2)尚可采取改正措施消除对规划实施的影响的,限期改正,处建设工程造价5%以上10%以下的罚款; (3)无法采取改正措施消除影响的,限期拆除,不能拆除的,没收实物或者违法收入,可以并处建设工程造价10%以下的罚款	《广东省城乡规划条例》第七十九条

续表

序号	违法类别	具体违法行为	处罚措施	处罚依据
6	招投标违反法律规定	招标人以不合理的条件限制或者排斥潜在投标人，对潜在投标人实行歧视待遇，强制要求投标人组成联合体共同投标，或者限制投标人之间竞争	由县级以上地方人民政府住房城乡建设主管部门责令改正，可以处 10 万元以下的罚款	《建筑工程设计招标投标管理办法》第三十条
		招标人澄清、修改招标文件的时限，或者确定的提交投标文件的时限不符合《建筑工程设计招标投标管理办法》规定	由县级以上地方人民政府住房城乡建设主管部门责令改正，可以处 1 万元以上 5 万元以下的罚款	《建筑工程设计招标投标管理办法》第二十九条、《招标投标法实施条例》第六十四条
		招标人不按照规定组建评标委员会，或者评标委员会成员的确定违反《建筑工程设计招标投标管理办法》规定	由县级以上地方人民政府住房城乡建设主管部门责令改正，可以处 10 万元以下的罚款，相应评审结论无效，依法重新进行评审	《建筑工程设计招标投标管理办法》第三十一条、《招标投标法实施条例》第七十条
		投标人以他人名义投标或者以其他方式弄虚作假，骗取中标的，中标无效，给招标人造成损失的，依法承担赔偿责任	(1)行为尚未构成犯罪的，由县级以上地方人民政府住房城乡建设主管部门处中标项目金额 5‰以上 10‰以下的罚款，对单位直接负责的主管人员和其他直接责任人员处单位罚款数额 5%以上 10%以下的罚款； (2)有违法所得的，并处没收违法所得； (3)情节严重的，取消其 1 年至 3 年内参加依法必须进行招标的建筑工程设计招标的投标资格，并予以公告，直至由工商行政管理机关吊销营业执照	《建筑工程设计招标投标管理办法》第三十三条、《招标投标法实施条例》第六十八条

续表

序号	违法类别	具体违法行为	处罚措施	处罚依据
6	招投标违反法律规定	评标委员会成员收受投标人的财物或者其他好处，评标委员会成员或者参加评标的有关工作人员向他人透露对投标文件的评审和比较、中标候选人的推荐以及与评标有关的其他情况	由县级以上地方人民政府住房城乡建设主管部门给予警告，没收收受的财物，可以并处3000元以上5万元以下的罚款	《建筑工程设计招标投标管理办法》第三十四条
		评标委员会成员违反《建筑工程设计招标投标管理办法》规定，对应当否决的投标不提出否决意见	(1)由县级以上地方人民政府住房城乡建设主管部门责令改正； (2)情节严重的，禁止其在一定期限内参加依法必须进行招标的建筑工程设计招标投标的评标； (3)情节特别严重的，由有关主管部门取消其担任评标委员会成员的资格	《建筑工程设计招标投标管理办法》第三十五条
		迫使承包方以低于成本的价格竞标	责令改正，处20万元以上50万元以下的罚款	《建设工程质量管理条例》第五十六条
7	违法发包	发包单位将工程发包给不具有相应资质条件的承包单位，或者将建筑工程违法肢解发包	责令改正，处以罚款	《建筑法》第六十五条
		建设单位将建设工程发包给不具有相应资质等级的勘察、设计、施工单位或者委托给不具有相应资质等级的工程监理单位	责令改正，处50万元以上100万元以下的罚款	《建设工程质量管理条例》第五十四条
		建设单位将建设工程违法肢解发包	(1)责令改正，处工程合同价款0.5%以上1%以下的罚款； (2)对全部或者部分使用国有资金的项目，并可以暂停项目执行或者暂停资金拨付	《建设工程质量管理条例》第五十五条

续表

序号	违法类别	具体违法行为	处罚措施	处罚依据
8	施工设计问题	施工图设计文件未经审查或者审查不合格,擅自施工	责令改正,处20万元以上50万元以下的罚款	《建设工程质量管理条例》第五十六条
9	未实行工程监理	建设项目必须实行工程监理而未实行工程监理		
10	监理手续不全	未按照国家规定办理工程质量监督手续		
11	擅自施工或违法取得施工许可	违反法律法规规定,未取得施工许可证或者开工报告未经批准擅自施工	责令改正,对不符合开工条件的责令停止施工,可以处以罚款(工程合同价款1%以上2%以下)	《建筑法》第六十四条、《建设工程质量管理条例》第五十七条
		未取得施工许可证或者为规避办理施工许可证将工程项目分解后擅自施工	由有管辖权的发证机关责令停止施工,限期改正,对建设单位处工程合同价款1%以上2%以下罚款;对施工单位处3万元以下罚款	《建筑工程施工许可管理办法》第十二条
		建设单位采用欺骗、贿赂等不正当手段取得施工许可证	由原发证机关撤销施工许可证,责令停止施工,并处1万元以上3万元以下罚款	《建筑工程施工许可管理办法》第十三条
		建设工程未经验线,或者验线不合格擅自开工	(1)由城市、县人民政府城乡规划主管部门或者省人民政府指定的镇人民政府责令停止建设,限期改正; (2)逾期不改正的,由城市、县人民政府城乡规划主管部门或者省人民政府指定的镇人民政府对建设单位处1万元罚款,对个人处2000元罚款	《广东省城乡规划条例》第八十三条

续表

序号	违法类别	具体违法行为	处罚措施	处罚依据
12	拒不拆除	城乡规划主管部门作出责令停止建设或者限期拆除的决定后，不停止建设或者逾期不拆除	建设工程所在地县级以上地方人民政府可以责成有关部门采取查封施工现场、强制拆除等措施	《城乡规划法》第六十八条
		城乡规划主管部门作出责令限期拆除的决定后，建设单位或者个人逾期不拆除且未申请行政复议、提起行政诉讼	(1)城乡规划主管部门应当立即向本级人民政府报告； (2)城市、县人民政府应当自收到报告之日起5个工作日内书面责成有关部门采取查封施工现场等措施	《城乡规划法》第六十六条
			由城市、县人民政府自收到报告之日起15个工作日内书面责成有关部门依法强制拆除，强制拆除的费用由违法行为人承担	
		建设单位有下列行为之一： (1)未经批准进行临时建设； (2)未按照批准内容进行临时建设； (3)临时建筑物、构筑物超过批准期限不拆除	由所在地城市、县人民政府城乡规划主管部门责令限期拆除，可以并处临时建设工程造价一倍以下的罚款	《广东省城乡规划条例》第八十七条
13	降低工程质量	建设单位违反法律规定，要求建筑设计单位或者建筑施工企业违反建筑工程质量、安全标准，降低工程质量	责令改正，可以处以罚款	《建筑法》第七十二条
		明示或者暗示设计单位或者施工单位违反工程建设强制性标准，降低工程质量	责令改正，处20万元以上50万元以下的罚款	《建设工程质量管理条例》第五十六条、第六十四条
14	压缩合理工期	任意压缩合理工期		
15	影响施工单位使用材料	明示或者暗示施工单位使用不合格的建筑材料、建筑构配件和设备		

续表

序号	违法类别	具体违法行为	处罚措施	处罚依据
16	施工时间违法	拒不执行环境保护行政主管部门限制施工作业时间	县级以上环境保护行政主管部门可以处以3000元以上1万元以下罚款	《广东省实施〈中华人民共和国环境噪声污染防治法〉办法》第十九条、第二十条、第三十一条
17	违反安全生产规定	生产经营单位将生产经营项目、场所、设备发包或者出租给不具备安全生产条件或者相应资质的单位或者个人	(1)责令限期改正,没收违法所得; (2)违法所得10万元以上的,并处违法所得2倍以上5倍以下的罚款; (3)没有违法所得或者违法所得不足10万元的,单处或者并处10万元以上20万元以下的罚款; (4)对其直接负责的主管人员和其他直接责任人员处1万元以上2万元以下的罚款	《安全生产法》第四十六条、第一百条,《建设工程安全生产管理条例》第五十五条
		生产经营单位未与承包单位、承租单位签订专门的安全生产管理协议或者未在承包合同、租赁合同中明确各自的安全生产管理职责,或者未对承包单位、承租单位的安全生产统一协调、管理	(1)责令限期改正,可以处五万元以下的罚款,对其直接负责的主管人员和其他直接责任人员可以处1万元以下的罚款; (2)逾期未改正的,责令停产停业整顿	
18	安全保障问题	建设单位未提供建设工程安全生产作业环境及安全施工措施所需费用	责令限期改正;逾期未改正的,责令该建设工程停止施工	《建设工程安全生产管理条例》第五十四条
		建设单位未将保证安全施工的措施或者拆除工程的有关资料报送有关部门备案	责令限期改正,给予警告	

续表

序号	违法类别	具体违法行为	处罚措施	处罚依据
19	非法转让城市建筑垃圾处置核准文件	涂改、倒卖、出租、出借或者以其他形式非法转让城市建筑垃圾处置核准文件	由城市人民政府市容环境卫生主管部门责令限期改正,给予警告,处5000元以上2万元以下罚款	《城市建筑垃圾管理规定》第二十四条
20	建筑垃圾处置方式不当	(1)将建筑垃圾混入生活垃圾; (2)将危险废物混入建筑垃圾; (3)擅自设立弃置场受纳建筑垃圾	由城市人民政府市容环境卫生主管部门责令限期改正,给予警告,处以罚款; (1)单位有第1项、第1项行为之一的,处3000元以下罚款;有前款第3项行为的,处5000元以上1万元以下罚款; (2)个人有第1项、第2项行为之一的,处200元以下罚款;有前款第3项行为的,处3000元以下罚款	《城市建筑垃圾管理规定》第二十条
		处置建筑垃圾的单位在运输建筑垃圾过程中沿途丢弃、遗撒建筑垃圾	由城市人民政府市容环境卫生主管部门责令限期改正,给予警告,处5000元以上5万元以下罚款	《城市建筑垃圾管理规定》第二十三条
		(1)未向相关部门提出申请并获得处置核准,擅自处置建筑垃圾; (2)处置超出核准范围的建筑垃圾	由城市人民政府市容环境卫生主管部门责令限期改正,给予警告,对施工单位处1万元以上10万元以下罚款,对建设单位、运输建筑垃圾的单位处5000元以上3万元以下罚款	《城市建筑垃圾管理规定》第二十五条
		随意倾倒、抛撒或者堆放建筑垃圾	由城市人民政府市容环境卫生主管部门责令限期改正,给予警告,并对单位处5000元以上5万元以下罚款,对个人处200元以下罚款	《城市建筑垃圾管理规定》第二十六条

续表

序号	违法类别	具体违法行为	处罚措施	处罚依据
21	违法排污	在城镇排水与污水处理设施覆盖范围内,未按照国家有关规定将污水排入城镇排水设施,或者在雨水、污水分流地区将污水排入雨水管网	(1)由城镇排水主管部门责令改正,给予警告; (2)逾期不改正或者造成严重后果的,对单位处10万元以上20万元以下罚款;对个人处2万元以上10万元以下罚款,造成损失的,依法承担赔偿责任	《城镇排水与污水处理条例》第四十九条、《城镇污水排入排水管网许可管理办法》第二十五条
		排水户未取得排水许可,向城镇排水设施排放污水	(1)由城镇排水主管部门责令停止违法行为,限期采取治理措施,补办排水许可证,可以处50万元以下罚款; (2)对列入重点排污单位名录的排水户,可以处30万元以上50万元以下罚款	《城镇污水排入排水管网许可管理办法》第二十六条
		排水户未按照排水许可证的要求,向城镇排水设施排放污水	(1)由城镇排水主管部门责令停止违法行为,限期改正,可以处5万元以下罚款; (2)造成严重后果的,吊销排水许可证,并处5万元以上50万元以下罚款,对列入重点排污单位名录的排水户,处30万元以上50万元以下罚款,并将有关情况通知同级环境保护主管部门,可以向社会予以通报	《城镇污水排入排水管网许可管理办法》第二十七条
		(1)未依法取得排污许可证排放水污染物; (2)超过水污染物排放标准或者超过重点水污染物排放总量控制指标排放水污染物; (3)利用渗井、渗坑、裂隙、溶洞,私设暗管,篡改、伪造监测数据,或者不正常运行水污染防治设施等逃避监管的方式排放水污染物; (4)未按照规定进行预处理,向污水集中处理设施排放不符合处理工艺要求的工业废水	(1)由县级以上人民政府环境保护主管部门责令改正或者责令限制生产、停产整治,并处10万元以上100万元以下的罚款; (2)情节严重的,报经有批准权的人民政府批准,责令停业、关闭	《水污染防治法》第八十三条

续表

序号	违法类别	具体违法行为	处罚措施	处罚依据
22	未依法实施水土保持	(1)依法应当编制水土保持方案的生产建设项目,未编制水土保持方案或者编制的水土保持方案未经批准而开工建设的; (2)生产建设项目的地点、规模发生重大变化,未补充、修改水土保持方案或者补充、修改的水土保持方案未经原审批机关批准的; (3)水土保持方案实施过程中,未经原审批机关批准,对水土保持措施作出重大变更的	(1)由县级以上人民政府水行政主管部门责令停止违法行为,限期补办手续; (2)逾期不补办手续的,处5万元以上50万元以下的罚款; (3)对生产建设单位直接负责的主管人员和其他直接责任人员依法给予处分	《水土保持法》第五十三条、《城镇排水与污水处理条例》第五十条
23	违法占用、利用公路	(1)擅自占用或者挖掘城市道路; (2)履带车、铁轮车或者超重、超高、超长车辆擅自在城市道路上行驶; (3)擅自在城市道路上建设建筑物、构筑物; (4)擅自在桥梁或者路灯设施上设置广告牌或者其他挂浮物; (5)其他损害、侵占城市道路的行为	由市政工程行政主管部门或者其他有关部门责令限期改正,可以处2万元以下的罚款	《城市道路管理条例》第二十七条、第四十二条

续表

序号	违法类别	具体违法行为	处罚措施	处罚依据
23	违法占用、利用公路	在公路及公路用地范围内有下列行为： (1)非法设置路障，摆摊设点，设点修车、洗车，堆放物品，打谷晒粮，积肥制坯及其他影响公路畅通的行为； (2)倾倒垃圾余泥，向公路或者利用公路排水设施排污，车辆装载泥砂石、杂物散落路面及其他污染公路的行为； (3)擅自设置广告、标牌，毁坏、擅自移动或者涂改公路附属设施； (4)堵塞公路排水系统，擅自利用桥梁、涵洞或者公路排水设施设闸、筑坝蓄水； (5)利用公路桥梁、隧道铺设输送易燃、易爆、有毒的气体或者液体的管道； (6)其他侵占、破坏、损坏公路路产，危及公路安全的行为	由县级以上人民政府交通主管部门责令其停止违法行为，限期采取补救措施，并可以按照下列规定处罚： (1)违反第1项、第2项规定，尚未造成路产损坏的，处以500元以下罚款；造成路产损坏的，处以500元以上5000元以下罚款； (2)违反第3项规定的，处以5000元以下罚款；危及行车或者公路安全，情节严重的，处以5000元以上3万元以下罚款； (3)违反第4项、第5项规定的，责令限期拆除，处以1万元以上3万元以下罚款；逾期不拆除的，由县级以上人民政府交通主管部门拆除，费用由构筑者承担	《公路安全保护条例》第六十九条，《广东省公路条例》第十八条、第五十条
		违法在公路建筑控制区内修建建筑物或者地面构筑物	(1)由县级以上人民政府交通主管部门责令限期拆除，并可以处5万元以下罚款； (2)逾期不拆除的，由人民政府交通主管部门拆除，有关费用由建筑者、构筑者承担	《公路法》第五十六条、第八十一条，《公路安全保护条例》第十三条、第五十六条，《广东省公路条例》第五十三条

续表

序号	违法类别	具体违法行为	处罚措施	处罚依据
23	违法占用、利用公路	未经批准违法设置广告标牌设施	(1)由县级以上人民政府交通主管部门责令停止违法行为，限期拆除，可以处1000元以上5000元以下罚款；(2)情节严重的，可以处5000元以上2万元以下罚款；(3)逾期不拆除的，由县级以上人民政府交通主管部门拆除，有关费用由设置者承担	《广东省公路条例》第五十四条
24	竣工验收问题	未按照国家规定将竣工验收报告、有关认可文件或者准许使用文件报送备案	责令改正，处20万元以上50万元以下的罚款	《建设工程质量管理条例》第五十六条
		未组织竣工验收，擅自交付使用的	责令改正，处工程合同价款2%以上4%以下的罚款	《建设工程质量管理条例》第五十八条
		验收不合格，擅自交付使用的		
		对不合格的建设工程按照合格工程验收的		
		违反《建设工程质量管理条例》规定，建设工程竣工验收后，建设单位未向建设行政主管部门或者其他有关部门移交建设项目档案	责令改正，处1万元以上10万元以下的罚款	《建设工程质量管理条例》第五十九条

在房地产项目开工建设、竣工阶段，房地产开发企业的开发建设行为需要符合环境保护、安全生产、质量管理、招标投标、施工许可、城乡规划等多方面的要求。因此，本阶段往往面临着较大的行政处罚风险，开发企业若存在上表列出的24类违法行为，很可能要承担相应的法律责任。因此，房地产开发企业应

该注意对这些风险进行防范，为进一步厘清上述高发风险，下文将结合有关案例详细说明。

二、违反“三同时”制度

典型案例 4－1 ①

被处罚人北京H房地产开发有限公司位于北京市大兴区兴泰街X号院的北京H项目，于2010年开工建设，2013年年底竣工，直至处罚决定作出时，需要配套建设的环境保护设施已建成但未经验收，主体工程于2014年投入使用。

原北京市大兴区环境保护局认为，H房地产开发有限公司的上述行为违反了《建设项目环境保护管理条例》的有关规定，故依据《建设项目环境保护管理条例》第二十三条第一款，对其处以罚款20万元整。

（一）法律规定

《建设项目环境保护管理条例》第二十三条

违反本条例规定，需要配套建设的环境保护设施未建成、未经验收或者验收不合格，建设项目即投入生产或者使用，或者在环境保护设施验收中弄虚作假的，由县级以上环境保护行政主管部门责令限期改正，处20万元以上100万元以下的罚款；逾期不改正的，处100万元以上200万元以下的罚款；对直接负责的主管人员和其他责任人员，处5万元以上20万元以下的罚款；造成重大环境污染或者生态破坏的，责令停止生产或者使用，或者报经有批准权的人民政府批准，责令关闭。

违反本条例规定，建设单位未依法向社会公开环境保护设施验收报告的，由县级以上环境保护行政主管部门责令公开，处5万元以上20万元以下的罚款，并予以公告。

（二）案例分析

该案中，被处罚的房地产开发企业在建设项目竣工后，未对环境保护设施

① 北京市大兴区环境保护局行政处罚决定书，兴环保监罚字（2019）第217号。

验收就将主体工程投入使用，违反了法律法规要求的“三同时”制度（建设项目与配套的环保设施，必须同时设计、同时施工、同时投产使用），因此受到了行政处罚。

（三）警示意义及应对建议

国家根据建设项目对环境的影响程度，对建设项目的环境影响评价实行分类管理。房地产开发企业应依据待开发项目对环境的影响程度编制相应的文件，并建设配套环保设施，而建设项目需要配套建设的环境保护设施，必须与主体工程同时设计、同时施工、同时投产使用，配套的环境保护设施经验收或验收不合格的，不得投入生产或使用。

三、未依法公开环保报告

（一）法律规定

《建设项目环境保护管理条例》第二十三条

违反本条例规定，需要配套建设的环境保护设施未建成、未经验收或者验收不合格，建设项目即投入生产或者使用，或者在环境保护设施验收中弄虚作假的，由县级以上环境保护行政主管部门责令限期改正，处 20 万元以上 100 万元以下的罚款；逾期不改正的，处 100 万元以上 200 万元以下的罚款；对直接负责的主管人员和其他责任人员，处 5 万元以上 20 万元以下的罚款；造成重大环境污染或者生态破坏的，责令停止生产或者使用，或者报经有批准权的人民政府批准，责令关闭。

违反本条例规定，建设单位未依法向社会公开环境保护设施验收报告的，由县级以上环境保护行政主管部门责令公开，处 5 万元以上 20 万元以下的罚款，并予以公告。

（二）警示意义及应对建议

建设单位应在项目完工同时建成配套的环境保护措施，并及时取得环境保护设施的社会公开验收报告。除按照国家规定需要保密的情形外，建设单位应当依法向社会公开验收报告。

四、环保措施违法

典型案例 4-2 ①

M房地产开发有限公司违反了国务院《建设项目环境保护管理条例》第十六条第二款“建设单位应当将环境保护设施建设纳入施工合同，保证环境保护设施建设进度和资金，并在项目建设过程中同时组织实施环境影响报告书、环境影响报告表及其审批部门审批决定中提出的环境保护对策措施”的规定，原南京市环境保护局依据国务院《建设项目环境保护管理条例》第二十二条第二款“违反本条例规定，建设单位在项目建设过程中未同时组织实施环境影响报告书、环境影响报告表及其审批部门审批决定中提出的环境保护对策措施的，由建设项目所在地县级以上环境保护行政主管部门责令限期改正，处20万元以上100万元以下的罚款；逾期不改正的，责令停止建设”的规定，责令M房地产开发有限公司立即改正环境违法行为；处以罚款人民币33万元整。

（一）法律规定

《建设项目环境保护管理条例》第二十二条

违反本条例规定，建设单位编制建设项目初步设计未落实防治环境污染和生态破坏的措施以及环境保护设施投资概算，未将环境保护设施建设纳入施工合同，或者未依法开展环境影响后评价的，由建设项目所在地县级以上环境保护行政主管部门责令限期改正，处5万元以上20万元以下的罚款；逾期不改正的，处20万元以上100万元以下的罚款。

违反本条例规定，建设单位在项目建设过程中未同时组织实施环境影响报告书、环境影响报告表及其审批部门审批决定中提出的环境保护对策措施的，由建设项目所在地县级以上环境保护行政主管部门责令限期改正，处20万元以上100万元以下的罚款；逾期不改正的，责令停止建设。

（二）案例分析

该案中，被处罚的房地产开发企业在开发建设中未做好环境保护配套措施

---

① 南京市环境保护局行政处罚决定书，宁环罚字(2018)104号。

或未将环境保护设施建设纳入施工合同,因此受到了行政处罚。

(三)警示意义及应对建议

1. 建设项目的初步设计,应当按照环境保护设计规范的要求,编制环境保护篇章,落实防治环境污染和生态破坏的措施以及环境保护设施投资概算。

2. 建设单位应当将环境保护设施建设纳入施工合同,保证环境保护设施建设进度和资金,并在项目建设过程中同时组织实施环境影响报告书、环境影响报告表及其审批部门审批决定中提出的环境保护对策措施。

五、环评违法

典型案例 4－3 ①

被处罚人广东D公司未依法报批建设项目环境影响评价文件,擅自开工建设。原佛山市顺德区环境运输和城市管理局认为,该公司"未批先建"的行为违反了建设项目环评的要求,故依据《环境影响评价法》第三十一条对其处以罚款60余万元,并责令其立即停止建设房地产开发项目。

典型案例 4－4 ②

佛山市J房地产开发有限公司违反环境影响评价制度,原广东省佛山市高明区环保局依据《广东省环境保护条例》(2015)第七十二条③"违反本条例第二十九条第三款规定,建设单位未依法提交建设项目环境影响评价文件或者环境影响评价文件未经批准,擅自开工建设的,由负有环境保护监督管理职责的部门责令停止建设,处十万元以上二十万元以下罚款,并可以责令恢复原状"的规

---

① 佛山市顺德区环境运输和城市管理局行政处罚决定书,顺管龙罚(2018)第E079号。

② 佛山市高明区环境保护局行政处罚决定书,明环罚字(2017)100号。

③ 根据2018年11月29日《广东省人民代表大会常务委员会关于修改〈广东省环境保护条例〉等十三项地方性法规的决定》,现该条修改为:"违反本条例第二十九条第三款规定,建设单位未依法提交建设项目环境影响评价文件或者环境影响评价文件未经批准,擅自开工建设的,由县级以上人民政府环境保护主管部门责令停止建设,根据违法情节和危害后果,处建设项目总投资额百分之一以上百分之五以下罚款,并可以责令恢复原状;对建设单位直接负责的主管人员和其他直接责任人员,依法给予处分。建设单位未依法备案建设项目环境影响登记表的,由县级以上人民政府环境保护主管部门责令备案,处五万元以下的罚款。"

定，对其处以罚款300万元。

典型案例 4－5 ①

陕西Y公司违反环境影响评价制度，未批先建，原咸阳市生态环境局三原分局依据《环境影响评价法》第三十一条第二款，对Y公司处以罚款1余万元。

（一）法律规定

1.《环境影响评价法》第三十一条

建设单位未依法报批建设项目环境影响报告书、报告表，或者未依照本法第二十四条的规定重新报批或者报请重新审核环境影响报告书、报告表，擅自开工建设的，由县级以上生态环境主管部门责令停止建设，根据违法情节和危害后果，处建设项目总投资额百分之一以上百分之五以下的罚款，并可以责令恢复原状；对建设单位直接负责的主管人员和其他直接责任人员，依法给予行政处分。

建设项目环境影响报告书、报告表未经批准或者未经原审批部门重新审核同意，建设单位擅自开工建设的，依照前款的规定处罚、处分。

建设单位未依法备案建设项目环境影响登记表的，由县级以上生态环境主管部门责令备案，处五万元以下的罚款。

海洋工程建设项目的建设单位有本条所列违法行为的，依照《海洋环境保护法》的规定处罚。

2.《广东省环境保护条例》第七十二条

违反本条例第二十九条第三款规定，建设单位未依法报批建设项目环境影响报告书、报告表，擅自开工建设的，由县级以上生态环境主管部门责令停止建设，根据违法情节和危害后果，处建设项目总投资额百分之一以上百分之五以下罚款，并可以责令恢复原状；对建设单位直接负责的主管人员和其他直接责任人员，依法给予处分。

建设项目环境影响报告书、报告表未经批准，建设单位擅自开工建设的，依照前款的规定处罚、处分。

建设单位未依法备案建设项目环境影响登记表的，由县级以上生态环境主

① 咸阳市生态环境局三原分局行政处罚决定书，三环罚字（2019）85号。

管部门责令备案,处五万元以下的罚款。

(二)案例分析

上述案例中,有关公司未依法报批建设项目环境影响评价文件,擅自开工建设,被认定为违反了环境影响评价制度,因而受到处罚。

(三)警示意义及应对建议

一方面,建设单位应遵守法律法规要求的环境影响评价程序,在进行开发建设前必须依法报批或备案建设项目的环境影响评价文件(建设项目环境影响报告书、报告表须经批准,建设项目环境影响登记表应依法备案),不得弄虚作假或未经报批擅自开工建设。

另一方面,建设项目的性质、规模、地点、采用的生产工艺或者防治污染、防止生态破坏的措施发生重大变动的,建设单位应当重新报批建设项目的环境影响评价文件。

需要注意,建设项目的环境影响评价文件自批准之日起超过 5 年,方决定该项目开工建设的,其环境影响评价文件应当报原审批部门重新审核。

六、规划许可手续不完备

典型案例 4-6[①]

被处罚人 L 公司未经规划部门审批许可,擅自在韩江路 X 楼盘顶层屋顶公共平台实施叠建一层的行为(未改变外立面、浇筑一层水泥楼板),造成违法建设面积 9000 余平方米;在楼盘部分地下一层及地下二层公共部位实施改变使用功能等违法建设行为,面积为 7739.25 平方米。

汕头市城市管理行政执法局认为,L 公司的上述行为违反了《广东省城乡规划条例》第七十九条、第八十条第一款,故对其处以没收违法收入和罚款处罚,总计人民币 6000 余元。

---

① 汕头市城市管理行政执法局行政处罚决定书,汕(专)城执罚字(2016)第 001 号。

（一）法律规定

1.《城乡规划法》第六十四条

未取得建设工程规划许可证或者未按照建设工程规划许可证的规定进行建设的，由县级以上地方人民政府城乡规划主管部门责令停止建设；尚可采取改正措施消除对规划实施的影响的，限期改正，处建设工程造价百分之五以上百分之十以下的罚款；无法采取改正措施消除影响的，限期拆除，不能拆除的，没收实物或者违法收入，可以并处建设工程造价百分之十以下的罚款。

2.《广东省城乡规划条例》第七十九条

建设单位或者个人违反本条例第二十八条规定，未依法办理规划许可审批手续建设地下建筑物、构筑物的，或者擅自改变经许可审批确定的地下空间的使用功能、高度、层数和面积的，由当地城市、县人民政府城乡规划主管部门责令停止建设，限期改正，处以建设工程造价百分之五以上百分之十以下的罚款。

3.《广东省城乡规划条例》第八十条第一款

建设单位或者个人违反本条例第四十条规定，未依法取得建设工程规划许可证或者未按照建设工程规划许可证的规定进行建设的，由当地城市、县人民政府城乡规划主管部门责令停止建设。尚可采取改正措施消除对规划实施的影响的，责令限期改正，并处建设工程造价百分之五以上百分之十以下的罚款。无法采取改正措施消除影响的，责令限期拆除；不能拆除的，没收实物或者违法收入，可以并处建设工程造价百分之十以下的罚款。

（二）案例分析

该案中，房地产开发企业未按照建设工程规划许可证许可的范围进行建设，在楼盘屋顶加建楼板，属于违法建设行为。因加建的一层已经售出，不宜拆除，故执法部门对其处以没收违法所得和罚款处罚。

（三）警示意义及应对建议

1. 开发利用城市、城镇地下空间，应当考虑人民防空的需要，依法办理规划许可。

2. 与地面建设工程一并开发利用地下空间的，应当与地面建设工程一并办理规划许可；独立开发利用地下空间的，单独办理规划许可。

3. 未经批准，不得擅自开挖建筑底层地面，不得擅自改变经许可确定的地下空间的使用功能、高度、层数和面积。

典型案例 4-7①

广东L公司无规划证便进行建设，被惠州市城市管理行政执法局查处，并依据《城乡规划法》第四十条、第六十四条，对其处以罚款人民币3万元。

(一)法律规定

1.《城乡规划法》第六十四条

未取得建设工程规划许可证或者未按照建设工程规划许可证的规定进行建设的，由县级以上地方人民政府城乡规划主管部门责令停止建设；尚可采取改正措施消除对规划实施的影响的，限期改正，处建设工程造价百分之五以上百分之十以下的罚款；无法采取改正措施消除影响的，限期拆除，不能拆除的，没收实物或者违法收入，可以并处建设工程造价百分之十以下的罚款。

2.《广东省城乡规划条例》第八十条

建设单位或者个人违反本条例第四十条规定，未依法取得建设工程规划许可证或者未按照建设工程规划许可证的规定进行建设的，由当地城市、县人民政府城乡规划主管部门责令停止建设。尚可采取改正措施消除对规划实施的影响的，责令限期改正，并处建设工程造价百分之五以上百分之十以下的罚款。无法采取改正措施消除影响的，责令限期拆除；不能拆除的，没收实物或者违法收入，可以并处建设工程造价百分之十以下的罚款。

有下列行为之一的，应当认定为前款规定的无法采取改正措施消除影响的情形：

(一)超过建设工程规划许可证确定的建筑面积(计算容积率部分)或者建筑高度且超出合理误差范围的；

(二)违反建筑间距、建筑退让道路红线、建筑退让用地边界等城乡规划管理技术规定或者控制性详细规划确定的强制性内容的；

(三)侵占现状及规划确定的道路、消防通道、广场、公共绿地、河湖水面、地下工程、轨道交通设施、通讯设施或者压占城市管线、永久性测量标志等公共设

---

① 惠州市城市管理行政执法局行政处罚决定书，惠市执罚(2017)第f-1033号。

施、公共场所用地的；

（四）占用各级文物保护单位、历史建筑保护范围用地进行建设的；

（五）擅自在建筑物楼顶、退层平台、住宅底层院内以及配建的停车场地进行建设的；

（六）在已完成规划条件核实的建设工程用地范围内擅自新建、搭建建筑物、构筑物的；

（七）其他无法采取改正措施消除影响的情形。

前款第（一）项规定的合理误差范围的标准，由省人民政府城乡规划主管部门制定。

本条第一款规定的违法收入，按照该建设工程的销售平均单价或者市场评估单价与违法建设面积的乘积确定；建设工程造价按照有违法建设情形的单项工程造价确定，其中房屋建筑工程按照单体建筑物工程造价确定。

（二）警示意义及应对建议

在城市、镇规划区内进行建筑物、构筑物、道路、管线和其他工程建设的，建设单位应当向城市、县人民政府城乡规划主管部门或者省、自治区、直辖市人民政府确定的镇人民政府申请办理建设工程规划许可证。

七、招投标违反法律规定

典型案例 4－8 [①]

2018 年 1 月 23 日，北京市建筑业管理服务中心接到北京市建设工程招标投标管理办公室转来的函，北京 N 学院在改善办学条件——基础设施改造——气膜馆工程中，涉嫌存在招标文件的发售时限不符合《招标投标法实施条例》的行为。执法人员对该行为展开调查。经立案调查，2018 年 2 月 5 日对北京 N 学院的委托代理人李某进行询问以及调取有关资料，查明该工程项目的招标代理公司为北京 H 公司，采取的招标方式为公开招标，招标公告的发布平台为中国政府采购网。在中国政府采购网上公布的发售招标文件的时间为 2017 年 4 月

① 北京市住房和城乡建设委员会行政处罚决定书，京建法罚（市）字（2018）第 140016 号。

7 日 09:00 至 2017 年 4 月 11 日 16:00(双休日及法定节假日除外)。由于 4 月 8 日、9 日为周六日,所以招标文件的发售时间只有 3 天。

北京市住房和城乡建设委员会认为,北京 N 学院的以上行为违反了《招标投标法实施条例》第十六条"招标人应当按照资格预审公告、招标公告或者投标邀请书规定的时间、地点发售资格预审文件或者招标文件。资格预审文件或者招标文件的发售期不得少于 5 日"的规定。北京 N 学院违反了招标人发售招标文件的时限不符合《招标投标法实施条例》第六十四条第一款第(二)项的行为,北京市住房和城乡建设委员会责令北京 N 学院改正,并对其处以 5 万元罚款。

(一)法律规定

1.《招标投标法实施条例》第六十四条

招标人有下列情形之一的,由有关行政监督部门责令改正,可以处 10 万元以下的罚款:

(一)依法应当公开招标而采用邀请招标;

(二)招标文件、资格预审文件的发售、澄清、修改的时限,或者确定的提交资格预审申请文件、投标文件的时限不符合招标投标法和本条例规定;

(三)接受未通过资格预审的单位或者个人参加投标;

(四)接受应当拒收的投标文件。

招标人有前款第一项、第三项、第四项所列行为之一的,对单位直接负责的主管人员和其他直接责任人员依法给予处分。

2.《建筑工程设计招标投标管理办法》第三十条

招标人澄清、修改招标文件的时限,或者确定的提交投标文件的时限不符合本办法规定的,由县级以上地方人民政府住房城乡建设主管部门责令改正,可以处 10 万元以下的罚款。

(二)警示意义及应对建议

1. 建筑工程设计招标应当依法进行公开招标或者邀请招标,遵循公开、公平、公正的招标程序。

2. 招标人应当在资格预审公告、招标公告或者投标邀请书中载明是否接受联合体投标。

3.招标人可以对已发出的招标文件进行必要的澄清或者修改。澄清或者修改的内容可能影响投标文件编制的,招标人应当在投标截止时间至少15日前,以书面形式通知所有获取招标文件的潜在投标人,不足15日的,招标人应当顺延提交投标文件的截止时间。

典型案例 4-9[①]

赣州C公司在赣州市人民医院新院施工设计和开发建设中存在将有关工程直接分包给当地失地农民的违法行为;同时,在工程招标中,C公司未按照规定组建评标委员会。赣州市城市管理行政执法局依据《招标投标法》第四十九条、《招标投标法实施条例》第七十条规定,对C公司处以罚款6余万元。

(一)法律规定

1.《招标投标法》第四十九条

违反本法规定,必须进行招标的项目而不招标的,将必须进行招标的项目化整为零或者以其他任何方式规避招标的,责令限期改正,可以处项目合同金额千分之五以上千分之十以下的罚款;对全部或者部分使用国有资金的项目,可以暂停项目执行或者暂停资金拨付;对单位直接负责的主管人员和其他直接责任人员依法给予处分。

2.《招标投标法实施条例》第七十条

依法必须进行招标的项目的招标人不按照规定组建评标委员会,或者确定、更换评标委员会成员违反招标投标法和本条例规定的,由有关行政监督部门责令改正,可以处10万元以下的罚款,对单位直接负责的主管人员和其他直接责任人员依法给予处分;违法确定或者更换的评标委员会成员作出的评审结论无效,依法重新进行评审。

国家工作人员以任何方式非法干涉选取评标委员会成员的,依照本条例第八十条的规定追究法律责任。

3.《建筑工程设计招标投标管理办法》第三十一条

招标人不按照规定组建评标委员会,或者评标委员会成员的确定违反本办法规定的,由县级以上地方人民政府住房城乡建设主管部门责令改正,可以处

---

① 赣州市城市管理行政执法局行政处罚决定书,赣市行罚决字(2018)30-1号。

10万元以下的罚款，相应评审结论无效，依法重新进行评审。

（二）警示意义及应对建议

1. 评标委员会由招标人代表和有关专家组成。评标委员会人数为5人以上单数，其中技术和经济方面的专家不得少于成员总数的2/3。建筑工程设计方案评标时，建筑专业专家不得少于技术和经济方面专家总数的2/3。

2. 评标专家一般从专家库随机抽取，对于技术复杂、专业性强或者国家有特殊要求的项目，招标人也可以直接邀请相应专业的中国科学院院士、中国工程院院士、全国工程勘察设计大师以及境外具有相应资历的专家参加评标。

3. 投标人或者与投标人有利害关系的人员不得参加评标委员会。

典型案例 4－10 ①

浙江L公司参与龙湾区规划展示馆空调设备及安装工程项目公开招标，经评定确定为第一中标候选人。在投诉期间发现当事人提供的授权书系伪造，存在弄虚作假骗取中标行为。当地住房和城乡建设局认为，当事人的上述行为违反了《招标投标法》第三十三条“投标人不得以低于成本的报价竞标，也不得以他人名义投标或者以其他方式弄虚作假，骗取中标”和《招标投标法实施条例》第四十二条第二款“投标人有下列情形之一的，属于招标投标法第三十三条规定的以其他方式弄虚作假的行为：……（五）其他弄虚作假的行为”的规定。故依据《招标投标法》第五十四条和《招标投标法实施条例》第六十八条的规定，同时考虑到当事人事先不知道该授权书系伪造，未对本次招投标造成影响，决定对当事人从轻处罚，决定对当事人作出如下行政处罚：（1）对浙江L公司按照招标项目合同金额6‰罚款，即人民币3万余元；（2）对单位直接负责的主管人员夏某和其他责任人江某分别处单位罚款数额6%的罚款，即各罚款人民币2000余元。

（一）法律规定

1.《招标投标法实施条例》第六十八条

投标人以他人名义投标或者以其他方式弄虚作假骗取中标的，中标无效；

① 温州市龙湾区住房和城乡建设局行政处罚决定书，温龙住建罚字（2016）第002号。

构成犯罪的,依法追究刑事责任;尚不构成犯罪的,依照招标投标法第五十四条的规定处罚。依法必须进行招标的项目的投标人未中标的,对单位的罚款金额按照招标项目合同金额依照招标投标法规定的比例计算。

投标人有下列行为之一的,属于招标投标法第五十四条规定的情节严重行为,由有关行政监督部门取消其1年至3年内参加依法必须进行招标的项目的投标资格:

(一)伪造、变造资格、资质证书或者其他许可证件骗取中标;

(二)3年内2次以上使用他人名义投标;

(三)弄虚作假骗取中标给招标人造成直接经济损失30万元以上;

(四)其他弄虚作假骗取中标情节严重的行为。

投标人自本条第二款规定的处罚执行期限届满之日起3年内又有该款所列违法行为之一的,或者弄虚作假骗取中标情节特别严重的,由工商行政管理机关吊销营业执照。

2.《建筑工程设计招标投标管理办法》第三十三条

投标人以他人名义投标或者以其他方式弄虚作假,骗取中标的,中标无效,给招标人造成损失的,依法承担赔偿责任;构成犯罪的,依法追究刑事责任。

投标人有前款所列行为尚未构成犯罪的,由县级以上地方人民政府住房城乡建设主管部门处中标项目金额5‰以上10‰以下的罚款,对单位直接负责的主管人员和其他直接责任人员处单位罚款数额5%以上10%以下的罚款;有违法所得的,并处没收违法所得;情节严重的,取消其1年至3年内参加依法必须进行招标的建筑工程设计招标的投标资格,并予以公告,直至由工商行政管理机关吊销营业执照。

(二)警示意义及应对建议

投标人应当以自己的名义参与投标,投标中依法提交真实材料,不得弄虚作假骗取中标。

典型案例 4-11[①]

河南省财政厅在对河南省某学校教学设备政府采购项目情况反映的处理

① 河南省财政厅行政处罚决定书,豫财购罚(2014)第2号。

过程中，经审查，发现其在定标中存在以下行为：王某作为采购人代表参与项目的评标活动，将定标的有关情况告知给该项目第三名中标候选人郑州J公司。河南省财政厅根据《政府采购货物和服务招标投标管理办法》(2004)①第七十八条关于“评标委员会成员或者与评标活动有关的工作人员有下列行为的，给予警告，没收违法所得，可以并处3000元以上5万元以下罚款：……(二)泄露有关投标文件的评审和比较、中标候选人的推荐以及与评标有关的其他情况的”的规定，给予王某警告。

(一)法律规定

1.《建筑工程设计招标投标管理办法》第三十四条

评标委员会成员收受投标人的财物或者其他好处的，评标委员会成员或者参加评标的有关工作人员向他人透露对投标文件的评审和比较、中标候选人的推荐以及与评标有关的其他情况的，由县级以上地方人民政府住房城乡建设主管部门给予警告，没收收受的财物，可以并处3000元以上5万元以下的罚款。

评标委员会成员有前款所列行为的，由有关主管部门通报批评并取消担任评标委员会成员的资格，不得再参加任何依法必须进行招标的建筑工程设计招标投标的评标；构成犯罪的，依法追究刑事责任。

2.《建筑工程设计招标投标管理办法》第三十五条

评标委员会成员违反本办法规定，对应当否决的投标不提出否决意见的，由县级以上地方人民政府住房城乡建设主管部门责令改正；情节严重的，禁止其在一定期限内参加依法必须进行招标的建筑工程设计招标投标的评标；情节特别严重的，由有关主管部门取消其担任评标委员会成员的资格。

(二)警示意义及应对建议

评标委员会应当按照招标文件确定的评标标准和方法，对投标文件进行评审，评标中不得受与评标标准无关的因素的影响。

① 本篇法规被《政府采购货物和服务招标投标管理办法》(2017年7月11日发布；2017年10月1日实施)废止。

八、违法发包

典型案例 4-12[①]

2018年9月7日，济南市历下区某商务中心房地产开发一期项目地下车库发生一起坍塌事故，造成2人死亡。根据当地政府批复，该事故为一起安全生产责任事故。山东省住房和城乡建设厅认为，山东B公司不具备安全生产条件，未按规范施工，未根据合同要求对基坑组织按期检测，对事故的发生负有直接责任。事故发生后，济南市住房和城乡建设局对该单位安全生产条件进行复核，核定其安全生产条件不合格。另外，依据《建筑业企业资质标准》第13.4条，该单位持有的地基基础工程专业承包二级资质证书只允许承担开挖深度不超过15米的基坑围护工程施工，但根据事故调查报告认定的事实，事故塌方位置设计开挖深度为18.2~18.6米，该单位还存在超越资质等级承揽工程的违法行为。

因此，山东省住房和城乡建设厅依据《建筑法》第六十五条，《生产安全事故报告和调查处理条例》第四十条，《建筑施工企业安全生产许可证管理规定》第二十二条、第二十三条的规定，暂扣其安全生产许可证60日，并将该单位的地基基础工程专业承包二级降低为三级。

典型案例 4-13[②]

深圳市Q公司在某项目中，未取得模板脚手架专业承包资质证书承揽了该项目的塔楼铝合金模板加工制作工程。深圳市住房和建设局依据《建筑法》第六十五条第三款、《建设工程质量管理条例》第六十条第一款和第二款，对其处以罚款人民币38万余元。

(一)法律规定

《建筑法》第六十五条

发包单位将工程发包给不具有相应资质条件的承包单位的，或者违反本法

① 山东省住房和城乡建设厅行政处罚决定书，鲁建罚字(2020)第16号。
② 深圳市住房和建设局行政处罚决定书，深建罚(2019)第154号。

规定将建筑工程肢解发包的，责令改正，处以罚款。

超越本单位资质等级承揽工程的，责令停止违法行为，处以罚款，可以责令停业整顿，降低资质等级；情节严重的，吊销资质证书；有违法所得的，予以没收。

未取得资质证书承揽工程的，予以取缔，并处罚款；有违法所得的，予以没收。

以欺骗手段取得资质证书的，吊销资质证书，处以罚款；构成犯罪的，依法追究刑事责任。

（二）案例分析

上述案例 4－12 中，因企业所开发项目发生责任事故，相关部门对企业安全生产条件进行复核，核定企业安全生产条件不合格。同时，发现了企业存在超越资质等级承揽工程的违法行为。

上述案例 4－13 中，企业在进行项目建设时未取得资质证书承揽工程，被处以高额罚款。

（三）警示意义及应对建议

1. 建筑工程实行招标发包的，发包单位应当将建筑工程发包给依法中标的承包单位。

2. 建筑工程实行直接发包的，发包单位应当将建筑工程发包给具有相应资质条件的承包单位。

典型案例　4－14 ①

清远市 X 公司开发的时代花城 1#、2#等 16 栋楼及地下室 A#项目中，施工单位江苏省 D 公司已不具备建筑工程施工总承包资质。清远市住房和城乡建设管理局认为，X 公司存在违法发包给不具备建筑工程施工总承包资质的江苏省 D 公司的行为，上述行为违反了《建筑法》第二十二条、《建设工程质量管理条例》第七条第一款的规定。故清远市住房和城乡建设管理局依据《建筑法》第六十五条第一款、《建设工程质量管理条例》第五十四条的规定，参照《广东省住

① 清远市住房和城乡建设管理局行政处罚决定书，清建罚告字（2017）第 92 号。

房和城乡建设系统行政处罚自由裁量权基准(工程建设与建筑业类)》B301.54条,予以该单位责令改正,并处人民币50万元罚款的行政处罚。

(一)法律规定

《建设工程质量管理条例》第五十四条

违反本条例规定,建设单位将建设工程发包给不具有相应资质等级的勘察、设计、施工单位或者委托给不具有相应资质等级的工程监理单位的,责令改正,处50万元以上100万元以下的罚款。

(二)案例分析

该案中,施工单位已不具备建筑工程施工总承包资质,但房地产开发企业仍将有关项目违法发包给该施工单位,相关部门认定其发包行为违法,对其处以行政处罚。

(三)警示意义及应对建议

房地产开发企业应当将工程发包给具有相应资质等级的单位,在进行项目发包时进行严格的资质核查,并做好监督工作,定期核查施工单位资质。

典型案例 4-15 [①]

广东Y公司将某商业楼项目的基坑支护工程肢解,直接发包给专业分包单位深圳S公司。广州市白云区住房建设和交通局认为,其行为符合《建筑工程施工发包与承包违法行为认定查处管理办法》第六条第(五)项违法发包的认定,故依据《建筑工程施工发包与承包违法行为认定查处管理办法》第十五条第(一)项、《建设工程质量管理条例》第五十五条的规定,决定对该单位处以罚款2.3万元。

(一)法律规定

《建设工程质量管理条例》第五十五条

违反本条例规定,建设单位将建设工程肢解发包的,责令改正,处工程合同

① 广州市白云区住房建设和交通局行政处罚决定书,云建监罚决(2019)第55号。

价款0.5%以上1%以下的罚款;对全部或者部分使用国有资金的项目,并可以暂停项目执行或者暂停资金拨付。

（二）案例分析

该案中,企业将项目的工程肢解,直接发包给专业分包单位,有关机关认定其属于违法发包,对其处以罚款处罚。

（三）警示意义及应对建议

在房地产开发中,企业原则上应当对建筑工程实行总承包,禁止将建筑工程肢解发包。

九、施工设计问题

典型案例 4-16[①]

苏州Z酒店管理有限公司在W酒店装修项目中,存在施工图设计文件未经审查擅自施工的行为,违反了《建设工程质量管理条例》第十一条的规定,其违法事实有调查笔录、照片等证据予以证明。

苏州市住房和城乡建设局根据《建设工程质量管理条例》第五十六条第四项的规定,对该单位施工图设计文件未经审查擅自施工的行为责令改正,处以罚款20万元整。

（一）法律规定

《建设工程质量管理条例》第五十六条

违反本条例规定,建设单位有下列行为之一的,责令改正,处20万元以上50万元以下的罚款:

……

（四）施工图设计文件未经审查或者审查不合格,擅自施工的;

……

① 苏州市住房和城乡建设局行政处罚决定书,苏住建监罚字(2019)第244号。

(二)警示意义及应对建议

施工图设计文件应首先报批,未获审查批准的,不得擅自使用。

十、未实行工程监理

典型案例 4-17 ①

沧州市X房地产开发有限公司在兴建吾悦广场9#、10#住宅楼,S2#~S5#栋商业楼工程时,施工图设计文件未经依法审查合格,必须实行工程监理而未实行工程监理,未按照国家规定办理工程质量监督手续,未取得建筑工程施工许可证,消防设计未经依法审查合格,擅自开工建设。沧州市住房和城乡建设局认定其行为违法,依据《建设工程质量管理条例》第五十六条第四、五、六项,第七十三条,《建筑工程施工许可管理办法》第十二条、第十五条,《消防法》第五十八条第一项,《沧州市住房和城乡建设局行政处罚自由裁量权标准》相关规定,对其处以罚款。

(一)法律规定

《建设工程质量管理条例》第五十六条

违反本条例规定,建设单位有下列行为之一的,责令改正,处20万元以上50万元以下的罚款:

……

(五)建设项目必须实行工程监理而未实行工程监理的;

……

(二)警示意义及应对建议

建设项目必须依法实行监理的,应委托具有相应资质的单位实行监理。

(三)拓展:哪些项目依法必须实行监理?

依据《建设工程质量管理条例》第十二条规定:"……下列建设工程必须实

① 沧州市住房和城乡建设局行政处罚决定书,(沧建)罚字(2019)第(025)号(稽)。

行监理:(一)国家重点建设工程;(二)大中型公用事业工程;(三)成片开发建设的住宅小区工程;(四)利用外国政府或者国际组织贷款、援助资金的工程;(五)国家规定必须实行监理的其他工程。”

十一、监理手续不全

典型案例 4-18 ①

G房地产开发有限公司在某项目建设中,在建设单位未按照国家规定办理工程质量监督手续的情况下,于2018年11月25日擅自施工。苏州市住房和城乡建设局认为,其行为已违反《建设工程质量管理条例》第十三条的规定,故根据《建设工程质量管理条例》第五十六条第六项的规定,决定对该单位未按照国家规定办理工程质量监督手续的行为责令改正,并处罚款25万元。

(一)法律规定

《建设工程质量管理条例》第五十六条

违反本条例规定,建设单位有下列行为之一的,责令改正,处20万元以上50万元以下的罚款:

……

(六)未按照国家规定办理工程质量监督手续的;

……

(二)警示意义及应对建议

建设单位应依法办理工程质量监督手续。

十二、擅自施工或违法取得施工许可

典型案例 4-19 ②

L公司承建的龙之谷C馆幕墙及金属屋面工程未取得施工许可证擅自施

① 苏州市住房和城乡建设局行政处罚决定书,苏质罚字(2019)第16号。

② 南平市建阳区市场监督管理局行政处罚决定书,浦建罚字(2020)第16号。

工。南京市浦口区住房和城乡建设局认为,该公司的上述违法行为符合《建筑法》第六十四条、《建设工程质量管理条例》第五十七条、《建筑工程施工许可管理办法》第十二条的有关规定,对其处以1万元罚款。

(一)法律规定

1.《建筑法》第六十四条

违反本法规定,未取得施工许可证或者开工报告未经批准擅自施工的,责令改正,对不符合开工条件的责令停止施工,可以处以罚款。

2.《建设工程质量管理条例》第五十七条

违反本条例规定,建设单位未取得施工许可证或者开工报告未经批准,擅自施工的,责令停止施工,限期改正,处工程合同价款1%以上2%以下的罚款。

3.《建筑工程施工许可管理办法》第十二条

对于未取得施工许可证或者为规避办理施工许可证将工程项目分解后擅自施工的,由有管辖权的发证机关责令停止施工,限期改正,对建设单位处工程合同价款1%以上2%以下罚款;对施工单位处3万元以下罚款。

(二)案例分析

该案中,建设公司未取得施工许可证就擅自开工建设,违反了建设工程施工许可制度,也不符合建设工程质量管理的要求,因此被处以罚款。

(三)警示意义及应对建议

房地产开发企业在项目开发建设中应遵守办理施工许可的有关规定,对必须申请领取施工许可证的建筑工程,应先合法取得施工许可证再开工建设,不得擅自施工。

典型案例 4-20[①]

北京H公司采用欺骗手段取得位于昌平区某镇某街3号院1号楼403未来科技城X室装修项目的施工许可证。北京市昌平区住房和城乡建设委员会依据《建筑工程施工许可管理办法》第十三条,责令北京H公司于下发行政处

① 北京市昌平区住房和城乡建设委员会行政处罚决定书,京建法罚(昌建)字(2019)第640118号。

罚决定书之日起15日内改正该行为，并对其处以人民币2万元整的处罚。

（一）法律规定

《建筑工程施工许可管理办法》第十三条

建设单位采用欺骗、贿赂等不正当手段取得施工许可证的，由原发证机关撤销施工许可证，责令停止施工，并处1万元以上3万元以下罚款；构成犯罪的，依法追究刑事责任。

（二）案例分析

该案中，企业通过欺骗方式取得了项目的施工许可证，被有关机关责令改正，并对其处以罚款。

（三）警示意义及应对建议

房地产开发企业应依法据实申请施工许可证，在建设中做好有关督查工作，严防质量安全事故。

典型案例 4－21[①]

P公司未经规划部门验线擅自开工建设，被中山市城市管理和综合执法局查处，该局根据《广东省城乡规划条例》第八十三条，对建设工程未经验线，或者验线不合格擅自开工的，责令停止建设，限期改正；逾期不改正的，对建设单位处1万元罚款的规定，建议对P公司处以罚款4万元。

（一）法律规定

《广东省城乡规划条例》第八十三条

违反本条例第四十五条和第五十二条规定，建设工程未经验线，或者验线不合格擅自开工的，由城市、县人民政府城乡规划主管部门或者省人民政府指定的镇人民政府责令停止建设，限期改正。逾期不改正的，由城市、县人民政府城乡规划主管部门或者省人民政府指定的镇人民政府对建设单位处一万元罚

① 中山市城市管理和综合执法局行政处罚决定书，中城执罚字（2019）第1－135号。

款,对个人处2000元罚款。

(二)案例分析

该案中,被处罚企业在建设工程未经验线,或者验线不合格即擅自开工,被有关机关查处,责令该企业停止建设,限期改正,并处以罚款4万元。

(三)警示意义及应对建议

1. 建设工程开工前,建设单位或者个人应当委托具有相应测绘资质的单位放线,并向城市、县人民政府城乡规划主管部门或者省人民政府指定的镇人民政府申请验线。

2. 取得乡村建设规划许可证的建设工程开工前,建设单位或者个人应当向城市、县人民政府城乡规划主管部门申请验线,未经验线,建设工程不得开工。

十三、拒不拆除

典型案例 4-22 ①

当事人浙江S公司在未经县级以上城乡规划行政主管部门批准的情况下,于2010年年初开始在台州市黄岩东城开发区擅自搭建钢架棚,建筑面积共计为183平方米。建筑物已完工,且未办理建设工程规划许可证,属于违法建设。

台州市黄岩区综合行政执法局认为,当事人浙江S有限公司的上述行为违反了《城乡规划法》第四十条第一款的规定,已构成违法。故依据《城乡规划法》第六十四条的规定,责令其自收到本决定书15日内拆除违法建筑物的处罚。当事人未在规定时间内拆除的,黄岩区综合行政执法局可报请县级以上人民政府强制拆除。

(一)法律规定

1.《城乡规划法》第六十四条

未取得建设工程规划许可证或者未按照建设工程规划许可证的规定进行

① 台州市综合行政执法局行政处罚决定书,台黄综执罚决字(2019)第00102号。

建设的，由县级以上地方人民政府城乡规划主管部门责令停止建设；尚可采取改正措施消除对规划实施的影响的，限期改正，处建设工程造价百分之五以上百分之十以下的罚款；无法采取改正措施消除影响的，限期拆除，不能拆除的，没收实物或者违法收入，可以并处建设工程造价百分之十以下的罚款。

2.《城乡规划法》第六十八条

城乡规划主管部门作出责令停止建设或者限期拆除的决定后，当事人不停止建设或者逾期不拆除的，建设工程所在地县级以上地方人民政府可以责成有关部门采取查封施工现场、强制拆除等措施。

(二)案例分析

该案中，当事人在未经县级以上城乡规划行政主管部门批准的情况下，擅自搭建两幢一层钢架棚。两处建筑物已完工，且未办理建设工程规划许可证，被认定为违法建设。有关部门责令其限期拆除，因当事人未在规定时间内拆除，行政机关报请政府部门责成有关部门强制拆除。

(三)警示意义及应对建议

建设单位在接到有关部门的责令停止建设或限期拆除决定书后，应及时停止建设或进行拆除。

典型案例 4-23[①]

2008年4月，陈某、朱某在位于中山××区××村××号建设房屋。2017年9月5日，市城管执法局作出行政处罚决定，责令朱某自收到该决定15日内，自行拆除位于中山市××区××村××街××号建设的192.48平方米房屋的违法建筑。于次日现场直接送达朱某。

朱某不服，诉至广东省中山市第一人民法院，该院于2018年5月31日作出行政判决，驳回朱某的诉讼请求。其仍不服，提起上诉，中山市中级人民法院于2018年9月29日作出二审行政判决，驳回上诉，维持原判，该判决于同年10月26日生效。

2018年11月20日，市城管执法局作出《强制拆除催告书》告知朱某2019

① 广东省中山市中级人民法院行政判决书，(2019)粤20行终684号。

年1月17日开始对其违法建筑物强制拆除,并于同日在社区、小区工作人员的见证下留置送达给朱某。后于2018年12月14日作出《行政强制执行决定书》,于同年12月17日由社区、小区工作人员的见证下留置送达给朱某。

朱某不服,于2019年1月15日向市政府申请行政复议,该府于2019年1月31日作出行政复议决定,维持市城管执法局作出的行政强制决定,并于同年2月3日、20日送达朱某和市城管执法局。朱某仍不服,诉至法院,一审、二审均败诉。

典型案例 4-24 ①

当事人台州H公司在某项目门口处,在未经相关主管部门审批核准的情况下,搭建砖结构临时房用于其施工人员临时食堂,面积约60平方米。台州市综合行政执法局认为,其上述行为违反了《城乡规划法》第四十四条第一款的规定,已构成违法。故依据《城乡规划法》第六十六条第一项的规定,决定责令当事人台州H公司限期拆除,恢复原状。

(一)法律规定

《城乡规划法》第六十六条

建设单位或者个人有下列行为之一的,由所在地城市、县人民政府城乡规划主管部门责令限期拆除,可以并处临时建设工程造价一倍以下的罚款:

(一)未经批准进行临时建设的;

(二)未按照批准内容进行临时建设的;

(三)临时建筑物、构筑物超过批准期限不拆除的。

(二)警示意义及应对建议

1. 在城市、镇规划区内进行临时建设的,应当经城市、县人民政府城乡规划主管部门批准。

2. 临时建设应当在批准的使用期限经过后自行拆除。

---

① 台州市综合行政执法局行政处罚决定书,台综执罚决字(2019)第B00024号。

典型案例 4-25[①]

2003年7月2日,Z公司管道储运分公司就某进口原油管道工程向原舟山市城乡建设委员会提交了市政工程建设申请。同月9日,原舟山市城乡建设委员会核发建设工程规划许可证。在实际铺设石油管道过程中,三官堂段的石油管线进行了变更。2005年11月24日,该进口原油管道工程竣工,但Z公司未向规划部门变更建设工程规划许可证。2008年4月,舟山市某某汽车驾驶培训中心有限公司受让了相关地块的国有土地使用权。事后,舟山市某某汽车驾驶培训中心有限公司发现,Z公司的原油管道沿水渠穿越该宗地,并与原规划石油管道敷设线路不相符合,为此以侵犯其土地使用权益为由向市综合执法局实名举报,要求查处。市综合执法局启动调查程序后作出不予立案决定书。舟山市某某汽车驾驶培训中心有限公司不服,向法院提起行政诉讼。

法院认为,根据原舟山市规划局出具的《关于〈舟山市综合行政执法局执法协作函〉的回复函》,原油管道项目实际建设线形与工程规划许可审批的线形存在不一致情况,且管线建设单位一直未就不一致情况向规划部门申请办理原油管道线形的调整变更手续。根据当时的《城市规划法》以及《浙江省实施〈城市规划法〉办法》有关规定,属于违反建设工程规划许可证规定进行建设的行为。由于建设单位已就项目实际测绘图向舟山市规划局定海分局备案,且该项目线已纳入城乡规划,故建设单位Z公司的行为属于违反建设工程规划许可证的规定进行建设的行为,但未严重影响城市规划。市综合执法局据此认为,违法情形已消除,并无不当。

(一)法律规定

《城乡规划法》第六十七条

建设单位未在建设工程竣工验收后六个月内向城乡规划主管部门报送有关竣工验收资料的,由所在地城市、县人民政府城乡规划主管部门责令限期补报;逾期不补报的,处一万元以上五万元以下的罚款。

---

① 浙江省舟山市中级人民法院行政判决书,(2019)浙09行终50号。

(二)案例分析

上述案例中,当事人在实际铺设石油管道过程中对石油管线进行了变更,虽然与原来的规划许可不符,但当事人及时到相关部门进行了备案,故法院认可了不予处罚的决定。

(三)警示意义及应对建议

在建设工程竣工验收后6个月内,建设单位应及时向城乡规划主管部门报送有关竣工验收资料,若实际建设情况变更了原规划许可,应及时到相关部门进行备案。

十四、降低工程质量

典型案例 4-26 [①]

上海B房地产开发有限公司明示或者暗示设计单位或者施工单位违反工程建设强制性标准,降低工程质量,上海市奉贤区建设和管理委员会依据《建设工程质量管理条例》第五十六条第(三)项,责令其改正,并处罚款30万元。

(一)法律规定

1.《建筑法》第七十二条

建设单位违反本法规定,要求建筑设计单位或者建筑施工企业违反建筑工程质量、安全标准,降低工程质量的,责令改正,可以处以罚款;构成犯罪的,依法追究刑事责任。

2.《建设工程质量管理条例》第五十六条

违反本条例规定,建设单位有下列行为之一的,责令改正,处20万元以上50万元以下的罚款:

……

(三)明示或者暗示设计单位或者施工单位违反工程建设强制性标准,降低

① 上海市奉贤区建设和管理委员会行政处罚决定书,第2020170161号。

工程质量的；

……

（二）警示意义及应对建议

建设单位不得以任何理由要求建筑设计单位或者建筑施工企业在工程设计或者施工作业中违反法律、行政法规和建筑工程质量、安全标准，降低工程质量，不得明示或者暗示设计单位或者施工单位违反工程建设强制性标准，降低建设工程质量。

十五、压缩合理工期

典型案例 4－27[①]

上海W房地产开发有限公司在开发建设中任意压缩合理工期，上海市奉贤区建设和管理委员会认为其行为违反建设工程质量管理的有关规定，依据《建设工程质量管理条例》第五十六条第（二）项，对其处以罚款。

（一）法律规定

《建设工程质量管理条例》第五十六条

违反本条例规定，建设单位有下列行为之一的，责令改正，处20万元以上50万元以下的罚款：

……

（二）任意压缩合理工期的；

……

（二）警示意义及应对建议

建设工程发包单位在确定工期时，应综合考虑，施工规范、典型工程设计、施工企业的平均水平等因素，不得任意压缩合理工期。

---

① 上海市奉贤区建设和管理委员会行政处罚决定书，第2020180120号。

十六、影响施工单位使用材料

典型案例 4－28 ①

北京市住房和城乡建设委员会执法人员在进行执法检查时，抽取生产现场正在使用的混凝土原材料聚羧酸防冻剂一组，委托北京建筑材料检验研究院有限公司进行检验。2015年12月10日，北京建筑材料检验研究院有限公司出具了羧酸防冻剂检验报告，报告结果显示抽取聚羧酸防冻剂的碱含量、氯离子含量、固体含量、密度不符合JC 475－2004《混凝土防冻剂》中合格品的指标要求，聚羧酸防冻剂检验结果不合格。2016年1月4日，北京市住房和城乡建设委员会对X公司在生产预拌混凝土的过程中使用不合格建筑材料的行为进行了立案调查，查明：北京市住房和城乡建设委员会2015年11月18日从X公司生产现场抽取混凝土原材料聚羧酸防冻剂为2015年11月13日至11月14日进场的，数量共计10.24吨。X公司使用上述不合格建筑材料生产的预拌混凝土共供应了两个工程。

北京市住房和城乡建设委员会认为，X公司上述行为属于在施工中使用不合格建筑材料的行为，故依据《建设工程质量管理条例》第六十四条，对X公司责令改正，处工程合同价款3%的罚款，罚款数额为6500余元。

（一）法律规定

1.《建设工程质量管理条例》第五十六条

违反本条例规定，建设单位有下列行为之一的，责令改正，处20万元以上50万元以下的罚款：

……

（七）明示或者暗示施工单位使用不合格的建筑材料、建筑构配件和设备的；

……

① 北京市住房和城乡建设委员会行政处罚决定书，京建法罚（市）字（2016）第020001号。

2.《建设工程质量管理条例》第六十四条

违反本条例规定，施工单位在施工中偷工减料的，使用不合格的建筑材料、建筑构配件和设备的，或者有不按照工程设计图纸或者施工技术标准施工的其他行为的，责令改正，处工程合同价款2%以上4%以下的罚款；造成建设工程质量不符合规定的质量标准的，负责返工、修理，并赔偿因此造成的损失；情节严重的，责令停业整顿，降低资质等级或者吊销资质证书。

(二)警示意义及应对建议

建设单位不得明示或者暗示施工单位使用不合格的建筑材料、建筑构配件和设备。

十七、施工时间违法

典型案例 4-29[①]

肇庆D房地产开发有限公司未经许可擅自在鼎湖坑口罗隐路H工地进行产生环境噪声污染的夜间建筑施工作业。肇庆市城市管理和综合行政执法局认为其行为违法，故依据《广东省实施〈环境噪声污染防治法〉办法》第三十二条第(八)项[②]，对其处以人民币3000元罚款。

(一)法律规定

1.《广东省实施〈中华人民共和国环境噪声污染防治法〉办法》第十九条

在城市噪声敏感建筑物集中区域内，除抢修和抢险作业外，禁止夜间进行环境噪声污染的建筑施工作业。因浇灌混凝土不宜留施工缝的作业和为保证工程质量需要的冲孔、钻孔桩成型及其他特殊情况，确需在夜间连续施工作业的，须有建设行政主管部门出具的证明、经建筑施工作业所在地的环境保护行政主管部门批准，并公告附近居民。

---

① 肇庆市城市管理和综合行政执法局行政处罚决定书，肇鼎管执罚决(2018)第00039号。

② 本篇法规被《广东省人民代表大会常务委员会关于修改〈广东省环境保护条例〉等十三项地方性法规的决定》(2018年11月29日发布，2018年11月29日实施)修订，该条对应修订后的《广东省实施〈中华人民共和国环境噪声污染防治法〉办法》第三十一条。

临近中小学校的建设施工,施工单位应采取隔离措施,降低噪声污染。

2.《广东省实施〈中华人民共和国环境噪声污染防治法〉办法》第二十条

在城市市区内建筑施工禁止使用蒸汽桩机、锤击桩机。受地质、地形等条件限制确需使用的,必须报经建筑施工作业所在地的环境保护行政主管部门批准,其作业时间限制在7时至12时,14时至20时。

3.《广东省实施〈中华人民共和国环境噪声污染防治法〉办法》第三十一条

违反本办法的规定,有下列情形之一者,由县级以上环境保护行政主管部门或者其他依照法律、法规行使环境噪声监督管理权的部门责令其改正,并根据情节轻重给予处罚:

……

(八)违反本办法第十八条、第二十条、第二十一条规定,拒不执行环境保护行政主管部门限制施工作业时间者,县级以上环境保护行政主管部门可以处以3000元以上1万元以下罚款。

(二)警示意义及应对建议

1.在城市噪声敏感建筑物集中区域内,除抢修和抢险作业外,禁止夜间进行环境噪声污染的建筑施工作业。

2.因浇灌混凝土不宜留施工缝的作业和为保证工程质量需要的冲孔、钻孔桩成型及其他特殊情况,确需在夜间连续施工作业的,须有建设行政主管部门出具的证明、经建筑施工作业所在地的环境保护行政主管部门批准,并公告附近居民。

3.临近中小学校的建设施工,施工单位应采取隔离措施,降低噪声污染。

十八、违反安全生产规定

典型案例 4-30 [①]

被处罚人深圳市A房地产开发有限公司作为生产经营单位,未与承租单位签订专门的安全生产管理协议且未在租赁合同中明确各自的安全生产管理职

---

① 深圳市光明区应急管理局行政处罚决定书,(深光)应急罚(2019)D265号。

责，违反了《安全生产法》(2014)第四十六条第二款的规定，深圳市光明区应急管理局对其处以2万元的罚款。

(一)法律规定

1.《安全生产法》第四十六条

生产经营单位不得将生产经营项目、场所、设备发包或者出租给不具备安全生产条件或者相应资质的单位或者个人。

生产经营项目、场所发包或者出租给其他单位的，生产经营单位应当与承包单位、承租单位签订专门的安全生产管理协议，或者在承包合同、租赁合同中约定各自的安全生产管理职责；生产经营单位对承包单位、承租单位的安全生产工作统一协调、管理，定期进行安全检查，发现安全问题的，应当及时督促整改。

2.《安全生产法》第一百条

生产经营单位将生产经营项目、场所、设备发包或者出租给不具备安全生产条件或者相应资质的单位或者个人的，责令限期改正，没收违法所得；违法所得十万元以上的，并处违法所得二倍以上五倍以下的罚款；没有违法所得或者违法所得不足十万元的，单处或者并处十万元以上二十万元以下的罚款；对其直接负责的主管人员和其他直接责任人员处一万元以上二万元以下的罚款；导致发生生产安全事故给他人造成损害的，与承包方、承租方承担连带赔偿责任。

生产经营单位未与承包单位、承租单位签订专门的安全生产管理协议或者未在承包合同、租赁合同中明确各自的安全生产管理职责，或者未对承包单位、承租单位的安全生产统一协调、管理的，责令限期改正，可以处五万元以下的罚款，对其直接负责的主管人员和其他直接责任人员可以处一万元以下的罚款；逾期未改正的，责令停产停业整顿。

3.《建设工程安全生产管理条例》第五十五条

违反本条例的规定，建设单位有下列行为之一的，责令限期改正，处20万元以上50万元以下的罚款；造成重大安全事故，构成犯罪的，对直接责任人员，依照刑法有关规定追究刑事责任；造成损失的，依法承担赔偿责任：

(一)对勘察、设计、施工、工程监理等单位提出不符合安全生产法律、法规和强制性标准规定的要求的；

……

(二)案例分析

该案中,房地产开发企业将生产经营项目、场所出租给其他单位使用,却没有与承租单位专门订立安全生产管理协议,也未在租赁合同中明确约定各自的安全生产管理职责,违反了安全生产的要求,因此被处以罚款。

(三)警示意义及应对建议

房地产开发企业作为生产经营单位,需要将生产经营项目、场所发包或者出租给其他单位的,应确保承包方具备相应的资质,并应当与承包单位、承租单位签订专门的安全生产管理协议,或者在承包合同、租赁合同中约定各自的安全生产管理职责;同时,企业应对承包单位、承租单位的安全生产工作统一协调、管理,定期进行安全检查,发现安全问题的,应当及时督促整改。

十九、安全保障问题

典型案例 4-31 ①

常州昌H公司在某工程项目中,在未办理工程质量监督、安全监督手续的情况下擅自开工建设。常州市住房和城乡建设局认为,该单位上述行为违法,故依据《建设工程质量管理条例》第五十六条第六项,《建设工程安全生产管理条例》第五十四条第二款,对其处以罚款人民币20万元。

(一)法律规定

《建设工程安全生产管理条例》第五十四条

违反本条例的规定,建设单位未提供建设工程安全生产作业环境及安全施工措施所需费用的,责令限期改正;逾期未改正的,责令该建设工程停止施工。

建设单位未将保证安全施工的措施或者拆除工程的有关资料报送有关部门备案的,责令限期改正,给予警告。

---

① 常州市住房和城乡建设局行政处罚决定书,常建罚字(2018)第81号。

（二）警示意义及应对建议

1. 依法批准开工报告的建设工程，建设单位应当自开工报告批准之日起15日内，将保证安全施工的措施报送建设工程所在地的县级以上地方人民政府建设行政主管部门或者其他有关部门备案。

2. 建设单位应当在拆除工程施工15日前，将有关资料报送建设工程所在地的县级以上地方人民政府建设行政主管部门或者其他有关部门备案。

二十、非法转让城市建筑垃圾处置核准文件

典型案例 4－32 ①

被处罚人姬某于2016年11月23日7时40分，在桐乡市梧桐街道凤鸣路某工地上清运建筑垃圾时，因建筑垃圾处置证上的车辆号码与实际车辆牌号不一致而涂改建筑垃圾处置核准文件（把车辆号码"赣03－×××××"的末五位数字涂掉改成"×××××"）。执法局认为，姬某的行为违反了《城市建筑垃圾管理规定》第八条的规定，根据《城市建筑垃圾管理规定》第二十四条的规定，依法对其处以罚款人民币5000余元。

（一）法律规定

《城市建筑垃圾管理规定》第二十四条

涂改、倒卖、出租、出借或者以其他形式非法转让城市建筑垃圾处置核准文件的，由城市人民政府市容环境卫生主管部门责令限期改正，给予警告，处5000元以上2万元以下罚款。

（二）警示意义及应对建议

房地产开发企业获得垃圾处置核准文件后应依法使用，不得擅自涂改、倒卖、出租、出借或者以其他形式非法转让城市建筑垃圾处置核准文件。

---

① 桐乡市综合行政执法局行政处罚决定书，桐综执罚字（2016）第（1010）号。

二十一、建筑垃圾处置方式不当

典型案例 4－33[①]

义乌市J公司擅自设立弃置场收纳建筑垃圾，义乌市行政执法局认为该单位上述行为违法，故依据《城市建筑垃圾管理规定》第二十条第一款第（三）项，对其处以警告、罚款人民币1万元整的行政处罚。

（一）法律规定

《城市建筑垃圾管理规定》第二十条

任何单位和个人有下列情形之一的，由城市人民政府市容环境卫生主管部门责令限期改正，给予警告，处以罚款：

（一）将建筑垃圾混入生活垃圾的；

（二）将危险废物混入建筑垃圾的；

（三）擅自设立弃置场受纳建筑垃圾的。

单位有前款第一项、第二项行为之一的，处3000元以下罚款；有前款第三项行为的，处5000元以上1万元以下罚款。个人有前款第一项、第二项行为之一的，处200元以下罚款；有前款第三项行为的，处3000元以下罚款。

（二）警示意义及应对建议

任何单位和个人不得将建筑垃圾混入生活垃圾，不得将危险废物混入建筑垃圾，不得擅自设立弃置场受纳建筑垃圾。

典型案例 4－34[②]

2018年1月14日上午，常德市J房地产开发有限公司在鼎城区某商住小区项目运输渣土的途中，渣土撒落造成花溪路与双谭路交汇处路面污染。常德市鼎城区城市管理和行政执法局认为，该单位行为构成违法，情节严重，故依据

① 义乌市行政执法局行政处罚决定书，义执法行罚字（2018）第05536号。

② 常德市鼎城区城市管理和综合执法局行政处罚决定书，常鼎城管罚决字（2018）第Z0006号。

《城市建筑垃圾管理规定》第十四条、第二十三条,《常德市城市管理行政处罚自由裁量权实施基准》第十五条之规定,给予当事单位罚款人民币 5000 元。

(一)法律规定

《城市建筑垃圾管理规定》第二十三条

处置建筑垃圾的单位在运输建筑垃圾过程中沿途丢弃、遗撒建筑垃圾的,由城市人民政府市容环境卫生主管部门责令限期改正,给予警告,处 5000 元以上 5 万元以下罚款。

(二)警示意义及应对建议

在运输建筑垃圾时,应当随车携带建筑垃圾处置核准文件,按照规定的运输路线、时间、核准范围运输,不得丢弃、遗撒建筑垃圾。

典型案例 4-35①

该案中,被处罚人 Z 房地产有限公司使用重型自卸货车为诸暨市某工地处置渣土等建筑垃圾,未向相关部门提出申请并获得处置核准,擅自处置建筑垃圾,主要为渣土。运输车辆从应山工地出发,途径艮塔东路,将 400 立方米渣土倾倒在 Z 工地,被执法人员当场查获。

诸暨市城市管理行政执法局认为,被处罚人的上述行为违反了《城市建筑垃圾管理规定》第七条第一款"处置建筑垃圾的单位,应当向城市人民政府市容环境卫生主管部门提出申请,获得城市建筑垃圾处置核准后,方可处置"的规定。故依据《城市建筑垃圾管理规定》第二十五条的规定,已责令被处罚人立即停止倾倒建筑垃圾的行为,并在 2018 年 3 月 30 日前完善处置建筑垃圾核准手续,并作出如下行政处罚:(1)警告;(2)罚款人民币 3 万元整。

典型案例 4-36②

当事人佛山市顺德区 L 房地产有限公司于 2018 年 11 月 12 日上午,在未经主管部门核准的情况下,擅自在佛山市顺德区乐从富华路以北、某南路以西地块

① 诸暨市城管执法局行政处罚决定书,诸行执罚决字(2018)第 259 号。

② 佛山市顺德区乐从镇人民政府行政处罚决定书,粤顺管乐罚(2018)第 A00160 号。

T工地向外排放建筑垃圾(泥土)。佛山市顺德区乐从镇人民政府认为,其行为违反了《城市建筑垃圾管理规定》第二条、第七条的规定。故依据《城市建筑垃圾管理规定》第二十五条第(一)项的规定,参照《顺德区环境运输和城市管理局(城市管理板块)行政处罚自由裁量权实施标准》,对其处以警告、5000元罚款。

(一)法律规定

《城市建筑垃圾管理规定》第二十五条

违反本规定,有下列情形之一的,由城市人民政府市容环境卫生主管部门责令限期改正,给予警告,对施工单位处1万元以上10万元以下罚款,对建设单位、运输建筑垃圾的单位处5000元以上3万元以下罚款:

(一)未经核准擅自处置建筑垃圾的;

(二)处置超出核准范围的建筑垃圾的。

(二)案例分析

上述案例中,房地产开发企业为施工单位处置建筑垃圾,却未事前获得相关部门的处置核准,因此受到了处罚。

(三)警示意义及应对建议

房地产开发企业若需处置建筑垃圾,应注意事前向政府市容环境卫生主管部门提出申请,在获得城市建筑垃圾处置核准后再行处置,不得擅自处置。

典型案例 4-37 ①

浙江省义乌市Z房地产开发有限公司随意堆放建筑垃圾,义乌市综合行政执法局依据《城市建筑垃圾管理规定》第二十六条,对其处以警告,并处罚款人民币5000元整。

(一)法律规定

《城市建筑垃圾管理规定》第二十六条

任何单位和个人随意倾倒、抛撒或者堆放建筑垃圾的,由城市人民政府市

① 义乌市行政执法局行政处罚决定书,义执法行罚字(2015)第00998号。

容环境卫生主管部门责令限期改正，给予警告，并对单位处5000元以上5万元以下罚款，对个人处200元以下罚款。

（二）警示意义及应对建议

任何单位和个人不得随意倾倒、抛撒或者堆放建筑垃圾。

二十二、违法排污

典型案例 4-38 ①

2019年11月8日上午，湖南省S公司在南白象街道横港头村南鸿景园龙霞路边上排水，未将污水排入城镇排水设施。

温州市瓯海区综合行政执法局瓯海区局南白象中队认为，当事人行为已违反了《城镇污水排入排水管网许可管理办法》第四条第一款之规定，依据《城镇污水排入排水管网许可管理办法》第二十五条之规定，决定责令当事人改正违法行为。

（一）法律规定

1.《城镇污水排入排水管网许可管理办法》第二十五条

违反本办法规定，在城镇排水与污水处理设施覆盖范围内，未按照国家有关规定将污水排入城镇排水设施，或者在雨水、污水分流地区将污水排入雨水管网的，由城镇排水主管部门责令改正，给予警告；逾期不改正或者造成严重后果的，对单位处10万元以上20万元以下罚款；对个人处2万元以上10万元以下罚款，造成损失的，依法承担赔偿责任。

2.《城镇排水与污水处理条例》第四十九条

违反本条例规定，城镇排水与污水处理设施覆盖范围内的排水单位和个人，未按照国家有关规定将污水排入城镇排水设施，或者在雨水、污水分流地区将污水排入雨水管网的，由城镇排水主管部门责令改正，给予警告；逾期不改正或者造成严重后果的，对单位处10万元以上20万元以下罚款，对个人处2万元

① 温州市瓯海区城管与执法局行政处罚决定书，温瓯综法处字（2019）第016－112号。

以上10万元以下罚款;造成损失的,依法承担赔偿责任。

(二)警示意义及应对建议

房地产开发企业在排放污水前应当依法获得许可,各类施工作业需要排水的,应由建设单位申请领取排水许可证。

典型案例 4-39 ①

深圳市W房地产开发有限公司未依法向水行政主管部门申请领取排水许可证,在未取得排水许可情况下向城镇排水设施排放污水。深圳市水务局认为,其行为违反了《城镇污水排入排水管网许可管理办法》第六条第三款规定,故依据《城镇污水排入排水管网许可管理办法》第二十六条规定,对其处以罚款2万元。

典型案例 4-40 ②

Y公司在温州市城市中心区A-44、A-28地块房地产建设项目工地北侧,涉嫌将工地内的污水通过排水管排入山下河道内。

温州市鹿城区综合行政执法局认为,当事人行为已违反了《城镇污水排入排水管网许可管理办法》第十二条之规定,依据《城镇污水排入排水管网许可管理办法》第二十七条之规定。对当事人作出如下处罚决定:责令改正违法行为,并处以罚款人民币5万元整。

(一)法律规定

1.《城镇污水排入排水管网许可管理办法》第二十六条

违反本办法规定,排水户未取得排水许可,向城镇排水设施排放污水的,由城镇排水主管部门责令停止违法行为,限期采取治理措施,补办排水许可证,可以处50万元以下罚款;对列入重点排污单位名录的排水户,可以处30万元以上50万元以下罚款;造成损失的,依法承担赔偿责任;构成犯罪的,依法追究刑事责任。

---

① 深圳市水务局行政处罚决定书,深水政(支)罚字(2017)第16号。

② 温州市鹿城区综合行政执法局行政处罚决定书,温鹿综法处字(2019)第002-187号。

2.《城镇污水排入排水管网许可管理办法》第二十七条

排水户未按照排水许可证的要求,向城镇排水设施排放污水的,由城镇排水主管部门责令停止违法行为,限期改正,可以处5万元以下罚款;造成严重后果的,吊销排水许可证,并处5万元以上50万元以下罚款,对列入重点排污单位名录的排水户,处30万元以上50万元以下罚款,并将有关情况通知同级环境保护主管部门,可以向社会予以通报;造成损失的,依法承担赔偿责任;构成犯罪的,依法追究刑事责任。

(二)警示意义及应对建议

1. 城镇排水设施覆盖范围内的排水户应当依法将污水排入城镇排水设施。排水户向城镇排水设施排放污水,应当依法申请领取排水许可证。

2. 在雨水、污水分流排放的地区,不得将污水排入雨水管网。

3. 排水户应当按照排水许可证确定的排水类别、总量、时限、排放口位置和数量、排放的污染物项目和浓度等要求排放污水。

典型案例 4-41 ①

该案中,经广州市生态环境局花都区分局2019年5月5日调查发现,当事人广州B房地产开发有限公司位于广州市花都区山前大道某项目通过逃避监管的方式排放水污染物。广州市生态环境局依据《水污染防治法》第八十三条对其作出如下处罚:(1)责令当事人立即改正违法行为;(2)对当事人处以罚款10万元。

典型案例 4-42 ②

广州市生态环境局花都区分局立案调查发现,广州市花都区环境监测站对当事人位于广州市花都区狮岭镇山前大道的某项目处理设施排放口废水进行采样监测,出具的《监测报告》显示,该项目处理设施排放口废水的总磷指标排放浓度为1.48mg/L,超过广东省地方标准《水污染物排放限值》第二时段一级标准最高允许排放浓度(最高允许排放浓度:总磷0.5mg/L)。当事人超过水污

① 广州市生态环境局行政处罚决定书,穗花环罚(2019)第407号。

② 广州市生态环境局行政处罚决定书,穗花环罚(2020)第46号。

染物排放标准排放水污染物。广州市生态环境局认为，当事人上述行为违法，故依据《水污染防治法》第八十三条第（二）项规定，责令当事人立即改正违法行为，并对当事人处以罚款10万元。

（一）法律规定

《水污染防治法》第八十三条

违反本法规定，有下列行为之一的，由县级以上人民政府环境保护主管部门责令改正或者责令限制生产、停产整治，并处十万元以上一百万元以下的罚款；情节严重的，报经有批准权的人民政府批准，责令停业、关闭：

（一）未依法取得排污许可证排放水污染物的；

（二）超过水污染物排放标准或者超过重点水污染物排放总量控制指标排放水污染物的；

（三）利用渗井、渗坑、裂隙、溶洞，私设暗管，篡改、伪造监测数据，或者不正常运行水污染防治设施等逃避监管的方式排放水污染物的；

（四）未按照规定进行预处理，向污水集中处理设施排放不符合处理工艺要求的工业废水的。

（二）案例分析

上述案例中，房地产开发企业违法、超标排污物，被市生态环境局部门查处，并受到罚款处罚。

（三）警示意义及应对建议

1. 直接或者间接向水体排放工业废水和医疗污水以及其他按照规定应当取得排污许可证方可排放的废水、污水的企业事业单位和其他生产经营者，应当取得排污许可证。

2. 排放水污染物，不得超过国家或者地方规定的水污染物排放标准和重点水污染物排放总量控制指标。

3. 禁止利用渗井、渗坑、裂隙、溶洞，私设暗管，篡改、伪造监测数据，或者不正常运行水污染防治设施等逃避监管的方式排放水污染物。

4. 向污水集中处理设施排放工业废水的，应当按照国家有关规定进行预处理，达到集中处理设施处理工艺要求后方可排放。

二十三、未依法实施水土保持

典型案例 4－43[①]

2017年12月15日，深圳市水务局委托光明新区水政执法人员依法对位于深圳市光明新区光明街道万丈坡工业区进行执法检查，发现深圳市H房地产开发有限公司负责建设的W城市更新单元项目正在施工，占地面积约4万平方米，现场修建有2个三级沉砂池，1个洗车槽，洗车产生的泥浆水经沉砂池沉淀处理后流入场地内雨水井，最终进入市政管网。深圳市H房地产开发有限公司现场无法提供水保方案行政许可与排水许可证。

深圳市水务局认为，该单位未取得水土保持方案行政许可擅自动工的行为违反《水土保持法》第二十六条"依法应当编制水土保持方案的生产建设项目，生产建设单位未编制水土保持方案或者水土保持方案未经水行政主管部门批准的，生产建设项目不得开工建设"的规定，未取得排水许可证向城镇排水设施排放污水的行为违反《城镇排水与污水处理条例》第二十一条第一款"从事工业、建筑、餐饮、医疗等活动的企业事业单位、个体工商户（以下称排水户）向城镇排水设施排放污水的，应当向城镇排水主管部门申请领取污水排入排水管网许可证"的规定。故根据《水土保持法》第五十三条第一项和《城镇排水与污水处理条例》第五十条第一款的规定，兼考虑到鉴于该单位已建设污水预处理设施，且污水经处理后排放，未造成不良影响，对该单位作出罚款2万元的行政处罚。

典型案例 4－44[②]

经查，深圳市L房地产开发有限公司在项目建设中存在未取得污水排入排水管网许可证擅自排水的违法行为。深圳市水务局认为，该违法行为违反了《城镇排水与污水处理条例》第二十一条第一款的规定。故依据《城镇排水与污水处理条例》第五十条第一款的规定，对其处以罚款2万元。

---

① 深圳市水务局深水政（光）罚字（2018）第005号行政处罚决定书。

② 深圳市水务局深水政（支）罚字（2016）第21号行政处罚决定书。

(一)法律规定

1.《水土保持法》第五十三条

违反本法规定,有下列行为之一的,由县级以上人民政府水行政主管部门责令停止违法行为,限期补办手续;逾期不补办手续的,处五万元以上五十万元以下的罚款;对生产建设单位直接负责的主管人员和其他直接责任人员依法给予处分:

(一)依法应当编制水土保持方案的生产建设项目,未编制水土保持方案或者编制的水土保持方案未经批准而开工建设的;

(二)生产建设项目的地点、规模发生重大变化,未补充、修改水土保持方案或者补充、修改的水土保持方案未经原审批机关批准的;

(三)水土保持方案实施过程中,未经原审批机关批准,对水土保持措施作出重大变更的。

2.《城镇排水与污水处理条例》第五十条

违反本条例规定,排水户未取得污水排入排水管网许可证向城镇排水设施排放污水的,由城镇排水主管部门责令停止违法行为,限期采取治理措施,补办污水排入排水管网许可证,可以处50万元以下罚款;造成损失的,依法承担赔偿责任;构成犯罪的,依法追究刑事责任。

违反本条例规定,排水户不按照污水排入排水管网许可证的要求排放污水的,由城镇排水主管部门责令停止违法行为,限期改正,可以处5万元以下罚款;造成严重后果的,吊销污水排入排水管网许可证,并处5万元以上50万元以下罚款,可以向社会予以通报;造成损失的,依法承担赔偿责任;构成犯罪的,依法追究刑事责任。

(二)警示意义及应对建议

1. 依法应当编制水土保持方案的生产建设项目,生产建设单位未编制水土保持方案或者水土保持方案未经水行政主管部门批准的,生产建设项目不得开工建设。

2. 水土保持方案经批准后,生产建设项目的地点、规模发生重大变化的,应当补充或者修改水土保持方案并报原审批机关批准。水土保持方案实施过程中,水土保持措施需要作出重大变更的,应当经原审批机关批准。

二十四、违法占用、利用公路

典型案例 4-45[①]

惠州市G房地产开发有限公司擅自占用城市道路,惠州市城市管理行政执法局认为,其行为违反了《城市道路管理条例》(2017)第二十七条第(一)项的规定、第四十二条[②],故依据上述规定对该公司罚款人民币近2万元。

(一)法律规定

1.《城市道路管理条例》第二十七条

城市道路范围内禁止下列行为:

(一)擅自占用或者挖掘城市道路;

(二)履带车、铁轮车或者超重、超高、超长车辆擅自在城市道路上行驶;

(三)机动车在桥梁或者非指定的城市道路上试刹车;

(四)擅自在城市道路上建设建筑物、构筑物;

(五)在桥梁上架设压力在4公斤/平方厘米(0.4兆帕)以上的煤气管道、10千伏以上的高压电力线和其他易燃易爆管线;

(六)擅自在桥梁或者路灯设施上设置广告牌或者其他挂浮物;

(七)其他损害、侵占城市道路的行为。

2.《城市道路管理条例》第四十二条

违反本条例第二十七条规定,或者有下列行为之一的,由市政工程行政主管部门或者其他有关部门责令限期改正,可以处以2万元以下的罚款;造成损失的,应当依法承担赔偿责任:

(一)未对设在城市道路上的各种管线的检查井、箱盖或者城市道路附属设施的缺损及时补缺或者修复的;

(二)未在城市道路施工现场设置明显标志和安全防围设施的;

(三)占用城市道路期满或者挖掘城市道路后,不及时清理现场的;

---

① 参见惠州市城市管理行政执法局惠市执罚(2018)第E-3044号行政处罚决定书。

② 本篇法规被国务院《关于修改部分行政法规的决定》(2019年3月24日发布;2019年3月24日实施)修订,该两条规定未作修订。

（四）依附于城市道路建设各种管线、杆线等设施，不按照规定办理批准手续的；

（五）紧急抢修埋设在城市道路下的管线，不按照规定补办批准手续的；

（六）未按照批准的位置、面积、期限占用或者挖掘城市道路，或者需要移动位置、扩大面积、延长时间，未提前办理变更审批手续的。

（二）警示意义及应对建议

在需要利用城市道路或占用城市道路时，严格遵循有关法律法规的要求，不得在城市道路上从事损害、侵占城市道路的行为。

典型案例 4－46①

经调查，汕头市交通运输综合执法局认为，漳州市K有限公司在S335线樟林路段实施了车辆装载物触地拖行、掉落、遗洒或者飘散，造成公路路面损坏、污染的违法行为。故依据《公路安全保护条例》第六十九条、《广东省公路条例》第十八条第（二）项，对其处以罚款1000元。

（一）法律规定

1.《广东省公路条例》第十八条

在公路及公路用地范围内禁止下列行为：

（一）非法设置路障，摆摊设点，设点修车、洗车，堆放物品，打谷晒粮，积肥制坯及其他影响公路畅通的行为；

（二）倾倒垃圾余泥，向公路或者利用公路排水设施排污，车辆装载泥砂石、杂物散落路面及其他污染公路的行为；

（三）擅自设置广告、标牌，毁坏、擅自移动或者涂改公路附属设施；

（四）堵塞公路排水系统，擅自利用桥梁、涵洞或者公路排水设施设闸、筑坝蓄水；

（五）利用公路桥梁、隧道铺设输送易燃、易爆、有毒的气体或者液体的管道；

（六）其他侵占、破坏、损坏公路路产，危及公路安全的行为。

---

① 汕头市交通运输综合执法局粤汕澄交罚（2019）第00149号行政处罚决定书。

2.《广东省公路条例》第五十条

违反本条例第十八条规定的，由县级以上人民政府交通主管部门责令其停止违法行为，限期采取补救措施，并可以按照下列规定处罚：

（一）违反第（一）项、第（二）项规定，尚未造成路产损坏的，处以五百元以下罚款；造成路产损坏的，处以五百元以上五千元以下罚款；

（二）违反第（三）项规定的，处以五千元以下罚款；危及行车或者公路安全，情节严重的，处以五千元以上三万元以下罚款；

（三）违反第（四）项、第（五）项规定的，责令限期拆除，处以一万元以上三万元以下罚款；逾期不拆除的，由县级以上人民政府交通主管部门拆除，费用由构筑者承担。

（二）警示意义及应对建议

房地产开发企业开发建设及经营过程中依法使用公路，不得损害公路路产，危害公路安全。

典型案例 4－47[①]

经调查，东莞市交通运输局认为深圳市L有限公司在公路建筑控制区内修建、扩建建筑物、地面构筑物或者擅自埋设管线、电缆等设施的违法行为，违反了《公路法》第五十六条，《公路安全保护条例》第十三条第一款、第二十七条第（七）项，《广东省公路条例》（2014）[②]第二十四条第二款之规定，故依据《公路法》第八十一条、《公路安全保护条例》第五十六条第（一）项、《路政管理规定》第二十八条、《广东省公路条例》（2014）第五十三条，以及《广东省交通运输行政处罚裁量标准》，对其处以罚款人民币4000元整。

（一）法律规定

1.《公路法》第五十六条

除公路防护、养护需要的以外，禁止在公路两侧的建筑控制区内修建建筑

---

① 东莞市交通运输局粤东交罚（2019）第07156号行政处罚决定书。

② 本篇法规被《广东省人民代表大会常务委员会关于修改〈广东省促进科学技术进步条例〉等九项地方性法规的决定》（2020年11月27日发布；2020年11月27日实施）修订，该款规定未作修改。

物和地面构筑物;需要在建筑控制区内埋设管线、电缆等设施的,应当事先经县级以上地方人民政府交通主管部门批准。

前款规定的建筑控制区的范围,由县级以上地方人民政府按照保障公路运行安全和节约用地的原则,依照国务院的规定划定。

建筑控制区范围经县级以上地方人民政府依照前款规定划定后,由县级以上地方人民政府交通主管部门设置标桩、界桩。任何单位和个人不得损坏、擅自挪动该标桩、界桩。

2.《公路法》第八十一条

违反本法第五十六条规定,在公路建筑控制区内修建建筑物、地面构筑物或者擅自埋设管线、电缆等设施的,由交通主管部门责令限期拆除,并可以处五万元以下的罚款。逾期不拆除的,由交通主管部门拆除,有关费用由建筑者、构筑者承担。

3.《公路安全保护条例》第十三条

在公路建筑控制区内,除公路保护需要外,禁止修建建筑物和地面构筑物;公路建筑控制区划定前已经合法修建的不得扩建,因公路建设或者保障公路运行安全等原因需要拆除的应当依法给予补偿。

在公路建筑控制区外修建的建筑物、地面构筑物以及其他设施不得遮挡公路标志,不得妨碍安全视距。

4.《公路安全保护条例》第五十六条

违反本条例的规定,有下列情形之一的,由公路管理机构责令限期拆除,可以处5万元以下的罚款。逾期不拆除的,由公路管理机构拆除,有关费用由违法行为人承担:

(一)在公路建筑控制区内修建、扩建建筑物、地面构筑物或者未经许可埋设管道、电缆等设施的;

(二)在公路建筑控制区外修建的建筑物、地面构筑物以及其他设施遮挡公路标志或者妨碍安全视距的。

5.《广东省公路条例》第五十三条

违反本条例第二十四条第二款规定,在公路建筑控制区内修建建筑物或者地面构筑物的,由县级以上人民政府交通主管部门责令限期拆除,并可以处五万元以下罚款;逾期不拆除的,由县级以上人民政府交通主管部门拆除,有关费用由建筑者、构筑者承担。

（二）警示意义及应对建议

禁止在公路建筑控制区内修建建筑物和地面构筑物，但公路防护、养护需要的除外。

典型案例 4－48[①]

2019年9月10日，广州市交通运输局执法人员在进行日常稽查，发现广州S公司在公路两侧边沟外缘起算的规定范围内未经批准设置广告标牌设施行为，广州市交通运输局依据《广东省公路条例》第五十四条，责令S公司停止违法行为，限期拆除，处2万元罚款；逾期不拆除的，由县级以上人民政府交通主管部门拆除，有关费用由设置者承担。

（一）法律规定

《广东省公路条例》第五十四条

违反本条例第二十五条规定未经批准设置广告标牌设施的，由县级以上人民政府交通主管部门责令停止违法行为，限期拆除，可以处一千元以上五千元以下罚款；情节严重的，可以处五千元以上二万元以下罚款；逾期不拆除的，由县级以上人民政府交通主管部门拆除，有关费用由设置者承担。

（二）警示意义及应对建议

1. 自公路两侧边沟外缘起算，高速公路80米范围内广告标牌设施的位置，应当由省人民政府交通主管部门统一规划，并按照有关规定批准。

2. 国道50米、省道30米范围内广告标牌设施的位置，应当由地级以上市人民政府交通主管部门统一规划，并按照有关规定批准。

3. 县道20米、乡道10米范围内广告标牌设施的位置，应当由县级人民政府交通主管部门统一规划，并按照有关规定批准。

---

① 广州市交通运输局粤穗增交运罚（2019）ZC20190929005号行政处罚决定书。

二十五、竣工验收问题

典型案例 4－49 ①

郑州S房地产开发有限公司未组织竣工验收，擅自交付使用，郑州市城市综合执法局认为，其行为违反了《建设工程质量管理条例》第十六条的规定，故依据《建设工程质量管理条例》第五十八条，对其处以罚款近2万元。

（一）法律规定

《建设工程质量管理条例》第五十八条

违反本条例规定，建设单位有下列行为之一的，责令改正，处工程合同价款2%以上4%以下的罚款；造成损失的，依法承担赔偿责任：

（一）未组织竣工验收，擅自交付使用的；

（二）验收不合格，擅自交付使用的；

（三）对不合格的建设工程按照合格工程验收的。

（二）警示意义及应对建议

建设单位收到建设工程竣工报告后，应当及时组织设计、施工、工程监理等有关单位进行竣工验收，验收合格后才可交付使用。

典型案例 4－50 ②

北京市住房和城乡建设委员会对北京J公司涉嫌在多个工程项目竣工验收合格之日起15日内未将工程竣工报告报北京市住房和城乡建设委员会备案的行为进行了立案调查。经调查，查明以下事实：专用底盘厂房、通用设备制造厂房工程于2004年7月18日开工建设，一分厂厂房、金属结构制造厂房工程于2004年7月8日开工建设，浴室及食堂、锅炉房、变电所工程于2004年12月15日开工建设。该工程建设单位于2005年5月20日组织工程设计、施工、监理单

① 郑州市城市综合执法局行政处罚决定书，市执罚决字（2020）第27101号。

② 北京市住房和城乡建设委员会行政处罚决定书，京建法罚（市）字（2017）第020421－1号。

位对该工程进行竣工验收，竣工验收时，完成了建设工程设计和合同约定的各项内容，有完整的技术档案和施工管理资料，有工程使用的主要建筑材料、建筑构配件和设备的进场试验报告，有施工单位签署的工程保修书，有建设、设计、施工、监理等单位分别签署的质量合格文件即《单位（子单位）工程质量竣工验收记录》。根据该工程竣工验收条件和验收结论，该工程7个单体的竣工验收是合格的。专用底盘厂房、通用设备制造厂房、一分厂厂房、金属结构制造厂房、浴室及食堂、锅炉房、变电所工程后补办了7份《工程质量监督注册登记表》，明确工程质量监督机构为北京市建设工程安全质量监督总站，竣工备案机关为北京市住房和城乡建设委员会；于2009年1月12日补办了建筑工程施工许可证。2018年1月24日，北京市住房和城乡建设委员会工程质量管理处函复北京市建设工程安全质量监督总站《关于对〈咨询某两项工程是否竣工备案〉的复函》，根据此函，在2003～2009年工程质量管理处负责竣工验收备案期间，该工程建设单位北京J公司未将工程竣工报告报北京市住房和城乡建设委员会备案。经认定，北京J公司未在工程竣工验收合格之日起15日内将工程竣工报告报北京市住房和城乡建设委员会备案，故北京市住房和城乡建设委员会依据《建设工程质量管理条例》第五十六条第（八）项和第七十三条，对其处以1万元罚款。

（一）法律规定

《建设工程质量管理条例》第五十六条

违反本条例规定，建设单位有下列行为之一的，责令改正，处20万元以上50万元以下的罚款：

……

（八）未按照国家规定将竣工验收报告、有关认可文件或者准许使用文件报送备案的。

（二）警示意义及应对建议

建设单位应及时办理工程质量监督手续，并在工程竣工验收合格后及时到有关部门对竣工报告进行备案。

典型案例 4-51 ①

张家口市H房地产开发有限公司建设的某住宅小区共计32栋单体建筑，包括1#~27#住宅楼、社区1#~3#楼、幼儿园、商业楼，于2008年9月陆续开工建设，2012年年底工程全部竣工。经建设单位组织竣工验收并全部确定为合格工程，但在工程竣工验收后，建设单位未向建设行政主管部门或者其他有关部门移交建设项目档案，张家口市住房和城乡建设局认为其行为违法，依据《建设工程质量管理条例》第五十九条对其处以罚款。

(一)法律规定

《建设工程质量管理条例》第五十九条

违反本条例规定，建设工程竣工验收后，建设单位未向建设行政主管部门或者其他有关部门移交建设项目档案的，责令改正，处1万元以上10万元以下的罚款。

(二)警示意义及应对建议

建设单位应当严格按照国家有关档案管理的规定，及时收集、整理建设项目各环节的文件资料，建立健全建设项目档案，并在建设工程竣工验收后，及时向建设行政主管部门或者其他有关部门移交建设项目档案。

二十六、本章小结

房地产开发的开工建设阶段涉及的行为主体和行为众多，是行政处罚风险的高发地带。因此，房地产开发企业不仅要遵守相关环境保护、规划许可、招标竞标、安全保障等方面的规定，还要处理好与施工单位、监理单位等的关系，做好监督工作，保证施工设计、工程监理等单位的行为符合行政管理的要求。

具体而言，开发企业应在前期做好环境影响评价的相关工作，依法取得开发项目的规划许可手续后，依据许可要求开展建设，并在发包前做好对承包单位的资质审查工作，确保工程质量符合要求；在开发建设中，建设单位和施工单

① 张家口市住房和城乡建设局行政处罚决定书，张住建罚决(建)字(2017)第001号。

位均不得擅自处置、倾倒建筑垃圾，不得随意排放污水，不得在禁止施工的时间开工建设，要做好建设中的环保配套工作和水土保持工作。建设单位在收到建设工程竣工报告后，应当及时组织设计、施工、工程监理等有关单位进行竣工验收，验收合格后才可交付使用。

第五章

/ CHAPTER 05

房地产项目开发销售、经营阶段

一、风险一览表

房地产开发企业在项目开发销售、经营阶段，主要受《广告法》《反不正当竞争法》《价格法》《税收征收管理法》《城市房地产开发经营管理条例》《商品房销售管理办法》《城市商品房预售管理办法》《商品房屋租赁管理办法》《公共租赁住房管理办法》《发票管理办法》《房地产广告发布规定》《价格违法行为行政处罚规定》等法律法规的规制，违反上述规定可能面临行政法律风险。具体而言，在该阶段，房地产开发企业可能面临的行政违法风险、违法后承担的行政法律责任、有关机关的处罚依据、处罚措施如表5－1所示：

表5－1　房地产企业开发销售、经营阶段风险一览

序号	违法类别	具体违法行为	处罚措施	处罚依据
1	违法预售	违反法律、法规规定，擅自预售商品房	由县级以上人民政府房地产开发主管部门责令停止违法行为，没收违法所得，可以并处已收取的预付款1%以下的罚款	《城市房地产开发经营管理条例》第三十六条
			(1)责令停止违法行为，没收违法所得； (2)收取预付款的，可以并处已收取的预付款1%以下的罚款	《商品房销售管理办法》第三十八条

续表

序号	违法类别	具体违法行为	处罚措施	处罚依据
1	违法预售	开发企业未取得《商品房预售许可证》预售商品房	由县级以上人民政府房地产开发主管部门责令停止违法行为，没收违法所得，可以并处已收取的预付款1%以下的罚款	《城市商品房预售管理办法》第十三条、《城市房地产开发经营管理条例》第三十六条
1	违法预售	开发企业未取得《商品房预售许可证》预售商品房	由主管部门责令停止预售，没收违法所得，可以处以其已预售的商品房价款30%以上50%以下的罚款	《广东省商品房预售管理条例》第三十五条
1	违法预售	开发企业隐瞒有关情况、提供虚假材料，或者采用欺骗、贿赂等不正当手段取得商品房预售许可	由房地产管理部门责令停止预售，撤销商品房预售许可，并处3万元罚款	《行政许可法》第七十九条、《城市商品房预售管理办法》第十五条
1	违法预售	在签订项目转让合同后继续预售商品房	主管部门应当责令其停止预售，补办手续，没收违法所得，可以并处违法所得五倍以下的罚款	《广东省商品房预售管理条例》第三十七条
1	违法预售	预售人和代理人未向预购人明示法定事项，预购人提出请求仍不明示	主管部门应当责令改正，予以警告，可以处以500元以上2000元以下的罚款	《广东省商品房预售管理条例》第三十八条
1	违法预售	预售人违法直接收存商品房预售款	主管部门应当责令其改正，降低或者注销其房地产开发资质，可以处以违法使用款项10%以上20%以下的罚款	《广东省商品房预售管理条例》第四十条

续表

序号	违法类别	具体违法行为	处罚措施	处罚依据
2	违法销售	未取得营业执照,擅自销售商品房	由县级以上人民政府工商行政管理部门依照《城市房地产开发经营管理条例》的规定处罚(责令停止房地产开发经营活动,没收违法所得,可以并处违法所得5倍以下的罚款)	《商品房销售管理办法》第三十六条、《城市房地产开发经营管理条例》第三十三条
		未取得房地产开发企业资质证书,擅自销售商品房	责令停止销售活动,处5万元以上10万元以下的罚款	《商品房销售管理办法》第三十七条
		房地产开发企业将未组织竣工验收、验收不合格或者对不合格按合格验收的商品房擅自交付使用	按照《建设工程质量管理条例》的规定处罚(责令改正,处工程合同价款2%以上4%以下的罚款)	《商品房销售管理办法》第四十条、《建设工程质量管理条例》第五十八条
		在未解除商品房买卖合同前,将作为合同标的物的商品房再行销售给他人	处以警告,责令限期改正,并处2万元以上3万元以下罚款	《商品房销售管理办法》第三十九条
		房地产开发企业未按规定将测绘成果或者需要由其提供的办理房屋权属登记的资料报送房地产行政主管部门	处以警告,责令限期改正,并可处以2万元以上3万元以下罚款	《商品房销售管理办法》第四十一条
		房地产开发企业在销售商品房中: (1)未按照规定的现售条件现售商品房的; (2)未按照规定在商品房现售前将房地产开发项目手册及符合商品房现售条件的有关证明文件报送房地产开发主管部门备案的; (3)返本销售或者变相返本销售商品房的; (4)采取售后包租或者变相售后包租方式销售未竣工商品房的; (5)分割拆零销售商品住宅的;	处以警告,责令限期改正,并可处以1万元以上3万元以下罚款	《商品房销售管理办法》第四十二条

续表

序号	违法类别	具体违法行为	处罚措施	处罚依据
2	违法销售	(6)不符合商品房销售条件,向买受人收取预订款性质费用的; (7)未按照规定向买受人明示《商品房销售管理办法》《商品房买卖合同示范文本》《城市商品房预售管理办法》的; (8)委托没有资格的机构代理销售商品房的		
		企业在商品住宅销售中不按照规定发放《住宅质量保证书》和《住宅使用说明书》	由原资质审批部门予以警告、责令限期改正、降低资质等级,并可处以1万元以上2万元以下的罚款	《房地产开发企业资质管理规定》第二十三条
3	违法出租房屋	(1)未以原设计的房间为最小出租单位,人均租住建筑面积未按照本市规定的最低标准; (2)出租厨房、卫生间、阳台和地下储藏室供人员居住	由直辖市、市、县人民政府建设(房地产)主管部门责令限期改正,逾期不改正的,可处以5000元以上3万元以下罚款	《商品房屋租赁管理办法》第八条、第二十二条
4	备案登记违法	(1)未办理租赁备案登记; (2)未进行变更、延续或注销登记	(1)由直辖市、市、县人民政府建设(房地产)主管部门责令限期改正; (2)个人逾期不改正的,处以1000元以下罚款;单位逾期不改正的,处以1000元以上1万元以下罚款	《商品房屋租赁管理办法》第十四条、第十九条、第二十三条
5	租赁对象违法、未履行维护义务、改变性质用途	公共租赁住房的所有权人及其委托的运营单位: (1)向不符合条件的对象出租公共租赁住房的; (2)未履行公共租赁住房及其配套设施维修养护义务的; (3)改变公共租赁住房的保障性住房性质、用途,以及配套设施的规划用途的	由市、县级人民政府住房保障主管部门责令限期改正,并处以3万元以下罚款	《公共租赁住房管理办法》第三十四条

续表

序号	违法类别	具体违法行为	处罚措施	处罚依据
6	未履行纳税义务	纳税人未按照规定的期限办理纳税申报和报送纳税资料的,或者扣缴义务人未按照规定的期限向税务机关报送代扣代缴、代收代缴税款报告表和有关资料	(1)由税务机关责令限期改正,可以处2000元以下的罚款; (2)情节严重的,可以处2000元以上1万元以下的罚款	《税收征收管理法》第六十二条
		(1)未按照规定的期限申报办理税务登记、变更或者注销登记的; (2)未按照规定设置、保管账簿或者保管记账凭证和有关资料的; (3)未按照规定将财务、会计制度或者财务、会计处理办法和会计核算软件报送税务机关备查的; (4)未按照规定将其全部银行账号向税务机关报告的; (5)未按照规定安装、使用税控装置,或者损毁或者擅自改动税控装置	(1)由税务机关责令限期改正,可以处2000元以下的罚款; (2)情节严重的,处2000元以上1万元以下的罚款	《税收征收管理法》第六十条
		纳税人或扣缴义务人伪造、变造、隐匿、擅自销毁账簿、记账凭证,或者在账簿上多列支出或者不列、少列收入,或者经税务机关通知申报而拒不申报或者进行虚假的纳税申报,不缴或者少缴应纳税款(逃税)	(1)纳税人:由税务机关追缴其不缴或者少缴的税款、滞纳金,并处不缴或者少缴的税款50%以上5倍以下的罚款 (2)扣缴义务人:由税务机关追缴其不缴或者少缴的税款、滞纳金,并处不缴或者少缴的税款50%以上5倍以下的罚款	《税收征收管理法》第六十三条
		纳税人、扣缴义务人编造虚假计税依据	由税务机关责令限期改正,并处5万元以下的罚款	《税收征收管理法》第六十四条
		纳税人不进行纳税申报,不缴或者少缴应纳税款	由税务机关追缴其不缴或者少缴的税款、滞纳金,并处不缴或者少缴的税款50%以上5倍以下的罚款	

续表

序号	违法类别	具体违法行为	处罚措施	处罚依据
7	发票违法	(1)应当开具而未开具发票,或者未按照规定的时限、顺序、栏目,全部联次一次性开具发票,或者未加盖发票专用章; (2)使用税控装置开具发票,未按期向主管税务机关报送开具发票的数据; (3)使用非税控电子器具开具发票,未将非税控电子器具使用的软件程序说明资料报主管税务机关备案,或者未按照规定保存、报送开具发票的数据; (4)拆本使用发票; (5)扩大发票使用范围; (6)以其他凭证代替发票使用; (7)跨规定区域开具发票; (8)未按照规定缴销发票; (9)未按照规定存放和保管发票	(1)由税务机关责令改正,可以处1万元以下的罚款; (2)有违法所得的予以没收	《发票管理办法》第三十五条
		(1)跨规定的使用区域携带、邮寄、运输空白发票,以及携带、邮寄或者运输空白发票出入境; (2)丢失发票或者擅自损毁发票	(1)由税务机关责令改正,可以处1万元以下的罚款; (2)情节严重的,处1万元以上3万元以下的罚款; (3)有违法所得的予以没收	《发票管理办法》第三十六条
8	企业信息公示违法	(1)未按照规定公示年度报告或者未按照登记机关责令的期限公示有关信息; (2)公示信息隐瞒真实情况、弄虚作假	(1)由县级以上人民政府登记机关列入经营异常名录,通过商事主体信用信息公示系统向社会公示,提醒其履行公示义务; (2)情节严重的,由登记机关给予下列处罚:有第1项违法行为的,处5000元以上3万元以下罚款;有第2项违法行为的,由登记机关限期改正,并可以对违法企业处1万元以上3万元以下罚款	《企业信息公示暂行条例》第八条、《广东省商事登记条例》第五十九条

续表

序号	违法类别	具体违法行为	处罚措施	处罚依据
9	违规发布广告	违法违规发布房地产广告	(1)《广告法》及其他法律法规有规定的,依照有关法律法规规定予以处罚。 (2)法律法规没有规定的,对负有责任的广告主、广告经营者、广告发布者,处以违法所得3倍以下但不超过3万元的罚款;没有违法所得的,处以1万元以下的罚款	《房地产广告发布规定》第二十一条
10	广告内容违法	房地产广告,房源信息不真实,宣传的面积未表明为建筑面积或者套内建筑面积,或广告中含有下列内容: (1)升值或者投资回报的承诺; (2)以项目到达某一具体参照物的所需时间表示项目位置; (3)违反国家有关价格管理的规定; (4)对规划或者建设中的交通、商业、文化教育设施以及其他市政条件作误导宣传	(1)由市场监督管理部门责令停止发布广告,责令广告主在相应范围内消除影响,处广告费用1倍以上3倍以下的罚款,广告费用无法计算或者明显偏低的,处10万元以上20万元以下的罚款; (2)情节严重的,处广告费用3倍以上5倍以下的罚款,广告费用无法计算或者明显偏低的,处20万元以上100万元以下的罚款,可以吊销营业执照,并由广告审查机关撤销广告审查批准文件、1年内不受理其广告审查申请	《广告法》第二十六条、第五十八条
11	虚假广告	违反广告法有关规定,发布虚假广告	(1)由市场监督管理部门责令停止发布广告,责令广告主在相应范围内消除影响,处广告费用3倍以上5倍以下的罚款,广告费用无法计算或者明显偏低的,处20万元以上100万元以下的罚款; (2)两年内有3次以上违法行为或者有其他严重情节的,处广告费用5倍以上10倍以下的罚款,广告费用无法计算或者明显偏低的,处100万元以上200万元以下的罚款,可以吊销营业执照,并由广告审查机关撤销广告审查批准文件、1年内不受理其广告审查申请	《广告法》第五十五条

续表

序号	违法类别	具体违法行为	处罚措施	处罚依据
12	实施混淆行为	实施下列混淆行为,引人误认为是他人商品或者与他人存在特定联系: (1)擅自使用与他人有一定影响的商品名称、包装、装潢等相同或者近似的标识; (2)擅自使用他人有一定影响的企业名称(包括简称、字号等)、社会组织名称(包括简称等)、姓名(包括笔名、艺名、译名等); (3)擅自使用他人有一定影响的域名主体部分、网站名称、网页等; (4)其他足以引人误认为是他人商品或者与他人存在特定联系的混淆行为	(1)由监督检查部门责令停止违法行为,没收违法商品。 (2)违法经营额5万元以上的,可以并处违法经营额5倍以下的罚款;没有违法经营额或者违法经营额不足5万元的,可以并处25万元以下的罚款。 (3)情节严重的,吊销营业执照	《反不正当竞争法》第十八条
13	虚假宣传	对商品作虚假或者引人误解的商业宣传,或者通过组织虚假交易等方式帮助其他经营者进行虚假或者引人误解的商业宣传	由监督检查部门责令停止违法行为,处20万元以上100万元以下的罚款;情节严重的,处100万元以上200万元以下的罚款,可以吊销营业执照	《反不正当竞争法》第二十条
14	违法有奖销售	在商品房买卖或宣传中实行有奖销售方式,存在以下情形: (1)所设奖的种类、兑奖条件、奖金金额或者奖品等有奖销售信息不明确,影响兑奖; (2)采用谎称有奖或者故意让内定人员中奖的欺骗方式进行有奖销售; (3)抽奖式的有奖销售,最高奖的金额超过5万元	由监督检查部门责令停止违法行为,处5万元以上50万元以下的罚款	《反不正当竞争法》第十条、第二十二条

续表

序号	违法类别	具体违法行为	处罚措施	处罚依据
15	损害竞争对手商誉	在宣传中编造、传播虚假信息或者误导性信息，损害竞争对手的商业信誉、商品声誉（如误导相关公众本公司楼盘宜居而周边其他楼盘不适宜购买居住）	(1)由监督检查部门责令停止违法行为、消除影响，处10万元以上50万元以下的罚款； (2)情节严重的，处50万元以上300万元以下的罚款	《反不正当竞争法》第二十三条
16	价格违法	企业在经营中有下列不正当价格行为： (1)相互串通，操纵市场价格，损害其他经营者或者消费者的合法权益； (2)在依法降价处理鲜活商品、季节性商品、积压商品等商品外，为了排挤竞争对手或者独占市场，以低于成本的价格倾销，扰乱正常的生产经营秩序，损害国家利益或者其他经营者的合法权益； (3)捏造、散布涨价信息，哄抬价格，推动商品价格过高上涨； (4)利用虚假的或者使人误解的价格手段，诱骗消费者或者其他经营者与其进行交易； (5)提供相同商品或者服务，对具有同等交易条件的其他经营者实行价格歧视； (6)采取抬高等级或者压低等级等手段收购、销售商品或者提供服务，变相提高或者压低价格； (7)违反法律、法规的规定牟取暴利	(1)责令改正，没收违法所得，可以并处违法所得5倍以下的罚款； (2)没有违法所得的，予以警告，可以并处罚款； (3)情节严重的，责令停业整顿，或者由工商行政管理机关吊销营业执照； (4)有关法律对《价格法》第十四条所列行为的处罚及处罚机关另有规定的，可以依照有关法律的规定执行	《价格法》第四十条
17	违反明码标价规定	企业在房屋销售中违反明码标价规定，有下列行为： (1)不标明价格的； (2)不按照规定的内容和方式明码标价的； (3)在标价之外加价出售商品或者收取未标明的费用的； (4)违反明码标价规定的其他行为	责令改正，没收违法所得，可以并处5000元以下的罚款	《价格法》第十三条、第四十二条

在房地产项目开发销售、经营阶段，企业主要进行商品房的预售、销售及投放广告等活动。因此，在此阶段，企业需要遵守预售、销售、广告发布、价格管理、税收征管、竞争秩序维护方面的法律法规。企业若出现上表列出的17类违法行为，将可能承担相应的违法责任。因此，房地产开发企业应该注意对上述风险进行防范，为进一步厘清上述风险，下文将结合有关案例详细说明。

二、违法预售

典型案例 5－1[①]

北京市住房和城乡建设委员会在对位于石景山区五里坨某项目的执法检查中发现，该项目由北京J公司开发建设，未取得商品房预售许可证。北京J公司在该项目商业不符合商品房预售条件的情况下，擅自对外预售该项目S2－D14(商业)房屋，在销售S2－D14(商业)房屋过程中收取预付款并出具收据，总金额1万元。

北京市住房和城乡建设委员会认为，该公司的上述行为违反了《城市房地产开发经营管理条例》第二十二条第(四)项，故依据《城市房地产开发经营管理条例》第三十六条责令其立即停止违法行为，并处以收取预付款1%的罚款，罚款额为100元。

(一)法律规定

《城市房地产开发经营管理条例》第三十六条

违反本条例规定，擅自预售商品房的，由县级以上人民政府房地产开发主管部门责令停止违法行为，没收违法所得，可以并处已收取的预付款1%以下的罚款。

(二)案例分析

该案中，被处罚人在预售前未取得预售许可证并收取了预售款，违反了《城市房地产开发经营管理条例》的相关规定，因此被执法部门查处，责令其停止违

① 北京市住房和城乡建设委员会行政处罚决定书，京建法罚(市)字(2019)第010314号。

法行为并对其处以罚款。

(三)警示意义及应对建议

房地产开发企业在预售前应依法取得商品房预售许可证,在具备法律法规要求的预售条件后再进行预售。

典型案例 5-2 ①

经调查,清远市D公司开发清城区某花园11号楼2018年1月17日办理商品房预售许可证。但2017年12月27日在未取得商品房预售证的情况下销售11号楼1104房屋,并收取购房人袁某定金2万元和首期款23余万元(合计25余万元)购房款,2018年10月17日开发商已将购房款全部退回购房人。清远市住房和城乡建设管理局认为,当事人的上述行为违反了《城市商品房预售管理办法》第六条第二款的规定,违法情节轻微,根据该公司违法行为的事实、性质、情节、社会危害程度和相关证据,按照《广东省住房和城乡建设厅关于住房和城乡建设系统行政处罚自由裁量权的基准(房地产与住房保障类)》中的《城市商品房预售管理办法》D102.13条规定,根据《城市商品房预售管理办法》第十三条、《城市房地产开发经营管理条例》(2011)第三十九条②"违反本条例规定,擅自预售商品房的,由县级以上人民政府房地产开发主管部门责令停止违法行为,没收违法所得,可以并处已收取的预付款1%以下的罚款"的规定,决定对其作出责令停止违法行为,并处500余元罚款。

典型案例 5-3 ③

经调查,清远B公司开发位于清远市清城区某楼盘(总共34层),2018年4月13日办理商品房预售许可证,2018年5月3日清远市住房和城乡建设管理局工作人员巡查发现8座、9座,现场施工层数为13层与办理商品房预售证所提供的办证资料不一致。2018年5月3日执法人员到达现场核实,施工层数为13层。

清远市住房和城乡建设管理局认为,当事人上述行为违法情节严重,违反

---

① 清远市住房和城乡建设管理局清建罚(2018)第189号行政处罚决定书。

② 对应现行《城市房地产开发经营管理条例》第三十六条。

③ 清远市住房和城乡建设管理局清建罚(2018)第39号行政处罚决定书。

了《行政许可法》第六十九条第二款的规定，根据该公司违法行为的事实、性质、情节、社会危害程度和相关证据，按照《广东省住房和城乡建设厅关于住房和城乡建设系统行政处罚自由裁量权的基准（房地产与住房保障类）》D102.15条规定，该公司存在隐瞒有关情况、提供虚假材料等严重违法行为。根据《行政许可法》第七十九条、《城市商品房预售管理办法》第十五条"开发企业隐瞒有关情况、提供虚假材料，或者采用欺骗、贿赂等不正当手段取得商品房预售许可的，由房地产管理部门责令停止预售，撤销商品房预售许可，并处3万元罚款"的规定，决定对其作出如下行政处罚：责令停止预售，撤销商品房预售许可，并处3万元罚款。

（一）法律规定

1.《城市房地产开发经营管理条例》第三十六条

违反本条例规定，擅自预售商品房的，由县级以上人民政府房地产开发主管部门责令停止违法行为，没收违法所得，可以并处已收取的预付款1%以下的罚款。

2.《城市商品房预售管理办法》第十三条

开发企业未取得《商品房预售许可证》预售商品房的，依照《城市房地产开发经营管理条例》第三十九条的规定处罚。

3.《城市商品房预售管理办法》第十五条

开发企业隐瞒有关情况、提供虚假材料，或者采用欺骗、贿赂等不正当手段取得商品房预售许可的，由房地产管理部门责令停止预售，撤销商品房预售许可，并处3万元罚款。

4.《广东省商品房预售管理条例》第三十五条

违反本条例第六条规定预售商品房的，由主管部门责令停止预售，没收违法所得，可以处以其已预售的商品房价款百分之三十以上百分之五十以下的罚款。

（二）警示意义及应对建议

房地产开发企业预售商品房，应当符合下列条件：

1.已交付全部土地使用权出让金，取得土地使用权证书。

2.持有建设工程规划许可证和施工许可证。

3. 按提供的预售商品房计算，投入开发建设的资金达到工程建设总投资的25%以上，并已确定施工进度和竣工交付日期。

4. 已办理预售登记，取得商品房预售许可证明。

（三）问题拓展

1. 预售商品房时预售人应该明示哪些事项？

根据《城市房地产开发经营管理条例》第二十六条第一款规定："房地产开发企业预售商品房时，应当向预购人出示商品房预售许可证明。"根据《商品房销售管理办法》第二十三条规定："房地产开发企业应当在订立商品房买卖合同之前向买受人明示《商品房销售管理办法》和《商品房买卖合同示范文本》；预售商品房的，还必须明示《城市商品房预售管理办法》。"

就广东省而言，根据《广东省商品房预售管理条例》第十七条规定，预售商品房时，预售人应当以书面方式向预购人明示下列事项："（一）预售人的名称、注册地址、联系电话和法定代表人；（二）商品房预售许可证或者其经发证机关确认的复印件；（三）项目开发进度和竣工交付使用时间；（四）项目及其配套设施的平面示意图；（五）商品房的结构类型、户型、装修标准；公共和公用建筑面积的分摊办法；（六）预售商品房的价格和付款办法；（七）商品房预售款的专用账户；（八）物业管理事项；（九）法律、法规规定的其他事项。"

2. 预售人委托中介机构代理销售，需要注意什么？

根据《商品房销售管理办法》第二十五条至第二十八条规定，需要注意：

（1）受托机构应当是依法设立并取得工商营业执照的房地产中介服务机构。

（2）房地产开发企业应当与受托房地产中介服务机构订立书面委托合同，委托合同应当载明委托期限、委托权限以及委托人和被委托人的权利、义务。

（3）受托房地产中介服务机构销售商品房时，应当向买受人出示商品房的有关证明文件和商品房销售委托书。

（4）受托房地产中介服务机构销售商品房时，应当如实向买受人介绍所代理销售商品房的有关情况。

（5）受托房地产中介服务机构不得代理销售不符合销售条件的商品房。

（6）受托房地产中介服务机构在代理销售商品房时不得收取佣金以外的其他费用。

典型案例 5-4 ①

南澳县"D-某国际公寓"楼盘系被执行人深圳市D公司南澳分公司开发建设的房地产项目。2016年年底,该楼盘的多名购房者向申请执行人南澳县住房和城乡建设局提出投诉和信访,反映该楼盘存在违法违规销售等问题。南澳住房和城乡建设局经调查,确认D南澳分公司在开发建设"D-某国际公寓"楼盘过程中,所销售35套房屋(没有备案)的房款没有进入房管部门的监管账户,擅自挪作他用,合计资金人民币1916余万元。南澳住房和城乡建设局认为,D南澳分公司的行为违反《广东省商品房预售管理条例》第三十条的规定,依照《广东省商品房预售管理条例》第四十条作出《行政处罚决定书》,决定对D南澳分公司处违法使用款项17%的罚款,即罚款325余万元人民币,并将《行政处罚决定书》送达D南澳分公司。被执行人D南澳分公司未在法定期限内申请复议或提起行政诉讼,也未自觉履行行政处罚决定书确定的义务。经催告,被执行人D南澳分公司逾期仍未履行。申请执行人南澳住房和城乡建设局遂向法院申请强制执行。法院审理后准予强制执行。

(一)法律规定

《广东省商品房预售管理条例》第四十条

预售人违反本条例第三十条第一款规定使用商品房预售款和违反本条例第三十一条第一款规定直接收存商品房预售款的,主管部门应当责令其改正,降低或者注销其房地产开发资质,可以处以违法使用款项百分之十以上百分之二十以下的罚款。

(二)警示意义及应对建议

1. 预售人在商品房项目所在地的银行设立商品房预售款专用账户内的款项,在项目竣工之前,只能用于购买项目建设必需的建筑材料、设备和支付项目建设的施工进度款及法定税费,不得挪作他用。

2. 预购人应当按合同约定的付款时间,将商品房预售款直接存入商品房预售款专用账户,凭银行出具的存款凭证,向预售人换领交款收据。

---

① 广东省汕头市金平区人民法院行政裁定书,(2018)粤0511行审15号。

三、违法销售

典型案例 5-5①

扬州市高邮工商行政管理部门发现扬州市H公司涉嫌擅自从事房地产开发经营,H公司此行为违反了《城市房地产开发经营管理条例》第七条的规定,经调查查明:当事人未经工商行政管理部门核准登记,领取房地产开发的营业执照情况下,擅自于2009年11月起在高邮市卸甲镇某社区(当事人的经营场所)开发了21间商住楼,框架结构上下三层,每间商住楼面积相等,土地性质为国有工业用地,其中8间商住楼抵工程款。该商住楼于2010年6月、7月竣工并对外销售。当事人为了规避相关部门监管,与购房户并无债务关系却假称欠购房户借款,并签订《以房抵债协议书》代替《商品房销售协议书》,以商住楼永久性转让作为偿还购房户的债务。当事人开发该商住楼成本为315余万元。截至目前,当事人开发的21间商住楼,除8间抵工程款给建筑商外,余下的13间已销售11间,还有两间未销售。当事人已销售11间商住楼中有1间销售的商住楼具体销售金额无法查清,另外10间商住楼销售的金额共计273余万元,违法所得为31余万元。

扬州市高邮工商行政管理部门认为,当事人在未领取房地产开发的营业执照,未获得房地产开发的相关资质,也未将工业用地挂牌转为商业用地的情况下,擅自从事房地产开发经营,并且当事人与购房户并无债务关系却假称欠购房户借款,并签订《以房抵债协议书》,目的是规避相关部门监管,实质是房地产开发,当事人的行为扰乱了房地产开发市场秩序,违反了《城市房地产开发经营管理条例》第七条第一款"设立房地产开发企业,应当向县级以上人民政府工商行政管理部门申请登记"的规定,应当予以处罚。

鉴于当事人在案件查处中积极配合办案人员的工作,如实陈述其违法行为,并积极进行整改。当事人经营状况一般,从扶持企业发展的角度,本着处罚与教育相结合的原则,有关部门决定对当事人给予从轻处罚。故依据《城市房

① 扬州市高邮工商行政管理局行政处罚公告,邮工商案(2015)第00070号。

地产开发经营管理条例》(2011)第三十四条[①]之规定,责令当事人改正,并决定对当事人处以没收违法所得31余万元的处罚。

典型案例 5-6[②]

义乌B开发公司未取得资质证书擅自销售商品房,被义乌市行政执法局查处,义乌市行政执法局依据《商品房销售管理办法》第三十七条的规定,对其处以罚款人民币7万元。

典型案例 5-7[③]

经查,当事人在房地产开发企业资质到期后擅自继续销售位于昆阳镇体育场路的某楼盘的商品房至今。平阳县住房和城乡规划建设局认为,当事人上述行为已经违反了《商品房销售管理办法》第七条的规定,属于未取得房地产开发企业资质证书擅自销售商品房的违法行为,根据《商品房销售管理办法》第三十七条,经研究,决定责令当事人停止销售活动并处5万元的罚款。

(一)法律规定

1.《城市房地产开发经营管理条例》第三十三条

违反本条例规定,未取得营业执照,擅自从事房地产开发经营的,由县级以上人民政府工商行政管理部门责令停止房地产开发经营活动,没收违法所得,可以并处违法所得5倍以下的罚款。

2.《商品房销售管理办法》第三十六条

未取得营业执照,擅自销售商品房的,由县级以上人民政府工商行政管理部门依照《城市房地产开发经营管理条例》的规定处罚。

3.《商品房销售管理办法》第三十七条

未取得房地产开发企业资质证书,擅自销售商品房的,责令停止销售活动,处5万元以上10万元以下的罚款。

---

① 本篇法规被《国务院关于修改和废止部分行政法规的决定》(2018年3月19日发布;2018年3月19日实施)修订,该条对应修订后的第三十三条。

② 义乌市综合行政执法局行政处罚决定书,义执法行罚字(2020)第00544号。

③ 温州市平阳县综合行政执法局行政处罚决定书,温平住决字(2017)第102号。

(二)案例分析

上述案例中,当事人未领取房地产开发的营业执照或未获得房地产开发的相关资质,却擅自从事房地产开发经营,因此受到了处罚。

(三)警示意义及应对建议

房地产开发企业在实际进行项目开发前,应依法取得营业执照和相关资质。

典型案例 5-8 ①

郑州S房地产开发有限公司未组织竣工验收,擅自将商品房交付使用。郑州市城市综合执法局认为,其行为违反了《建设工程质量管理条例》第十六条的规定,故依据《建设工程质量管理条例》第五十八条的规定,对其处以罚款1.8万余元。

典型案例 5-9 ②

法院经审理查明,2018年10月31日,申请执行人市房管局经调查发现,被申请执行人J房地产公司在开发某小区项目时在未解除某小区×栋×单元×号房屋商品房买卖合同前,将作为合同标的物的商品房再行销售给他人的情况,2018年11月1日,申请执行人市房管局决定立案查处。2018年11月2日,申请执行人市房管局分别作出《责令改正通知书》和《行政处罚陈述、申辩(听证)告知书》,并于2019年3月15日送达J房地产公司。2019年3月13日,申请执行人经集体讨论后决定对被申请执行人依法予以行政处罚:"依据《商品房销售管理办法》第三十九条的规定,对长春J房地产开发有限公司处以警告、3万元罚款行政处罚。"2019年3月15日,申请执行人市房管局对被申请执行人J房地产公司进行调查询问。同日,申请执行人市房管局作出《行政处罚决定书》并于送达被申请执行人。

因被申请执行人在法定期限内未申请行政复议,亦未提起行政诉讼,又不

① 郑州市城市综合执法局行政处罚决定书,市执罚决字(2020)第27101号。

② 长春市二道区人民法院行政裁定书,(2019)吉0105行审75号。

缴纳罚款,2019年11月26日,申请人作出《行政决定履行催告书》限被申请执行人10日内履行义务,并于同日送达被申请执行人,但被申请执行人未按规定履行行政处罚决定。2019年12月11日,申请执行人市房管局向法院申请对被申请执行人J房地产公司因未履行该行政处罚决定强制执行。

法院认为,申请执行人市房管局履行立案、调查、告知、处罚、催告等行政程序合法,其作出的《行政处罚决定书》认定事实清楚,适用法律正确,程序合法,符合法律规定,依法应予支持,故依照《行政诉讼法》第九十七条之规定,裁定准予强制执行。

典型案例 5-10①

2017年11月以来,扬州市房地产监察支队分别接到“12345政府服务热线”平台、“寄语市长”平台、“局长信箱”及市民电话投诉,反映M房地产开发有限公司开发建设的某项目交付使用至今未能办理不动产权证。经查,该项目分三期开发,一、二期为小高层,三期为花园式洋房,2015年11月28日至2016年12月30日合计交付691户,由于开发公司未能及时将办理房产权属登记的资料报送房地产主管部门,致使业主至今不能办理不动产权证。

扬州市住房保障和房产管理局认定,依据《商品房销售管理办法》的有关规定,该公司在商品房交付使用之日起60日内未能将办理房屋权属登记的资料报送房地产主管部门,属违规行为。故依据《商品房销售管理办法》第四十一条,对其处以警告、3万元罚款的行政处罚。

(一)法律规定

1.《建设工程质量管理条例》第五十八条

违反本条例规定,建设单位有下列行为之一的,责令改正,处工程合同价款2%以上4%以下的罚款;造成损失的,依法承担赔偿责任:

(一)未组织竣工验收,擅自交付使用的;

(二)验收不合格,擅自交付使用的;

(三)对不合格的建设工程按照合格工程验收的。

① 扬州市住房保障和房产管理局行政处罚决定书,扬住房罚字(2018)第2号。

2.《商品房销售管理办法》第四十条

房地产开发企业将未组织竣工验收、验收不合格或者对不合格按合格验收的商品房擅自交付使用的，按照《建设工程质量管理条例》的规定处罚。

3.《商品房销售管理办法》第四十一条

房地产开发企业未按规定将测绘成果或者需要由其提供的办理房屋权属登记的资料报送房地产行政主管部门的，处以警告，责令限期改正，并可处以2万元以上3万元以下罚款。

（二）警示意义及应对建议

1. 商品房现售，应当符合以下条件：（1）现售商品房的房地产开发企业应当具有企业法人营业执照和房地产开发企业资质证书；（2）取得土地使用权证书或者使用土地的批准文件；（3）持有建设工程规划许可证和施工许可证；（4）已通过竣工验收；（5）拆迁安置已经落实；（6）供水、供电、供热、燃气、通讯等配套基础设施具备交付使用条件，其他配套基础设施和公共设施具备交付使用条件或者已确定施工进度和交付日期；（7）物业管理方案已经落实。

2. 房地产开发企业不得在未解除商品房买卖合同前，将作为合同标的物的商品房再行销售给他人。

3. 房地产开发企业应当在商品房交付使用前按项目委托具有房产测绘资格的单位实施测绘，测绘成果报房地产行政主管部门审核后用于房屋权属登记。

典型案例 5－11①

2019年8月7日，北京市住房和城乡建设委员会在对北京Y公司开发销售的某项目内别墅、公寓及配套设施项目销售现场进行检查时，发现该项目销售现场未按照规定公示《商品房买卖合同示范文本》。经进一步检查，北京Y公司于2019年7月7日与购房人李某签订了《北京市商品房预售合同》，在订立商品房买卖合同之前未按照规定向买受人明示《商品房买卖合同示范文本》。北京市住房和城乡建设委员会认为，该公司上述行为违反了《商品房销售管理办法》第二十三条，故依据《商品房销售管理办法》第四十二条第（七）项，责令

① 北京市住房和城乡建设委员会行政处罚决定书，京建法罚（市）字（2019）第010373号。

其限制改正,对其处以警告和2万元罚款的行政处罚。

典型案例 5-12 ①

山东Y置业有限公司不符合商品房销售条件,向买受人收取预订款性质费用。潍坊市住房和城乡建设局认为,其行为违反了《商品房销售管理办法》第四十二条,故依据《商品房销售管理办法》第四十二条,对其处以警告,责令限期改正,并处1万元的罚款。

典型案例 5-13 ②

2018年8月15日,市房地产综合执法办公室接群众投诉,南京L置业有限公司,在湖南路商业街C地块开发建设的负二层商铺,未领取商品房预售许可证向购房人预售B2148商铺并收取定制款。

南京市住房保障和房产局认为,南京L置业有限公司不符合商品房销售条件向买受人收取预订款性质费用,属于违法行为,故根据《商品房销售管理办法》第四十二条"房地产开发企业在销售商品房中有下列行为之一的,处以警告,责令限期改正,并可处以1万元以上3万元以下的罚款:……(六)不符合商品房销售条件,向买受人收取预订款性质费用的",对当事人处以警告,责令改正并处2余万元罚款。

(一)法律规定

《商品房销售管理办法》第四十二条

房地产开发企业在销售商品房中有下列行为之一的,处以警告,责令限期改正,并可处以1万元以上3万元以下罚款:

(一)未按照规定的现售条件现售商品房的;

(二)未按照规定在商品房现售前将房地产开发项目手册及符合商品房现售条件的有关证明文件报送房地产开发主管部门备案的;

(三)返本销售或者变相返本销售商品房的;

(四)采取售后包租或者变相售后包租方式销售未竣工商品房的;

---

① 潍坊市住房和城乡建设局行政处罚决定书,罚字第(2018)第121117525号。

② 南京市住房保障和房产局行政处罚决定书,宁房执法罚(2018)第0146号。

(五)分割拆零销售商品住宅的;

(六)不符合商品房销售条件,向买受人收取预订款性质费用的;

(七)未按照规定向买受人明示《商品房销售管理办法》《商品房买卖合同示范文本》《城市商品房预售管理办法》的;

(八)委托没有资格的机构代理销售商品房的。

(二)警示意义及应对建议

1. 房地产开发企业应按照法律规定的商品房现售条件现售商品房。

2. 房地产开发企业应当在商品房现售前将房地产开发项目手册及符合商品房现售条件的有关证明文件报送房地产开发主管部门备案。

3. 房地产开发企业不得采取返本销售或者变相返本销售的方式销售商品房。

4. 房地产开发企业不得采取售后包租或者变相售后包租的方式销售未竣工商品房。

5. 商品住宅按套销售,不得分割拆零销售。

6. 不符合商品房销售条件的,房地产开发企业不得销售商品房,不得向买受人收取任何预订款性质费用。

7. 房地产开发企业应依法依规向买受人出示有关文件。

8. 房地产开发企业委托中介服务机构销售商品房的,受托机构应当是依法设立并取得工商营业执照的房地产中介服务机构。

四、违法出租房屋

典型案例 5-14[①]

北京Z资产管理有限公司未以原设计的房间为最小出租单位,人均租住建筑面积未按照本市规定的最低标准,出租厨房、卫生间、阳台和地下储藏室供人员居住,北京市海淀区房屋管理局认为,该公司行为构成违法出租,依据《商品房屋租赁管理办法》第二十二条、《北京市房屋租赁管理若干规定》第三十六条

① 北京市海淀区房屋管理局行政处罚决定书,京建法罚(海房)字(2019)第760351号。

第(二)项规定,对出租人处以1.5万元以上3万元以下的罚款;对从事房屋租赁经纪业务的房地产经纪机构及其经纪人员房地产经纪机构及其经纪人员处以7万元以上10万元以下的罚款。

(一)法律规定

1.《商品房屋租赁管理办法》第八条

出租住房的,应当以原设计的房间为最小出租单位,人均租住建筑面积不得低于当地人民政府规定的最低标准。

厨房、卫生间、阳台和地下储藏室不得出租供人员居住。

2.《商品房屋租赁管理办法》第二十二条

违反本办法第八条规定的,由直辖市、市、县人民政府建设(房地产)主管部门责令限期改正,逾期不改正的,可处以5000元以上3万元以下罚款。

(二)警示意义及应对建议

1. 出租住房的,应当以原设计的房间为最小出租单位,人均租住建筑面积不得低于当地人民政府规定的最低标准。

2. 厨房、卫生间、阳台和地下储藏室不得出租供人员居住。

五、备案登记违法

典型案例 5-15[①]

2012年8月15日,新乡市房管局执法人员在检查中发现,K公司存在租赁关系,但未办理登记手续,房管局向K公司下达责令改正通知书、行政处罚听证告知书,告知其有陈述和申辩的权利。2012年9月27日,新乡市房管局向K公司下达了行政处罚决定书,K公司在这期间仍未履行,新乡市房管局又下达了催告通知书。

一审法院认为,新乡市房管局作为本市租赁房屋管理部门,有权对本市未办理租赁房屋登记手续的单位进行查处及处罚。本案中,新乡市房管局依据

---

① 河南省新乡市中级人民法院行政判决书,(2013)新中行终字第47号。

《城市房地产管理法》《商品房屋租赁管理办法》对K公司下达了《限期改正行为通知书》《行政处罚事先告知书》《行政处罚听证告知书》及《行政处罚决定书》程序合法。K公司称,未接到行政处罚决定的理由不能成立,不予支持。故新乡市房管局作出的行政处罚决定书证据确凿、适用法律、法规正确,符合法定程序,应予维持。依据《行政诉讼法》(1989)第五十四条第一款第(一)项①之规定,判决维持新乡市房产管理局作出的行政处罚决定书。K公司不服一审判决,提起上诉,二审法院维持原判。

(一)法律规定

1.《商品房屋租赁管理办法》第十四条

房屋租赁合同订立后30日内,房屋租赁当事人应当到租赁房屋所在地直辖市、市、县人民政府建设(房地产)主管部门办理房屋租赁登记备案。

房屋租赁当事人可以书面委托他人办理房屋租赁登记备案。

2.《商品房屋租赁管理办法》第十九条

房屋租赁登记备案内容发生变化、续租或者租赁终止的,当事人应当在30日内,到原租赁登记备案的部门办理房屋租赁登记备案的变更、延续或者注销手续。

3.《商品房屋租赁管理办法》第二十三条

违反本办法第十四条第一款、第十九条规定的,由直辖市、市、县人民政府建设(房地产)主管部门责令限期改正;个人逾期不改正的,处以1000元以下罚款;单位逾期不改正的,处以1000元以上1万元以下罚款。

(二)警示意义及应对建议

房屋租赁合同订立后30日内,房屋租赁当事人应当到租赁房屋所在地直辖市、市、县人民政府建设(房地产)主管部门办理房屋租赁登记备案。

---

① 对应《行政诉讼法》(2017)第六十九条。

六、租赁对象违法、未履行维护义务、改变性质用途

(一)法律规定

《公共租赁住房管理办法》第三十四条

公共租赁住房的所有权人及其委托的运营单位违反本办法,有下列行为之一的,由市、县级人民政府住房保障主管部门责令限期改正,并处以3万元以下罚款:

(一)向不符合条件的对象出租公共租赁住房的;

(二)未履行公共租赁住房及其配套设施维修养护义务的;

(三)改变公共租赁住房的保障性住房性质、用途,以及配套设施的规划用途的。

公共租赁住房的所有权人为行政机关的,按照本办法第三十三条处理。

(二)警示意义及应对建议

1. 出租公共租赁住房应确保承租对象符合法律规定的条件。

2. 公共租赁住房的所有权人及其委托的运营单位应当负责公共租赁住房及其配套设施的维修养护,确保公共租赁住房的正常使用。

3. 公共租赁住房的所有权人及其委托的运营单位不得改变公共租赁住房的保障性住房性质、用途及其配套设施的规划用途。

(三)问题拓展

申请公共租赁住房需要符合哪些条件?

根据《公共租赁住房管理办法》第七条规定,申请公共租赁住房,应当符合以下条件:(1)在本地无住房或者住房面积低于规定标准;(2)收入、财产低于规定标准;(3)申请人为外来务工人员的,在本地稳定就业达到规定年限。具体条件由直辖市和市、县级人民政府住房保障主管部门根据本地区实际情况确定,报本级人民政府批准后实施并向社会公布。

七、未履行纳税义务

典型案例 5-16 [①]

佛山市G房地产开发有限公司未按照规定期限办理税款所属期为2016年1月至2017年12月的纳税申报和报送纳税资料，逾期501天。国家税务总局佛山市南海区税务局依据《税收征收管理法》第六十二条、《广东省税务系统规范税务行政处罚裁量权实施办法》的规定，对其作出罚款2000元的处罚决定。

（一）法律规定

《税收征收管理法》第六十二条

纳税人未按照规定的期限办理纳税申报和报送纳税资料的，或者扣缴义务人未按照规定的期限向税务机关报送代扣代缴、代收代缴税款报告表和有关资料的，由税务机关责令限期改正，可以处二千元以下的罚款；情节严重的，可以处二千元以上一万元以下的罚款。

（二）警示意义及应对建议

房地产开发企业应及时依法办理纳税申报和报送有关纳税材料。

典型案例 5-17 [②]

梅州市梅县区H房地产开发有限公司不进行纳税申报，不缴或者少缴应纳税款，在账簿上不列或少列收入及未按照规定设置和保管账簿或保管记账凭证和有关资料。梅州市梅县区国家税务局根据《税收征收管理法》第六十条第一款第（二）项，未按照规定设置、保管账簿或者保管记账凭证和有关资料的规定和《税收征收管理法》第六十三条第一款的规定，对其处以罚款近5000元。

① 国家税务总局佛山市南海区税务局行政处罚决定书，南海税罚（2018）第36号。
② 参见梅州市梅县区国家税务局行政处罚决定书，梅县国税稽罚（2017）第9号。

典型案例 5－18[①]

中山市H房地产开发有限公司未按照规定设置和保管账簿或保管记账凭证和有关资料，国家税务总局中山市税务局依据《税收征收管理法》第六十条第一款第（二）项的规定，对其处以5000元罚款。

（一）法律规定

《税收征收管理法》第六十条

纳税人有下列行为之一的，由税务机关责令限期改正，可以处二千元以下的罚款；情节严重的，处二千元以上一万元以下的罚款：

（一）未按照规定的期限申报办理税务登记、变更或者注销登记的；

（二）未按照规定设置、保管账簿或者保管记账凭证和有关资料的；

（三）未按照规定将财务、会计制度或者财务、会计处理办法和会计核算软件报送税务机关备查的；

（四）未按照规定将其全部银行账号向税务机关报告的；

（五）未按照规定安装、使用税控装置，或者损毁或者擅自改动税控装置的。

纳税人不办理税务登记的，由税务机关责令限期改正；逾期不改正的，经税务机关提请，由工商行政管理机关吊销其营业执照。

纳税人未按照规定使用税务登记证件，或者转借、涂改、损毁、买卖、伪造税务登记证件的，处二千元以上一万元以下的罚款；情节严重的，处一万元以上五万元以下的罚款。

（二）警示意义及应对建议

1. 依法依规履行纳税手续、报告手续。

2. 严格按照国务院财政、税务主管部门规定的保管期限保管账簿、记账凭证、完税凭证及其他有关资料。

3. 纳税人应当按照规定安装、使用税控装置，不得损毁或者擅自改动税控装置。

---

① 参见国家税务总局中山市税务局行政处罚决定书，中山税罚（2018）第345号。

典型案例 5-19 ①

中山市R房地产开发有限公司进行虚假纳税申报;未按照规定设置、保管账簿或者保管记账凭证和有关资料,经税务机关责令限期改正,但R公司30日内仍未改正;国家税务总局中山市税务局稽查局依据《税收征收管理法》第六十三条第一款、《税收征收管理法》第六十条第一款第(二)项的规定,对该公司少缴的契税处以0.5倍罚款,即1000余元;对该公司未按照规定设置、保管账簿或者保管记账凭证和有关资料,经税务机关责令限期改正30日内仍未改正的行为处以2000元的罚款。

(一)法律规定

《税收征收管理法》第六十三条

纳税人伪造、变造、隐匿、擅自销毁账簿、记账凭证,或者在账簿上多列支出或者不列、少列收入,或者经税务机关通知申报而拒不申报或者进行虚假的纳税申报,不缴或者少缴应纳税款的,是偷税。对纳税人偷税的,由税务机关追缴其不缴或者少缴的税款、滞纳金,并处不缴或者少缴的税款百分之五十以上五倍以下的罚款;构成犯罪的,依法追究刑事责任。

扣缴义务人采取前款所列手段,不缴或者少缴已扣、已收税款,由税务机关追缴其不缴或者少缴的税款、滞纳金,并处不缴或者少缴的税款百分之五十以上五倍以下的罚款;构成犯罪的,依法追究刑事责任。

(二)警示意义及应对建议

企业不得对账簿、记账凭证、完税凭证及其他有关资料进行伪造、变造或者擅自损毁。

典型案例 5-20 ②

珠海市J房地产开发有限公司涉嫌编造虚假计税依据,国家税务总局珠海市横琴新区税务局依据《税收征收管理法》第六十四条第一款,对其处以罚款5万元。

---

① 参见国家税务总局中山市税务局行政处罚决定书,稽查局中山税稽罚(2018)第20021号。

② 国家税务总局珠海市横琴新区税务局行政处罚决定书,珠横税罚(2018)第8号。

(一)法律规定

《税收征收管理法》第六十四条

纳税人、扣缴义务人编造虚假计税依据的,由税务机关责令限期改正,并处5万元以下的罚款。

纳税人不进行纳税申报,不缴或者少缴应纳税款的,由税务机关追缴其不缴或者少缴的税款、滞纳金,并处不缴或者少缴的税款百分之五十以上五倍以下的罚款。

(二)警示意义及应对建议

房地产开发企业应依法进行纳税申报和缴纳税款,不得故意隐匿、销毁记账凭证,不得编造虚假的计税依据。

八、发票违法

典型案例 5-21 ①

广州L装饰设计有限公司与桃源县J房地产开发有限公司签订装饰工程设计合同,L公司收到对方支付的设计费两笔(分别是2014年1月的8万元和2015年9月的12万元)后一直拒不提供发票。国家税务总局广州市海珠区税务局依据《发票管理办法》第三十五条第(一)项之规定,对其处以罚款5000元。

典型案例 5-22 ②

郁南县G房地产开发有限公司以其他凭证代替发票使用的行为被国家税务总局云浮市税务局稽查局查处,稽查局依据《发票管理办法》第二十一条、第三十五条第(六)项和《广东省税务系统规范税务行政处罚裁量权实施办法》第六条的规定,对其违法发票管理法规的行为处以罚款1000元。

---

① 广州市生态环境局行政处罚决定书,穗海税罚(2019)第150014号。

② 国家税务总局云浮市税务局稽查局行政处罚决定书,云税稽罚(2018)第5号。

典型案例 5-23[①]

中山市S房地产开发有限公司丢失发票，国家税务总局中山市税务局依据《发票管理办法》第三十六条第二款，对其处以罚款1万元。

(一)法律规定

1.《发票管理办法》第三十五条

违反本办法的规定，有下列情形之一的，由税务机关责令改正，可以处1万元以下的罚款；有违法所得的予以没收：

(一)应当开具而未开具发票，或者未按照规定的时限、顺序、栏目，全部联次一次性开具发票，或者未加盖发票专用章的；

(二)使用税控装置开具发票，未按期向主管税务机关报送开具发票的数据的；

(三)使用非税控电子器具开具发票，未将非税控电子器具使用的软件程序说明资料报主管税务机关备案，或者未按照规定保存、报送开具发票的数据的；

(四)拆本使用发票的；

(五)扩大发票使用范围的；

(六)以其他凭证代替发票使用的；

(七)跨规定区域开具发票的；

(八)未按照规定缴销发票的；

(九)未按照规定存放和保管发票的。

2.《发票管理办法》第三十六条

跨规定的使用区域携带、邮寄、运输空白发票，以及携带、邮寄或者运输空白发票出入境的，由税务机关责令改正，可以处1万元以下的罚款；情节严重的，处1万元以上3万元以下的罚款；有违法所得的予以没收。

丢失发票或者擅自损毁发票的，依照前款规定处罚。

(二)警示意义及应对建议

房地产开发企业应严格按照法律法规的规定使用和开具发票，并按有关规

① 国家税务总局中山市税务局行政处罚决定书，中山税罚(2018)第41号。

定的要求妥善存放和保管发票。

九、企业信息公示违法

典型案例 5－24①

潮州市Z房地产开发有限公司未按《企业信息公示暂行条例》第八条、《广东省商事登记条例》第五十二条的规定在法定期限内报送并公示2016年度报告。原潮州市工商行政管理局查处后，依据《广东省商事登记条例》第五十九条的规定，对其处以罚款1万元。

（一）法律规定

1.《企业信息公示暂行条例》第八条

企业应当于每年1月1日至6月30日，通过企业信用信息公示系统向工商行政管理部门报送上一年度年度报告，并向社会公示。

当年设立登记的企业，自下一年起报送并公示年度报告。

2.《广东省商事登记条例》第五十九条

商事主体有下列情形之一的，由县级以上人民政府登记机关列入经营异常名录，通过商事主体信用信息公示系统向社会公示，提醒其履行公示义务；情节严重的，由登记机关给予下列处罚：

（一）未按照规定公示年度报告或者未按照登记机关责令的期限公示有关信息的，处五千元以上三万元以下罚款。个体工商户未按照国家有关规定报送年度报告的，由登记机关责令改正；拒不改正的，处一百元以上一千元以下罚款。

（二）公示信息隐瞒真实情况、弄虚作假的，由登记机关限期改正，并可以对违法企业处一万元以上三万元以下罚款，对违法个体工商户处五百元以上五千元以下罚款。

（二）警示意义及应对建议

商事主体应当按照国家规定的期限及时通过商事主体信用信息公示系统

① 潮州市工商行政管理局行政处罚决定书，潮工商处字（2018）第12号。

向登记机关报送年度报告及其他相关信息,并向社会公示。

十、违规发布广告

典型案例 5-25 ①

2019年9月12日至25日,当事人L文化传播有限公司为北京Z置业有限公司在地铁9号线丰台科技园站、地铁9号线郭公庄站、地铁9号线科怡路站出站口处投放北京Z盛兴置业有限公司开发的N项目的房地产广告10块。上述房地产广告的内容为"四环更好的选择×××;距地铁500米|成熟配套|公园环抱;约60~137平方米精装住宅;开发商|Z置业集团有限公司/北京Z盛兴置业有限公司"等,上述房地产广告未载明预售或者销售许可证书号。截至2019年9月18日,北京Z盛兴置业有限公司开发的N项目未取得预售许可证。当事人与北京Z盛兴置业有限公司未签订合同。

北京市丰台区市场监督管理局认为,当事人在地铁9号线丰台科技园站、地铁9号线郭公庄站、地铁9号线科怡路站出站口处发布未取得项目预售许可证的房地产预售广告的行为违反《房地产广告发布规定》第五条第(四)项的规定,依据《房地产广告发布规定》第二十一条的规定,作出罚款1万元的行政处罚。当事人的上述行为违反《房地产广告发布规定》第七条第一款第(三)项的规定,依据《行政处罚法》(2017)第二十四条②的规定,不再给予罚款的行政处罚。综上,对当事人作出罚款1万元的行政处罚。

典型案例 5-26 ③

上海J房地产经纪有限公司发布虚假广告,上海市青浦区市场监督管理局认为,该行为违反《广告法》第二十八条第二款第(二)项规定,故上海市青浦区市场监督管理局对其处以罚款14万元。

---

① 北京市丰台区市场监督管理局行政处罚决定书,京丰市监工罚(2020)第85号。

② 对应《行政处罚法》(2021)第二十九条。

③ 参见上海市青浦区市场监督管理局行政处罚决定书,沪市监青处(2019)第292019001930号。

(一)法律规定

1.《广告法》第二十八条

广告以虚假或者引人误解的内容欺骗、误导消费者的,构成虚假广告。

广告有下列情形之一的,为虚假广告:

(一)商品或者服务不存在的;

(二)商品的性能、功能、产地、用途、质量、规格、成分、价格、生产者、有效期限、销售状况、曾获荣誉等信息,或者服务的内容、提供者、形式、质量、价格、销售状况、曾获荣誉等信息,以及与商品或者服务有关的允诺等信息与实际情况不符,对购买行为有实质性影响的;

(三)使用虚构、伪造或者无法验证的科研成果、统计资料、调查结果、文摘、引用语等信息作证明材料的;

(四)虚构使用商品或者接受服务的效果的;

(五)以虚假或者引人误解的内容欺骗、误导消费者的其他情形。

2.《房地产广告发布规定》第二十一条

违反本规定发布广告,《广告法》及其他法律法规有规定的,依照有关法律法规规定予以处罚。法律法规没有规定的,对负有责任的广告主、广告经营者、广告发布者,处以违法所得三倍以下但不超过三万元的罚款;没有违法所得的,处以一万元以下的罚款。

(二)警示意义及应对建议

房地产开发企业应了解《广告法》《城市房地产管理法》《土地管理法》《房地产广告发布规定》中关于房地产广告发布的规定,在公司内建立规范的广告审核机制,确保发布的广告合规,不得发布虚假广告。

十一、广告内容违法

典型案例 5-27①

上海C房地产经纪有限公司为宣传某房地产项目,由员工张某制作并在该

① 上海市奉贤区市场监督管理局行政处罚决定书,沪市监奉处(2020)第262019017456号。

网站上发布某房地产项目的广告。在网页中宣传“海宁交通便利,约一小时车程可到达上海虹桥国际机场、上海浦东国际机场、杭州萧山机场,在高铁方面,每日开往杭州、上海的班次高达40多趟,整个海宁被沪昆高速、常台高速、杭浦高速、沪杭高速环城而绕”“医院配套:丁桥卫生院,距海宁市人民医院开车15分钟”等内容。

上海市奉贤区市场监督管理局认为,当事人的上述房地产广告行为违反了《广告法》第二十六条“房地产广告,房源信息应当真实,面积应当表明为建筑面积或者套内建筑面积,并不得含有下列内容:……(二)以项目到达某一具体参照物的所需时间表示项目位置”的规定,构成了发布违法房地产广告的行为。因此,依据《广告法》第五十八条第一款第(八)项的规定,责令当事人停止发布广告,消除影响,并给予罚款人民币2万元整。

(一)法律规定

1.《广告法》第二十六条

房地产广告,房源信息应当真实,面积应当表明为建筑面积或者套内建筑面积,并不得含有下列内容:

(一)升值或者投资回报的承诺;

(二)以项目到达某一具体参照物的所需时间表示项目位置;

(三)违反国家有关价格管理的规定;

(四)对规划或者建设中的交通、商业、文化教育设施以及其他市政条件做误导宣传。

2.《广告法》第五十八条

有下列行为之一的,由市场监督管理部门责令停止发布广告,责令广告主在相应范围内消除影响,处广告费用一倍以上三倍以下的罚款,广告费用无法计算或者明显偏低的,处十万元以上二十万元以下的罚款;情节严重的,处广告费用三倍以上五倍以下的罚款,广告费用无法计算或者明显偏低的,处二十万元以上一百万元以下的罚款,可以吊销营业执照,并由广告审查机关撤销广告审查批准文件、一年内不受理其广告审查申请:

……

(八)违反本法第二十六条规定发布房地产广告的;

……

(二)案例分析

该案中,房地产开发企业的宣传广告中含有“约一小时车程可到达××”“距××开车15分钟”等措辞的,属于以项目到达某一具体参照物所需时间表示项目位置,构成违法,故受到了有关部门的行政处罚。

(三)警示意义及应对建议

房地产开发企业应加强对广告的审核,广告中不得以项目到达某一具体参照物所需时间表示项目位置,不得违反国家有关价格管理的规定。

十二、虚假广告

典型案例 5-28①

上海L房地产开发有限公司于2018年12月起,在崇明区陈家镇中滨路揽海路路口对外发放广告宣传单页,广告宣传单页上发布有“生态规划钱景旺!坐岛升值!天赋东滩岛上塔尖,诚邀世界估价”“娱乐中心海立方”广告内容。当事人发布的上述广告内容含有房地产升值或投资回报内容,同时,根据上海市崇明区规划和自然资源局的复函,在《崇明区陈家镇总体规划暨土地利用总体规划(2017—2035)》中,陈家镇现有规划中无“娱乐中心海立方”相关内容。

上海市崇明区市场监督管理局认为,当事人发布“生态规划钱景旺!坐岛升值!天赋东滩岛上塔尖,诚邀世界估价”内容广告的行为,构成了发布房地产广告含升值或者投资回报的承诺行为,属于虚假广告。因此,对两行为各罚款5万元整,合并处罚共10万元整。

(一)法律规定

《广告法》第五十五条

违反本法规定,发布虚假广告的,由市场监督管理部门责令停止发布广告,责令广告主在相应范围内消除影响,处广告费用三倍以上五倍以下的罚款,广

① 上海市崇明区市场监督管理局行政处罚决定书,沪市监崇处(2019)第302019000888号。

告费用无法计算或者明显偏低的，处二十万元以上一百万元以下的罚款；两年内有三次以上违法行为或者有其他严重情节的，处广告费用五倍以上十倍以下的罚款，广告费用无法计算或者明显偏低的，处一百万元以上二百万元以下的罚款，可以吊销营业执照，并由广告审查机关撤销广告审查批准文件、一年内不受理其广告审查申请。

医疗机构有前款规定违法行为，情节严重的，除由市场监督管理部门依照本法处罚外，卫生行政部门可以吊销诊疗科目或者吊销医疗机构执业许可证。

广告经营者、广告发布者明知或者应知广告虚假仍设计、制作、代理、发布的，由市场监督管理部门没收广告费用，并处广告费用三倍以上五倍以下的罚款，广告费用无法计算或者明显偏低的，处二十万元以上一百万元以下的罚款；两年内有三次以上违法行为或者有其他严重情节的，处广告费用五倍以上十倍以下的罚款，广告费用无法计算或者明显偏低的，处一百万元以上二百万元以下的罚款，并可以由有关部门暂停广告发布业务、吊销营业执照、吊销广告发布登记证件。

广告主、广告经营者、广告发布者有本条第一款、第三款规定行为，构成犯罪的，依法追究刑事责任。

（二）案例分析

该案中，房地产开发企业的广告中含有“升值”的措辞，且对周边设施的宣传不符合政府部门的土地利用规划，因此被认定为广告内容违法、含有虚假宣传内容，受到了有关部门的处罚。

（三）警示意义及应对建议

房地产广告必须真实、合法、科学、准确，不得欺骗、误导消费者。房地产开发企业在发布广告中应审慎斟酌广告用词，应避免发布的广告中含有允诺升值或投资回报的措辞，在对周边设施进行宣传时，把握好正常夸大宣传与虚假宣传的界限，应提前了解政府部门的土地利用规划，确保宣传内容真实，避免被认定为具有误导性。房地产广告中涉及交通、商业、文化教育设施及其他市政条件等，如在规划或建设中，应当在广告中注明。

十三、实施混淆行为

典型案例 5-29 ①

2019年7月2日至16日，当事人北京H网络科技有限公司在其网站网页中发布大量销售、出租房屋等房源信息，在网页中写有“海量房源，全网最低，品质服务”等内容。经核实，当事人未开发房产，也不提供房产经纪服务，当事人宣传上述内容是为了信息推广，测试网页的浏览度和访客量。上述宣传内容是从其他网站直接复制的，无任何依据，由当事人自行制作并发布。另查，当事人在制作网站和发布网页内容时，擅自使用其他公司的域名主体部分和网页内容。

北京市大兴区市场监督管理局认为，当事人的上述行为违反了《反不正当竞争法》第六条第(二)项的规定，依据《反不正当竞争法》第十八条第一款的规定，责令当事人停止违法行为，并决定对当事人处以罚款2.5万元。

(一)法律规定

《反不正当竞争法》第十八条

经营者违反本法第六条规定实施混淆行为的，由监督检查部门责令停止违法行为，没收违法商品。违法经营额五万元以上的，可以并处违法经营额五倍以下的罚款；没有违法经营额或者违法经营额不足五万元的，可以并处二十五万元以下的罚款。情节严重的，吊销营业执照。

经营者登记的企业名称违反本法第六条规定的，应当及时办理名称变更登记；名称变更前，由原企业登记机关以统一社会信用代码代替其名称。

(二)警示意义及应对建议

房地产企业在广告宣传中应注意：

1. 不得擅自使用与他人有一定影响的商品名称、包装、装潢等相同或者近似的标识；

---

① 北京市大兴区市场监督管理局行政处罚决定书，京兴市监工罚(2019)第1987号。

2. 不得擅自使用他人有一定影响的企业名称(包括简称、字号等)、社会组织名称(包括简称等)、姓名(包括笔名、艺名、译名等);

3. 不得擅自使用他人有一定影响的域名主体部分、网站名称、网页等;

4. 不得利用其他项目的形象、环境作为本项目的效果。使用建筑设计效果图或者模型照片的,应当在广告中注明。

十四、虚假宣传

典型案例 5-30 ①

桐乡X房地产开发有限公司为了销售商品房,在桐乡市梧桐街道复兴北路×号建设了招商Y城市展厅,在桐乡某售楼处建设了招商Y A1户型的样板间,并在建设完毕后供客户参观,同时委托桐乡市T广告有限公司将印制的户型装修示意图折页送至当事人招商Y城市展厅,进行散发和对外宣传。目前对外销售的高层商品房屋分别为A1、A2户型。在对外展示的A1户型商品房屋的样板房及户型装修示意图折页中,对原规划的北面次卧的设备平台进行了改建,向外进行拓展,扩大使用面积3.1平方米;对南面主卧原规划的飘窗也进行了改建,扩大使用面积2.16平方米。在对外展示的A2户型装修示意图折页中,对原规划的北面次卧的设备平台进行了改建,向外进行拓展,扩大使用面积3.2平方米;对南面主卧和次卧原规划的2个飘窗也进行了向外拓展,扩大使用面积4.3平方米。在A1户型样板房中原设备平台隔墙位置用一条黑色的警示线代替,标注"交付时为墙体"的文字;在原规划飘窗位置也是用一条黑色的警示线代替,标注"此处为业主自拓面积"的文字,在样板房主卧窗台位置标注"此处为非交付标准",在A1和A2户型装修示意图上分别用红色虚线标注上述面积并配有文字"业主自拓面积"。当事人将原经规划许可的设备平台和飘窗进行了拓展改建,增加了房屋的使用面积,且当事人招商Y展厅内未发现任何提醒客户改建可能带来法律风险的用语。

桐乡市市场监督管理局认为,该企业上述行为属于对商品性能、功能做引人误解的商业宣传,误导消费者的行为,故根据《反不正当竞争法》第二十条第

① 桐乡市市场监督管理局行政处罚决定书,桐市监处字(2019)第498号。

一款之规定,决定对当事人处罚如下:(1)责令停止违法行为、消除影响;(2)罚款人民币58万元。

(一)法律规定

《反不正当竞争法》第二十条

经营者违反本法第八条规定对其商品作虚假或者引人误解的商业宣传,或者通过组织虚假交易等方式帮助其他经营者进行虚假或者引人误解的商业宣传的,由监督检查部门责令停止违法行为,处二十万元以上一百万元以下的罚款;情节严重的,处一百万元以上二百万元以下的罚款,可以吊销营业执照。

经营者违反本法第八条规定,属于发布虚假广告的,依照《中华人民共和国广告法》的规定处罚。

(二)警示意义及应对建议

1. 企业不得对其商品的性能、功能、质量、销售状况、用户评价、曾获荣誉等作虚假或者引人误解的商业宣传,欺骗、误导消费者。

2. 企业不得通过组织虚假交易等方式,帮助其他经营者进行虚假或者引人误解的商业宣传。

十五、违法有奖销售

典型案例 5-31①

自2019年5月始,溧阳W房地产开发有限公司先后在其微信公众号上发布的软文中有"全能百变宜商宜居宜办公""无论你是想要居住,还是想要办公或者准备投资,百变××××都将是你的最佳选择""以小博大优创富低门槛、小投入大产出,投资市场鱼龙混杂,选择吾悦××××轻轻松松稳赚收益,投资收益以小博大优创富,平均出租率100%,平均年租金约2.5万元,投资收益率为8%~9%,低门槛、小投入、大产出""××××全民冠军投资品""××××位于城市主干道交汇处,3分钟车程到达高速口,5分钟车程到达高铁站""×××

① 溧阳市市场监督管理局行政处罚决定书,溧市监案(2019)第00467号。

作为一种灵活的空间组合产品环境高端大气，是商用办公的首选”等内容，以上内容是上海Z文化传播有限公司(另案处理)根据与当事人签订的《营销企划合同》发布，该合同包含整合推广策略服务、整合广告宣传服务等，年合同款为96万元，其中对微信公众号运营维护和发布软文为1500元/月，至本案调查终结，涉及微信公众号费用金额共计6000元。另外，当事人在其开发销售的某楼盘开盘当天，开展了在现场抽取一名认购该楼盘的客户并送出奔驰1年免费使用权奖品的活动。

执法机关认为，(1)根据《广告法》第二条第一款规定，当事人在其微信公众号中发布的软文，对推广介绍宣传当事人所经营销售的商品房，具有很强且明显的关联性和导向性，因此，当事人在其微信公众号中发布的软文是一种广告行为。

(2)根据《广告法》第九条之规定，广告应当真实、客观地介绍商品或者服务，不得使用“国家级”“最高级”“最佳”等绝对化用语。当事人在其微信公众号上发布的软文中使用“全能百变，宜商宜居宜办公，无论你是想要居住，还是想要办公或者准备投资，百变××××都将是你的最佳选择”“××××全民冠军投资品”“××××作为一种灵活的空间组合产品，环境高端大气，是商用办公的首选”的用语，属于《广告法》第九条第一款第(三)项的情形，应该承担相应的法律责任。

(3)根据《广告法》第二十六条的规定，在实践中，投资往往存在风险，可能无法获得预期的收益，投资的未来效果、收益或者与其相关的情况都受到复杂的市场环境、管理人自身能力、国家宏观调控等诸多因素影响，具有不确定性，因此，承诺房地产一定升值、投资一定有回报不符合客观规律，容易误导消费者，《广告法》明确予以禁止。本案中，当事人在其微信公众号上发布的软文中使用“低门槛、小投入、大产出，投资市场鱼龙混杂，选择××××轻轻松松稳赚收益，投资收益以小博大优创富，平均出租率100%，平均年租金约2.5万元，投资收益率为8%~9%”等用语，属于《广告法》第二十六条第一款第(一)项规定的情形，应该承担相应的法律责任。

(4)根据《广告法》第二十六条的规定，房地产项目到达某一具体参照物的物理距离是确定的，但是项目到达某一具体参照物的所需时间因所选道路条件、交通工具、交通状况、个人状况等的不同可能有较大差异。正因如此，《广告法》对此作了禁止性规定。本案中，当事人在其微信公众号上发布的软文中使用“××××位于城市主干道交会处,3 分钟车程到达高速口,5 分钟车程到达高铁站”用语,以到达高速口、高铁站所需时间作为参照物来表示其开发销售楼盘的位置,是不客观的,容易误导消费者。

(5)当事人以价值超过 5 万元的“奔驰 SMART”1 年免费使用权作为奖励来推销其开发销售的“SOHO”楼盘,影响和干扰了消费者正常选择商品的心理,不利于市场竞争机制的建立,不正当竞争的恶意明显,构成了《反不正当竞争法》第十条第(三)项规定的行为,应该承担相应的法律责任。

对于上述违法行为,执法机关责令违法企业停止发布违法广告,并处以罚款共 31 万余元。

(一)法律规定

1.《反不正当竞争法》第十条

经营者进行有奖销售不得存在下列情形:

(一)所设奖的种类、兑奖条件、奖金金额或者奖品等有奖销售信息不明确,影响兑奖;

(二)采用谎称有奖或者故意让内定人员中奖的欺骗方式进行有奖销售;

(三)抽奖式的有奖销售,最高奖的金额超过五万元。

2.《反不正当竞争法》第二十二条

经营者违反本法第十条规定进行有奖销售的,由监督检查部门责令停止违法行为,处五万元以上五十万元以下的罚款。

(二)警示意义及应对建议

房地产广告如进行有奖销售,除应遵守《反不正当竞争法》的上述规定外,还应当注意国家市场监督管理总局于 2020 年 10 月 29 日以部门规章的形式公布的《规范促销行为暂行规定》。该规章出台之前,有关监管部门对促销、有奖销售等行为的监管散见于《关于禁止有奖销售活动中不正当竞争行为的若干规定》《关于商品和服务实行明码标价的规定》《禁止价格欺诈行为的规定》等规定,缺乏系统性且无法适应商业模式的快速发展。

《规范促销行为暂行规定》中与房地产企业相关的重点内容包括:

1.促销行为一般规范。(1)经营者开展促销活动,应当真实准确,清晰醒目标示活动信息。(2)经营者通过商业广告、产品说明、销售推介、实物样品或者通知、声明、店堂告示等方式作出优惠承诺的，应当履行承诺。(3)经营者不得假借促销等名义，通过财物或者其他手段贿赂他人，以谋取交易机会或者竞争优势。(4)经营者在促销活动中提供的奖品或者赠品必须符合国家有关规定，不得以侵权或者不合格产品、国家明令淘汰并停止销售的商品等作为奖品或者赠品。

2. 有奖销售行为规范。(1)经营者在有奖销售前，应当明确公布奖项种类、参与条件、参与方式、开奖时间、开奖方式、奖金金额或者奖品价格、奖品品名、奖品种类、奖品数量或者中奖概率、兑奖时间、兑奖条件、兑奖方式、奖品交付方式、弃奖条件、主办方及其联系方式等信息，不得变更，不得附加条件，不得影响兑奖，但有利于消费者的除外。(2)在现场即时开奖的有奖销售活动中，对超过500元奖项的兑奖情况，应当随时公示。(3)奖品为积分、礼券、兑换券、代金券等形式的，应当公布兑换规则、使用范围、有效期限以及其他限制性条件等详细内容；需要向其他经营者兑换的，应当公布其他经营者的名称、兑换地点或者兑换途径。(4)经营者进行有奖销售，不得采用以下谎称有奖的方式：虚构奖项、奖品、奖金金额等；仅在活动范围中的特定区域投放奖品；在活动期间将带有中奖标志的商品、奖券不投放、未全部投放市场；将带有不同奖金金额或者奖品标志的商品、奖券按不同时间投放市场；未按照向消费者明示的信息兑奖；其他谎称有奖的方式。(5)经营者进行有奖销售，不得采用让内部员工、指定单位或者个人中奖等故意让内定人员中奖的欺骗方式。(6)抽奖式有奖销售最高奖的金额不得超过5万元。有下列情形之一的，认定为最高奖的金额超过5万元：最高奖设置多个中奖者的，其中任意一个中奖者的最高奖金额超过5万元；同一奖券或者购买一次商品具有两次或者两次以上获奖机会的，累计金额超过5万元；以物品使用权、服务等形式作为奖品的，该物品使用权、服务等的市场价格超过5万元；以游戏装备、账户等网络虚拟物品作为奖品的，该物品市场价格超过5万元；以降价、优惠、打折等方式作为奖品的，降价、优惠、打折等利益折算价格超过5万元；以彩票、抽奖券等作为奖品的，该彩票、抽奖券可能的最高奖金额超过5万元；以提供就业机会、聘为顾问等名义，并以给付薪金等方式设置奖励，最高奖的金额超过5万元；以其他形式进行抽奖式有奖销售，最高奖金额超过5万元。(7)经营者应当建立档案，如实、准确、完整地记录设奖规则、公示信息、兑奖结果、获奖人员等内容，妥善保存两年并依法接受监督检查。

3. 价格促销行为规范。(1)经营者开展价格促销活动有附加条件的，应当显著标明条件。经营者开展限时减价、折价等价格促销活动的，应当显著标明期限。(2)经营者折价、减价，应当标明或者通过其他方便消费者认知的方式表明折价、减价的基准。未标明或者表明基准的，其折价、减价应当以同一经营者在同一经营场所内，在本次促销活动前7日内最低成交价格为基准。如果前7日内没有交易的，折价、减价应当以本次促销活动前最后一次交易价格为基准。(3)经营者通过积分、礼券、兑换券、代金券等折抵价款的，应当以显著方式标明或者通过店堂告示等方式公开折价计算的具体办法。(4)未标明或者公开折价计算具体办法的，应当以经营者接受兑换时的标价作为折价计算基准。

十六、损害竞争对手商誉

典型案例 5－32 ①

当事人为广州市增城某楼盘的开发商。2019年6月初，当事人负责销售管理的工作人员王某出于促进楼盘销量的目的，从微信公众号“房×”“广州房×”发布的文章内容中截取部分内容，重新进行编辑、排版之后，发给负责宣传策划的工作人员曾某，由曾某通过微信委托广州市Y文化传播有限公司制作了喷画布。2019年6月14日，Y公司将喷画布安装在某楼盘A1栋门口的桁架上。因喷画布存在色差问题，当事人同日撤下了喷画布。2019年6月23日早上9时，当事人又将喷画布摆放在某楼盘A1栋门口，后因按当地政府工作人员要求于当日早上11时撤下。上述喷画布的主要内容如下：

(1)含有垃圾场对生活环境造成不良影响的文字描述，如“对于居家配套而言，每个市民最不希望的就是家附近有垃圾场，原因在于：垃圾成分复杂，在腐败微生物的作用下会分解出多种有机物，同时释放出……多种恶臭气体，严重影响人气质量、影响周围居民的生活环境，危害居民身体健康；厨余垃圾在运输、存放处理过程中，同样会产生恶臭甚至泄露，同时引来蟑螂、老鼠等害虫，传播细菌”。

(2)含有厨余垃圾处理厂安全距离的内容，如“一般情况下，厨余垃圾处理厂距离大于500米，可视为无伤害距离；但厨余垃圾处理厂的臭味，可能随着风向飘到几公里外，业内人士一致认为，距离厨余垃圾处理厂大于3千米以外，才

---

① 广州市增城区市场监督管理局行政处罚决定书，穗增市监处字(2020)第1号。

可视为安全距离”。

(3)附有朱村厨余垃圾处理厂地理位置图及当事人周边楼盘距离朱村垃圾厂直线距离及影响程度的对比表格，将距离垃圾场2千米以内的×花园等3个楼盘影响程度定义为“严重”，将距离垃圾场2~2.6千米的7个楼盘影响程度定义为“较严重”，将当事人的×楼盘影响程度定义为“不影响”。

当事人提供了王某、曾某的个人说明，《关于某展示垃圾处理厂选址影响图示的报告》，微信公众号“房×”的文章截图等资料。对于上述的“业内外人士一致认为，距离厨余垃圾处理厂大于3千米以外，才可视为安全距离”内容仅来源于微信公众号“房×”的相关文章“小编认为，距离3千米以外，是相对比较安全的范围”。但当事人却将纯属文章作者个人观点的“小编认为”偷换成“业内外人士一致认为”，并将小编的个人观点“距离3千米以外，是相对比较安全的范围”偷换成“距离厨余垃圾处理厂大于3千米以外，才可视为安全距离”。当事人通过重新编辑，将第三方微信公众号发布的一个纯属小编的个人观点转换成一个对厨余垃圾处理厂安全距离的定论。当事人重新编辑的上述内容为当事人编造，无依据。当事人亦无法提供对比表格中其他楼盘距离朱村厨余垃圾处理厂直线距离的依据及其将朱村厨余垃圾处理厂对其他楼盘影响程度划分为“严重”“较严重”“不影响”的任何依据。

广州市增城区市场监督管理局认定，当事人制作喷画布是出于促进楼盘销量的目的，通过朱村街准备建设厨余垃圾厂项目这一事件，利用一般群众对垃圾厂选址不了解有抵触心理，通过宣传垃圾场对生活环境造成不良影响的铺垫，编造出所谓的“业内外人士一致认为”的厨余垃圾厂安全距离，再通过对比与当事人构成竞争关系的其他楼盘与垃圾厂的直线距离，并在无依据的情况下自行将其他竞争对手销售的楼盘定义为垃圾处理厂影响“严重”“较严重”，但对当事人的楼盘“不影响”。当事人通过制作、摆放喷画布的手段编造、传播虚假或者误导性信息，从而突出当事人楼盘位置、居住环境的优越性，误导相关公众认为当事人周边其他楼盘不适宜购买居住，当事人的楼盘则不受影响，损害了周边竞争对手的商业信誉、商品声誉。当事人的上述行为违反了《反不正当竞争法》第十一条规定，依据《反不正当竞争法》第二十三条的规定，结合当事人违法时间短暂，并已对涉案喷画布予以销毁，亦积极配合本局调查及纠正违法行为等情况，其违法情节轻微。对当事人损害商誉的不正当竞争行为，决定作出行政处罚如下：(1)责令停止违法行为、消除影响；(2)罚款12万元。

(一)法律规定

《反不正当竞争法》第二十三条

经营者违反本法第十一条规定损害竞争对手商业信誉、商品声誉的,由监督检查部门责令停止违法行为、消除影响,处十万元以上五十万元以下的罚款;情节严重的,处五十万元以上三百万元以下的罚款。

(二)警示意义及应对建议

经营者不得编造、传播虚假信息或者误导性信息,损害竞争对手的商业信誉、商品声誉。

十七、价格违法

典型案例 5-33 ①

嘉兴市R房地产开发有限公司项目现场未按商品房明码标价要求公示优惠折扣条件,被认定违法。同时,嘉兴市R房地产开发有限公司观湖景园项目已销售房源仍按备案的价格(注为"销售单价")进行标示,部分有享受折扣优惠的客户(如一次性付款客户)标示的价格高于实际成交价。

相关执法机关依据《价格法》第四十条第一款、第四十二条,《价格违法行为行政处罚规定》第七条、第十三条第(二)项的规定,决定对嘉兴市R房地产开发有限公司作出如下行政处罚:(1)对明码标价不规范的行为,罚款3000元;(2)对已销售房源不如实标示成交价的,属于不正当价格违法行为,罚款10万元。

典型案例 5-34 ②

经查实,2017年5月6日至6月27日,东莞市Y房地产开发有限公司存在与购房者签订的房屋认购书中标示的原价高于向价格部门申报总价,再通过各种名目的虚假优惠折价后以低于申报总价签约的行为和事实。

东莞市发展和改革局认为,该公司上述行为违反了《价格法》第十四条第

---

① 嘉兴市物价局行政处罚决定书,嘉价检处(2018)第6号。

② 东莞市发展和改革局行政处罚决定书,东发改价监处(2017)第47号。

(四)项的规定,构成了不正当价格行为。故依据《价格法》第四十条、《行政处罚法》(2009)第二十七条[①]第(四)项和《价格违法行为行政处罚规定》第七条、第十七条第一款规定,考虑到该公司能够积极配合检查,从轻处罚能起到教育作用,违法情节符合国家发展和改革委员会发布的《规范价格行政处罚权的若干规定》第七条第(四)项、第十二条第(三)项所列的从轻处罚情形,责令该公司改正上述价格违法行为,并对其作出如下行政处罚:罚款人民币5万元。

(一)法律规定

《价格法》第四十条

经营者有本法第十四条所列行为之一的,责令改正,没收违法所得,可以并处违法所得五倍以下的罚款;没有违法所得的,予以警告,可以并处罚款;情节严重的,责令停业整顿,或者由工商行政管理机关吊销营业执照。有关法律对本法第十四条所列行为的处罚及处罚机关另有规定的,可以依照有关法律的规定执行。

有本法第十四条第(一)项、第(二)项所列行为,属于是全国性的,由国务院价格主管部门认定;属于是省及省以下区域性的,由省、自治区、直辖市人民政府价格主管部门认定。

(二)警示意义及应对建议

企业应依法依规定价、经营和销售,不得有法律列明的不正当价格行为。房地产广告中对价格有表示的,应当清楚表示为实际的销售价格,明示价格的有效期限。

十八、违反明码标价规定

典型案例 5-35[②]

2017年9月27日,上海Z房地产开发有限公司与上海Y房地产开发有限

① 该条规定了"依法从轻或者减轻行政处罚"的情形,对应《行政处罚法》(2021)第三十二条、第三十三条。

② 上海市浦东新区市场监督管理局行政处罚决定书,沪市监浦处字(2019)第152019003551号。

公司签订销售合同，将其开发的位于康桥路×弄某楼50套商品房销售给上海Y房地产开发有限公司。当事人在交易过程中未按规定对所售商品房进行"一房一价"的明码标价。

上海市浦东新区市场监督管理局认为，当事人的上述行为违反了《价格法》第十三条第一款的规定，构成了未按规定明码标价的行为，故对其处以罚款4000元。

（一）法律规定

1.《价格法》第十三条

经营者销售、收购商品和提供服务，应当按照政府价格主管部门的规定明码标价，注明商品的品名、产地、规格、等级、计价单位、价格或者服务的项目、收费标准等有关情况。

经营者不得在标价之外加价出售商品，不得收取任何未予标明的费用。

2.《价格法》第四十二条

经营者违反明码标价规定的，责令改正，没收违法所得，可以并处五千元以下的罚款。

（二）案例分析

商品房销售须明码标价，执行"一房一价"，该案中，当事人将多套商品房"打包"销售给另一公司，违反了《价格法》"一房一价"的明码标价的要求，因此被处以罚款。

（三）警示意义及应对建议

房地产开发企业在销售商品房中，应严格按照法律法规要求的方式标价销售，进行"一房一价"的明码标价，不得合并计价转让。

十九、本章小结

在销售环节，房地产开发企业作为市场经营者出售商品房、参与市场竞争，不仅要遵循各部门调控房地产市场的行政管理措施，还要处理好与其他市场经营者及房产购买者的关系。

首先,各房地产开发企业在销售商品房时应当取得预售许可证,在进行商品房预售和销售过程中遵守各部门的行政管理要求,依法公示企业信息、依法纳税、妥善开具和保管发票。

其次,房地产开发企业应合法、合理、合规宣传,遵守《广告法》及相关法律法规对发布商业广告的要求,建立严格的广告发布审核机制,避免用词不当,杜绝虚假广告,保障消费者的知情权。

最后,房地产开发企业在销售中应对商品房进行“一房一价”明码标价,并在规定时间内一次性公开全部销售房源,标明土地性质、使用年限、商品房销售情况等需要依法公示的内容,不得实施混淆行为、违法有奖销售、损害竞争对手商誉等不正当竞争行为。

第六章

/ CHAPTER 06

房地产开发项目可能涉及的其他相关行政处罚

一、风险一览表

房地产开发企业在基本完成项目开发后，还需要完成物业单位选聘、向物业服务企业移交材料等后续工作。因此，房地产开发企业还受到《特种设备安全法》《物业管理条例》《住宅专项维修资金管理办法》《民用建筑节能管理规定》等法律法规的规制。违反上述法律会面临行政处罚的风险。具体而言，房地产开发项目可能涉及的其他行政处罚风险如表6-1所示：

表6-1　房地产企业其他相关行政处罚风险一览

序号	违法类别	具体违法行为	处罚措施	处罚依据
1	违法使用特种设备（如电梯）	(1)使用未取得许可生产，未经检验或者检验不合格的特种设备，或者国家明令淘汰、已经报废的特种设备的； (2)特种设备出现故障或者发生异常情况，未对其进行全面检查、消除事故隐患，继续使用的； (3)特种设备存在严重事故隐患，无改造、修理价值，或者达到安全技术规范规定的其他报废条件，未依法履行报废义务，并办理使用登记证书注销手续的	责令停止使用有关特种设备，处3万元以上30万元以下罚款	《特种设备安全法》第八十四条

续表

序号	违法类别	具体违法行为	处罚措施	处罚依据
2	选聘物业方式违法	违反《物业管理条例》的规定,住宅物业的建设单位未通过招投标的方式选聘物业服务企业或者未经批准,擅自采用协议方式选聘物业服务企业	由县级以上地方人民政府房地产行政主管部门责令限期改正,给予警告,可以并处10万元以下的罚款	《物业管理条例》第五十六条
3	擅自处分共有部分	违反《物业管理条例》的规定,建设单位擅自处分属于业主的物业共用部位、共用设施设备的所有权或者使用权	由县级以上地方人民政府房地产行政主管部门处5万元以上20万元以下的罚款	《物业管理条例》第五十七条
4	未向物业服务企业移交材料	在办理物业承接验收手续时,建设单位未依法向物业服务企业移交有关资料	(1)由县级以上地方人民政府房地产行政主管部门责令限期改正; (2)逾期仍不移交有关资料的,对建设单位、物业服务企业予以通报,处1万元以上10万元以下的罚款	《物业管理条例》第五十八条
5	挪用专项维修基金	违反《物业管理条例》的规定,挪用专项维修资金	由县级以上地方人民政府房地产行政主管部门追回挪用的专项维修资金,给予警告,没收违法所得,可以并处挪用数额2倍以下的罚款	《物业管理条例》第六十条
	挪用住宅专项维修资金	违反《住宅专项维修资金管理办法》规定,挪用住宅专项维修资金	(1)由县级以上地方人民政府建设(房地产)主管部门追回挪用的住宅专项维修资金,没收违法所得,可以并处挪用金额2倍以下的罚款; (2)物业服务企业挪用住宅专项维修资金,情节严重的,除按前款规定予以处罚外,还应由颁发资质证书的部门吊销资质证书	《住宅专项维修资金管理办法》第三十七条

续表

序号	违法类别	具体违法行为	处罚措施	处罚依据
6	未配置物业管理用房	违反《物业管理条例》的规定,建设单位在物业管理区域内不按照规定配置必要的物业管理用房	由县级以上地方人民政府房地产行政主管部门责令限期改正,给予警告,没收违法所得,并处10万元以上50万元以下的罚款	《物业管理条例》第六十一条
7	违规交付房屋	开发建设单位未按本办法规定交存首期住宅专项维修资金,将房屋交付买受人	(1)由县级以上地方人民政府建设(房地产)主管部门责令限期改正; (2)逾期不改正的,处以3万元以下的罚款	《住宅专项维修资金管理办法》第十三条、第三十六条
8	未分摊维修和更新、改造费用	住宅共用部位、共用设施设备维修和更新、改造,涉及尚未售出的商品住宅、非住宅或者公有住房的,开发建设单位或者公有住房单位未按照尚未售出商品住宅或者公有住房的建筑面积,分摊维修和更新、改造费用	(1)由县级以上地方人民政府建设(房地产)主管部门责令限期改正; (2)逾期不改正的,处以1万元以下的罚款	《住宅专项维修资金管理办法》第二十一条、第三十六条
9	未按照规定履行节能标准告知义务	房地产开发企业销售商品房,未向购买人明示所售商品房的能源消耗指标、节能措施和保护要求、保温工程保修期等信息,或者向购买人明示的所售商品房能源消耗指标与实际能源消耗不符	(1)由县级以上地方人民政府建设主管部门责令限期改正; (2)逾期未改正的,处交付使用的房屋销售总额2%以下的罚款;情节严重的,由颁发资质证书的部门降低资质等级或者吊销资质证书	《民用建筑节能条例》第四十三条
			(1)由建设主管部门责令限期改正,逾期不改正的,处3万元以上5万元以下罚款; (2)对以上信息作虚假宣传的,由建设主管部门责令改正,处5万元以上20万元以下罚款	《节约能源法》第八十条

为进一步厘清上述风险,下文将结合有关案例详细说明。

二、违法使用特种设备

典型案例 6－1 ①

中山市Z房地产开发有限公司在2017年4月至6月9日，使用两台未经监督检验的电梯，原中山市质量技术监督局认为，该公司的行为违反了《特种设备安全法》第八十四条的规定，责令其停止使用上述电梯，并对其处以4万元罚款。

（一）法律规定

《特种设备安全法》第八十四条

违反本法规定，特种设备使用单位有下列行为之一的，责令停止使用有关特种设备，处三万元以上三十万元以下罚款：

（一）使用未取得许可生产，未经检验或者检验不合格的特种设备，或者国家明令淘汰、已经报废的特种设备的；

（二）特种设备出现故障或者发生异常情况，未对其进行全面检查、消除事故隐患，继续使用的；

（三）特种设备存在严重事故隐患，无改造、修理价值，或者达到安全技术规范规定的其他报废条件，未依法履行报废义务，并办理使用登记证书注销手续的。

（二）案例分析

该案中，被处罚人使用的电梯未依法经过检验，违反了特种设备使用的规定，因此受到了处罚。

（三）警示意义及应对建议

在我国，电梯依法属于需要经过检验的特种设备，电梯的安装、改造、修理，必须由电梯制造单位或者其委托的依照《特种设备安全法》取得相应许可的单

① 中山市质量技术监督局行政处罚决定书，中质监罚字（2017）第84号。

位进行。房地产开发企业在安装使用电梯前应确保电梯经检验合格,不得使用未经检验的电梯设备。

(四)拓展:有关问题

违法安装、使用特种设备的主体如何确定?

认定违法使用特种设备的法律责任主体主要看特种设备的使用管理和维护保养义务由谁承担。存在租赁关系的,还要看出租时就特种设备使用管理和维护保养有无特别约定。

三、选聘物业方式违法

典型案例 6-2 ①

原鄂州市房产管理局对鄂州市J房地产开发有限公司作出行政处罚决定书,认定该公司开发的某小区未经招投标选聘物业服务企业的行为违法,根据《物业管理条例》第五十六条,决定对其处以罚款5万元,并限其收到处罚决定之日起15日内缴纳罚款,逾期不缴纳的,每日按罚款数额的3%加处罚款。该公司不服,向鄂州市人民政府行政复议委员会申请行政复议,复议机关作出行政复议调解书,内容为:(1)鄂州市J房地产开发有限公司构成未通过招投标选聘物业服务企业的违法行为。(2)鉴于鄂州市J房地产开发有限公司在原鄂州市房产管理局下达《责令整改通知书》后积极整改,于1月29日已完成通过招投标选聘物业服务企业的行为;其不能在《责令整改通知书》规定的1月26日前整改完毕存在客观原因,因此,原鄂州市房产管理局将对鄂州市J房地产开发有限公司的罚款减至3万元。由于鄂州市J房地产开发有限公司收到该行政复议调解书后,未履行调解书确定的义务,鄂州市住房和城乡建设局于2019年3月21日催告被执行人立即缴纳罚款,并告知到期不缴纳的,每日按罚款数额的3%加处罚款,加处的罚款由代收机构直接收缴。

2019年4月30日,鄂州市住房和城乡建设局向湖北省鄂州市鄂城区人民法院申请强制执行罚款3万元,以及加处罚款3万元,法院审理后准予强制执行。

① 湖北省鄂州市鄂城区人民法院行政裁定书,(2019)鄂0704行审97号。

（一）法律规定

《物业管理条例》第五十六条

违反本条例的规定，住宅物业的建设单位未通过招投标的方式选聘物业服务企业或者未经批准，擅自采用协议方式选聘物业服务企业的，由县级以上地方人民政府房地产行政主管部门责令限期改正，给予警告，可以并处 10 万元以下的罚款。

（二）案例分析

该案中，被处罚公司选聘物业服务企业时没有经过法定的招标投标流程，不符合法定的物业选聘程序，因此被处以罚款。而被处罚公司未能及时履行缴纳罚款的义务，被相关机关申请强制执行并被依法加处罚款。

（三）警示意义及应对建议

房地产开发企业应当通过招投标的方式选聘物业服务企业，遵循法律法规要求的程序，未经批准不得采用协议方式选聘物业服务企业。企业在收到有关部门责令改正的通知书后，要及时改正并及时履行处罚决定，以免被强制执行。

（四）拓展：我国对于选聘物业服务企业的方式有哪些要求？

1. 住宅物业的建设单位，应当通过招投标的方式选聘物业服务企业。

2. 投标人少于 3 个或者住宅规模较小的，经物业所在地的区、县人民政府房地产行政主管部门批准，可以采用协议方式选聘物业服务企业。

四、擅自处分共有部分

典型案例 6－3[①]

泰州 H 公司投资建设商铺共 14 幢楼的工程于 2012 年 9 月 13 日办理竣工验收备案手续。2012 年 10 月，H 公司未经设计机构变更或审查，将上述工程中

① 江苏省泰州市中级人民法院行政判决书，(2016) 苏 12 行终 129 号。

7#、13#二层楼板开孔设置楼梯，封闭公共走廊，导致工程现状与工程设计图不符，群众举报至泰州市住房和城乡建设局城建监察大队。泰州市住房和城乡建设局对H公司工作人员王某进行了询问，至工程现场进行了检查查勘，制作了检查笔录并拍摄了现场照片。2015年6月8日，泰州市住房和城乡建设局经集体讨论，决定对H公司予以从轻、减轻处罚。2015年6月25日，泰州市住房和城乡建设局作出涉案处罚决定并于同日送达H公司。H公司不服该处罚决定，申请行政复议。泰州市人民政府维持涉案处罚决定。H公司不服，以泰州市住房和城乡建设局、泰州市人民政府为共同被告，提起诉讼。

一审法院认为：(1)关于H公司是否存在擅自处分业主共用物业部分的事实。现根据H公司自认及法院查明的事实，H公司在未经设计机构的变更与审核的情况下，存在对属于业主共有的7#、13#二层走廊实施封闭并开设楼梯的行为。泰州市住房和城乡建设局认定H公司该次改造系擅自处分共有物业部分的行为，并提交了向多个业主分次征询的录音为证。根据《物权法》第七十六条①规定，结合泰州市住房和城乡建设局举证，且不论持同意改造意见的业主是否占绝对多数比例，现足以确认部分业主对改造事实并不知情。泰州市住房和城乡建设局认定的H公司涉擅自处分业主公用物业部分的事实清楚，证据充分，予以支持。

(2)若H公司存在该违法事实，是否已经超出行政处罚追究时效。根据《行政处罚法》(2009)第二十九条②，本案中，即使涉案改造行为如H公司所称已于2012年终了，但该行为所致的违法状态一直持续，至处罚时仍未予纠正，故H公司的违法行为并未超出法定的追究时效，泰州市住房和城乡建设局依法应予处罚。

(3)关于具体处罚决定是否合法、适当。泰州市住房和城乡建设局在法定的处罚限额范围内，结合改造的客观后果以及H公司主观上改造的目的、受益与支出之比例以及涉案项目的社会影响，对H公司从轻处以5万元的罚款，该裁量并未抛弃或减让其应负的行政职责，符合过罚相当的原则，处罚决定应为合理、适当。H公司对涉案处罚及复议的相关职权、行政程序均无异议，法院审查认为，泰州市住房和城乡建设局的检查、调查程序合法，在处罚前履行了对处

---

① 对应《民法典》第二百七十八条。

② 对应《行政处罚法》(2021)第三十六条。

罚事项与申辩权利的告知义务，依法组织了听证并召开了会议对涉案处罚事项进行集体讨论，处罚程序正当。泰州市人民政府依法受理了复议申请，并通知被申请人答辩，在法定期间内作出复议决定，复议程序合法。

综上，判决驳回泰州H公司的诉讼请求。二审法院维持原判。

（一）法律规定

《物业管理条例》第五十七条

违反本条例的规定，建设单位擅自处分属于业主的物业共用部位、共用设施设备的所有权或者使用权的，由县级以上地方人民政府房地产行政主管部门处5万元以上20万元以下的罚款；给业主造成损失的，依法承担赔偿责任。

（二）警示意义及应对建议

业主依法享有的物业共用部位、共用设施设备的所有权或者使用权，建设单位不得擅自处分。

（三）拓展：有关问题

如何认定业主共有部分的范围？

根据《民法典》和最高人民法院《关于审理建筑物区分所有权纠纷案件具体应用法律若干问题的解释》的规定，共有部分的范围笼统地讲是专有部分以外的建筑物的其他部分，一般应当包括：

1. 建筑区划内的道路（属于城镇公共道路的除外）、绿地（属于城镇公共绿地或者明示属于个人的除外）、其他公共场所、公用设施和物业服务用房。

2. 占用业主共有的道路或者其他场地用于停放汽车的车位车库和增设的车位。

3. 建筑物的基础、承重结构、外墙、屋顶等基本结构部分。

4. 通道、楼梯、大堂等公共通行部分。

5. 消防、公共照明等附属设施、设备。

6. 避难层、设备层或者设备间。

7. 其他不属于业主专有部分，也不属于市政公用部分或者其他权利人所有的场所及设施。

8. 建筑区划内的土地，依法由业主共同享有建设用地使用权（属于业主专有的整栋建筑物的规划占地或者城镇公共道路、绿地占地除外)。

五、未向物业服务企业移交材料

典型案例 6-4[①]

寿光市综合行政执法局以山东C置业有限公司未按规定移交物业管理有关事宜,违反了《物业管理条例》第二十九条规定为由,依据《物业管理条例》第五十八条之规定,作出了行政处罚决定书,决定对被执行人处罚款人民币1万元,履行期限为收到处罚决定书之日起15日内,逾期不缴纳罚款的,每日按罚款数额的3%加处罚款。山东C置业有限公司在法定期限内既没有申请复议,也没有向人民法院起诉,履行期限届满后,行政处罚内容虽经申请执行人催告至今仍未自动履行,故寿光市综合行政执法局申请法院强制执行行政处罚决定,法院准予强制执行。

(一)法律规定

《物业管理条例》第五十八条

违反本条例的规定,不移交有关资料的,由县级以上地方人民政府房地产行政主管部门责令限期改正;逾期仍不移交有关资料的,对建设单位、物业服务企业予以通报,处1万元以上10万元以下的罚款。

(二)警示意义及应对建议

建设单位应依法及时向物业服务企业移交下列资料:

1. 竣工总平面图,单体建筑、结构、设备竣工图,配套设施、地下管网工程竣工图等竣工验收资料。

2. 设施设备的安装、使用和维护保养等技术资料。

3. 物业质量保修文件和物业使用说明文件。

4. 物业管理所必需的其他资料。

---

① 山东省寿光市人民法院行政裁定书,(2020)鲁0783行审64号。

六、挪用专项维修基金

典型案例 6－5 ①

长春市×房地产开发有限责任公司吉林市分公司(以下简称吉林市分公司)在2012年10月收取其开发建设的某小区业主的物业专项维修资金140余万元。物业维修资金未按规定归缴至物业行政主管部门专用账户且违法挪用。该行为涉嫌违法挪用物业维修资金,违反了《物业管理条例》第五十三条第二款的规定。

吉林市住房和城乡建设局作出《行政处罚决定书》,依据《物业管理条例》第六十条的规定,对吉林市分公司作出如下行政处罚:(1)限15日内将挪用的物业专项维修资金缴存至物业行政管理部门指定专用账户;(2)给予警告;(3)没收违法所得;(4)罚款140余万元。

吉林市分公司未主动履行处罚决定中的处罚内容,亦未在法定期限内提起行政复议或行政诉讼。申请执行人市住房和城乡建设局于2019年11月15日履行催告程序后,依据该处罚决定书向吉林省吉林市昌邑区人民法院申请强制执行,该院准予强制执行第(1)(3)(4)项处罚决定。

(一)法律规定

《物业管理条例》第六十条

违反本条例的规定,挪用专项维修资金的,由县级以上地方人民政府房地产行政主管部门追回挪用的专项维修资金,给予警告,没收违法所得,可以并处挪用数额2倍以下的罚款;构成犯罪的,依法追究直接负责的主管人员和其他直接责任人员的刑事责任。

(二)案例分析

该案中,被处罚的房地产开发企业在收取业主交纳的物业专项维修资金后,未按照规定归缴至专门账户,非法挪用专项资金,被当地住房和城乡建设局

---

① 吉林省吉林市昌邑区人民法院行政裁定书,(2020)吉0202行审1号。

查处。该公司受到处罚后，未在法定期限内履行处罚决定，也未提起行政复议或行政诉讼，当地住房和城乡建设局申请法院对处罚决定强制执行获得准予。

（三）警示意义及应对建议

专项维修资金属于业主所有，专项用于物业保修期满后物业共用部位、共用设施设备的维修和更新、改造，企业不得挪作他用。房地产开发企业应依法收取和保管物业专项维修资金，做到专款专用，不得挪用；若收到有关部门作出的行政处罚决定不服的，应在法定期限内提起行政复议或行政诉讼，寻求救济。

典型案例 6－6[①]

2019 年 2 月 26 日，鄂尔多斯市城市管理综合执法局以包头市 J 房地产开发有限责任公司挪用某小区住宅专项维修资金的行为，违反了《住宅专项维修资金管理办法》第十八条的规定，依照《住宅专项维修资金管理办法》第三十七条的规定，作出《行政处罚决定书》，决定给予包头市 J 房地产开发有限责任公司罚款 120 万元的行政处罚；并责令包头市 J 房地产开发有限责任公司将挪用的住宅专项维修资金交回专储账户。包头市 J 房地产开发有限责任公司收到上述《行政处罚决定书》后，未缴纳罚款。只是于 2019 年 6 月分两次向专储账户交回挪用的住宅维修专项资金共计 20 余万元，剩余挪用的住宅专项维修资金 820 余万元未交回。

（一）法律规定

《住宅专项维修资金管理办法》第三十七条

违反本办法规定，挪用住宅专项维修资金的，由县级以上地方人民政府建设（房地产）主管部门追回挪用的住宅专项维修资金，没收违法所得，可以并处挪用金额 2 倍以下的罚款；构成犯罪的，依法追究直接负责的主管人员和其他直接责任人员的刑事责任。

物业服务企业挪用住宅专项维修资金，情节严重的，除按前款规定予以处罚外，还应由颁发资质证书的部门吊销资质证书。

直辖市、市、县人民政府建设（房地产）主管部门挪用住宅专项维修资金的，

---

① 内蒙古自治区鄂尔多斯市康巴什区人民法院行政裁定书，（2019）内 0603 行审 5 号。

由上一级人民政府建设(房地产)主管部门追回挪用的住宅专项维修资金,对直接负责的主管人员和其他直接责任人员依法给予处分;构成犯罪的,依法追究刑事责任。

直辖市、市、县人民政府财政部门挪用住宅专项维修资金的,由上一级人民政府财政部门追回挪用的住宅专项维修资金,对直接负责的主管人员和其他直接责任人员依法给予处分;构成犯罪的,依法追究刑事责任。

(二)警示意义及应对建议

房地产开发企业应保证专款专用,不得违法挪用住宅专项维修资金。

七、未配置物业管理用房

典型案例 6-7[①]

周口L小区业主委员会于2019年1月14日以邮政快递的形式向周口市住房和城乡建设局邮寄要求履行法定职责的申请,申请该局对周口市Y实业有限公司不按规定配置物业管理用房的行为进行处罚。周口市住房和城乡建设局口头答复,因周口L小区在规划时没有规划物业用房,其不能擅自改变规划,建议业主委员会向周口市规划部门要求履行法定职责。业主委员会对该答复不认可,请求法院依法判决周口市住房和城乡建设局履行法定职责。

法院认为,按照国务院《物业管理条例》第三十条、第六十一条的规定,周口市住房和城乡建设局作为周口市人民政府建设(房地产)行政主管部门,对辖区内物业用房负有监督管理的法定职责。故依照《行政诉讼法》第七十二条之规定,判决周口市住房和城乡建设局于判决书生效后两个月内履行法定职责。二审维持原判。

(一)法律规定

《物业管理条例》第六十一条

违反本条例的规定,建设单位在物业管理区域内不按照规定配置必要的物

---

① 河南省周口市中级人民法院行政判决书,(2019)豫16行终222号。

业管理用房的，由县级以上地方人民政府房地产行政主管部门责令限期改正，给予警告，没收违法所得，并处10万元以上50万元以下的罚款。

（二）案例分析

上述案例中，小区业主委员会向市住房和城乡建设局邮寄要求履行法定职责的申请，申请周口市住房和城乡建设局对周口市Y实业有限公司不按规定配置物业管理用房的行为进行处罚。周口市住房和城乡建设局认为不属自身职责范围故未及时作出处罚，业主委员会起诉至法院，法院判决限被告周口市住房和城乡建设局于判决书生效后2个月内履行法定职责。

（三）警示意义及应对建议

建设单位应当按照规定在物业管理区域内配置必要的物业管理用房。

八、违规交付房屋

典型案例 6-8①

2018年10月18日，襄阳市襄州区住房和城乡建设局作出行政处罚决定认定，湖北W房地产开发有限公司于2014年3月在某社区投资建设的×项目，总建筑面积9万余平方米，工程已完工。该公司代收业主的专项维修资金共计59万余元，现已存入4.5万元，剩余专项维修资金未存入住宅专项维修资金专户，该公司于2015年12月将房屋陆续交付购买人。上述行为违反了《住宅专项维修资金管理办法》第十三条的规定。根据《住宅专项维修资金管理办法》第三十六条的规定，对湖北W房地产开发有限公司的违规行为作出责令限期改正，并处3万元罚款的处罚。

（一）法律规定

1.《住宅专项维修资金管理办法》第十三条

未按本办法规定交存首期住宅专项维修资金的，开发建设单位或者公有住

① 襄阳市襄州区人民法院行政裁定书，(2019)鄂0607行审97号。

房售房单位不得将房屋交付购买人。

2.《住宅专项维修资金管理办法》第三十六条

开发建设单位违反本办法第十三条规定将房屋交付买受人的,由县级以上地方人民政府建设(房地产)主管部门责令限期改正;逾期不改正的,处以3万元以下的罚款。

开发建设单位未按本办法第二十一条规定分摊维修、更新和改造费用的,由县级以上地方人民政府建设(房地产)主管部门责令限期改正;逾期不改正的,处以1万元以下的罚款。

(二)警示意义及应对建议

房地产开发企业应按时交存首期住宅专项维修资金,确保已按规定足额存入住宅专项维修资金专户后,再向购房人交付房屋。

九、未分摊维修和更新、改造费用

(一)法律规定

1.《住宅专项维修资金管理办法》第二十一条

住宅共用部位、共用设施设备维修和更新、改造,涉及尚未售出的商品住宅、非住宅或者公有住房的,开发建设单位或者公有住房单位应当按照尚未售出商品住宅或者公有住房的建筑面积,分摊维修和更新、改造费用。

2.《住宅专项维修资金管理办法》第三十六条

开发建设单位违反本办法第十三条规定将房屋交付买受人的,由县级以上地方人民政府建设(房地产)主管部门责令限期改正;逾期不改正的,处以3万元以下的罚款。

开发建设单位未按本办法第二十一条规定分摊维修、更新和改造费用的,由县级以上地方人民政府建设(房地产)主管部门责令限期改正;逾期不改正的,处以1万元以下的罚款。

(二)警示意义及应对建议

企业应按照尚未售出商品住宅或者公有住房的建筑面积分摊维修和更新、

改造费用。

(三)拓展问题

如何分摊维修和更新、改造费用?

根据《住宅专项维修资金管理办法》第二十条的相关规定,住宅共用部位、共用设施设备的维修和更新、改造费用,按照下列规定分摊:

1. 商品住宅之间或者商品住宅与非住宅之间共用部位、共用设施设备的维修和更新、改造费用,由相关业主按照各自拥有物业建筑面积的比例分摊。

2. 售后公有住房之间共用部位、共用设施设备的维修和更新、改造费用,由相关业主和公有住房售房单位按照所交存住宅专项维修资金的比例分摊;其中,应由业主承担的,再由相关业主按照各自拥有物业建筑面积的比例分摊。

3. 售后公有住房与商品住宅或者非住宅之间共用部位、共用设施设备的维修和更新、改造费用,先按照建筑面积比例分摊到各相关物业。其中,售后公有住房应分摊的费用,再由相关业主和公有住房售房单位按照所交存住宅专项维修资金的比例分摊。

十、未履行节能标准告知义务

典型案例 6-9 [①]

北京市住房和城乡建设委员会在2019年8月28日现场检查时发现,北京B置地有限责任公司未在开发建设的位于北京市怀柔区的某商品房项目销售场所明示所售房屋的建筑节能设计指标等基本信息,未按照规定履行相关信息告知义务。

北京市住房和城乡建设委员会认为,其行为违反了《节约能源法》第三十六条、《民用建筑节能条例》第二十二条、《北京市民用建筑节能管理办法》第二十二条之规定,故依据《节约能源法》第八十条、《民用建筑节能条例》第四十三条、《北京市民用建筑节能管理办法》第三十八条,对其处以罚款1.5万元。

① 北京市住房和城乡建设委员会行政处罚决定书,京建法罚(市)字(2019)第010495号。

(一)法律规定

1.《节约能源法》第八十条

房地产开发企业违反本法规定,在销售房屋时未向购买人明示所售房屋的节能措施、保温工程保修期等信息的,由建设主管部门责令限期改正,逾期不改正的,处三万元以上五万元以下罚款;对以上信息作虚假宣传的,由建设主管部门责令改正,处五万元以上二十万元以下罚款。

2.《民用建筑节能条例》第四十三条

违反本条例规定,房地产开发企业销售商品房,未向购买人明示所售商品房的能源消耗指标、节能措施和保护要求、保温工程保修期等信息,或者向购买人明示的所售商品房能源消耗指标与实际能源消耗不符的,依法承担民事责任;由县级以上地方人民政府建设主管部门责令限期改正;逾期未改正的,处交付使用的房屋销售总额2%以下的罚款;情节严重的,由颁发资质证书的部门降低资质等级或者吊销资质证书。

(二)警示意义及应对建议

房地产开发企业销售商品房,应当向购买人明示所售商品房的能源消耗指标、节能措施和保护要求、保温工程保修期等信息,并在商品房买卖合同和住宅质量保证书、住宅使用说明书中载明。

十一、本章小结

除本书前几章梳理出的开发项目推进各环节可能面临的行政处罚风险外,企业其他的不当行为也可能受到处罚,如选聘物业服务企业不当、未及时向物业服务企业移交材料、擅自处分业主共有部分、挪用住宅专项维修资金、未配置物业管理用房等。面对诸多潜在的行政处罚风险,房地产开发企业应及时自查自纠,密切关注当地执法机关的执法检查、专项整治等活动,以免受到处罚。

第七章

CHAPTER 07

与房地产开发相关的其他主体涉及的行政处罚

一、施工企业行政处罚风险一览表

房地产开发企业除了要注意防范本企业面临的行政法律风险外，还要注意合作企业的信用状况、违法记录。其中，承包单位(施工企业)、物业服务企业与房地产开发企业关系最为密切。这两类主体在参与房地产开发中主要受《建筑法》《建设工程质量管理条例》《建设工程安全生产管理条例》《物业管理条例》《城市建筑垃圾管理规定》等的规制。现将施工企业、物业服务企业在参与房地产开发中可能面临的行政违法风险梳理如表7－1所示：

表7－1　施工企业行政处罚风险

序号	违法类别	具体违法行为	处罚措施	处罚依据
1	违法转让承揽工程	建筑施工企业转让、出借资质证书或者以其他方式允许他人以本企业的名义承揽工程	(1)责令改正，没收违法所得，并处罚款，可以责令停业整顿，降低资质等级； (2)情节严重的，吊销资质证书	《建筑法》第六十六条
2	违法转包、分包	承包单位将承包的工程转包，或者违反《建筑法》规定进行分包	(1)责令改正，没收违法所得，并处罚款，可以责令停业整顿，降低资质等级； (2)情节严重的，吊销资质证书	《建筑法》第六十七条
		违反《建设工程质量管理条例》规定，承包单位将承包的工程转包或者违法分包	(1)责令改正，没收违法所得，对勘察、设计单位处合同约定的勘察费、设计费25%以上50%以下的罚款； (2)对施工单位处工程合同价款0.5%以上1%以下的罚款；可以责令停业整顿，降低资质等级； (3)情节严重的，吊销资质证书	《建设工程质量管理条例》第六十二条

续表

序号	违法类别	具体违法行为	处罚措施	处罚依据
3	擅自变动施工	对于涉及建筑主体或者承重结构变动的装修工程，建设单位违法擅自施工	(1)责令改正，处以罚款(50万元以上100万元以下)； (2)房屋建筑使用者在装修过程中擅自变动房屋建筑主体和承重结构的，责令改正，处5万元以上10万元以下的罚款	《建筑法》第七十条、《建设工程质量管理条例》第六十九条
4	施工安全隐患	建筑施工企业违反《建筑法》规定，对建筑安全事故隐患不采取措施予以消除	(1)责令改正，可以处以罚款； (2)情节严重的，责令停业整顿，降低资质等级或者吊销资质证书	《建筑法》第七十一条
5	未按标准施工	建筑施工企业在施工中偷工减料，使用不合格的建筑材料、建筑构配件和设备，或者有其他不按照工程设计图纸或者施工技术标准施工的行为	(1)责令改正，处以罚款(工程合同价款2%以上4%以下)； (2)造成建设工程质量不符合规定的质量标准的，负责返工、修理，并赔偿因此造成的损失； (3)情节严重的，责令停业整顿，降低资质等级或者吊销资质证书	《建筑法》第七十四条、《建设工程质量管理条例》第六十四条
6	施工单位违规处置建筑垃圾	施工单位未及时清运工程施工过程中产生的建筑垃圾，造成环境污染	由城市人民政府市容环境卫生主管部门责令限期改正，给予警告，处5000元以上5万元以下罚款	《城市建筑垃圾管理规定》第二十二条
		施工单位将建筑垃圾交给个人或者未经核准从事建筑垃圾运输的单位处置	由城市人民政府市容环境卫生主管部门责令限期改正，给予警告，处1万元以上10万元以下罚款	
7	保修问题	建筑施工企业违反《建筑法》规定，不履行保修义务或者拖延履行保修义务	责令改正，可以处以罚款(10万元以上20万元以下)	《建筑法》第七十五条、《建设工程质量管理条例》第六十六条

续表

序号	违法类别	具体违法行为	处罚措施	处罚依据
8	未依法检验	施工单位未对建筑材料、建筑构配件、设备和商品混凝土进行检验，或者未对涉及结构安全的试块、试件以及有关材料取样检测	(1)责令改正，处10万元以上20万元以下的罚款； (2)情节严重的，责令停业整顿，降低资质等级或者吊销资质证书	《建设工程质量管理条例》第六十五条
9	施工单位安全责任	(1)未设立安全生产管理机构、配备专职安全生产管理人员或者分部分项工程施工时无专职安全生产管理人员现场监督； (2)施工单位的主要负责人、项目负责人、专职安全生产管理人员、作业人员或者特种作业人员，未经安全教育培训或者经考核不合格即从事相关工作； (3)未在施工现场的危险部位设置明显的安全警示标志，或者未按照国家有关规定在施工现场设置消防通道、消防水源、配备消防设施和灭火器材； (4)未向作业人员提供安全防护用具和安全防护服装； (5)未按照规定在施工起重机械和整体提升脚手架、模板等自升式架设设施验收合格后登记； (6)使用国家明令淘汰、禁止使用的危及施工安全的工艺、设备、材料	(1)责令限期改正； (2)逾期未改正的，责令停业整顿，依照《安全生产法》的有关规定处以罚款	《建设工程安全生产管理条例》第六十二条

续表

序号	违法类别	具体违法行为	处罚措施	处罚依据
9	施工单位安全责任	施工单位： (1)施工前未对有关安全施工的技术要求作出详细说明； (2)未根据不同施工阶段和周围环境及季节、气候的变化，在施工现场采取相应的安全施工措施，或者在城市市区内的建设工程的施工现场未实行封闭围挡； (3)在尚未竣工的建筑物内设置员工集体宿舍； (4)施工现场临时搭建的建筑物不符合安全使用要求； (5)未对因建设工程施工可能造成损害的毗邻建筑物、构筑物和地下管线等采取专项防护措施	(1)责令限期改正； (2)逾期未改正的，责令停业整顿，并处5万元以上10万元以下的罚款	《建设工程安全生产管理条例》第六十四条
		施工单位： (1)安全防护用具、机械设备、施工机具及配件在进入施工现场前未经查验或者查验不合格即投入使用； (2)使用未经验收或者验收不合格的施工起重机械和整体提升脚手架、模板等自升式架设设施； (3)委托不具有相应资质的单位承担施工现场安装、拆卸施工起重机械和整体提升脚手架、模板等自升式架设设施； (4)在施工组织设计中未编制安全技术措施、施工现场临时用电方案或者专项施工方案	(1)责令限期改正； (2)逾期未改正的，责令停业整顿，并处10万元以上30万元以下的罚款； (3)情节严重的，降低资质等级，直至吊销资质证书	《建设工程安全生产管理条例》第六十五条

续表

序号	违法类别	具体违法行为	处罚措施	处罚依据
9	施工单位安全责任	施工单位的主要负责人、项目负责人未履行安全生产管理职责	(1)责令限期改正; (2)逾期未改正的,责令施工单位停业整顿; (3)施工单位的主要负责人、项目负责人有前款违法行为,尚不够刑事处罚的,处2万元以上20万元以下的罚款或者按照管理权限给予撤职处分; (4)自刑罚执行完毕或者受处分之日起,5年内不得担任任何施工单位的主要负责人、项目负责人	《建设工程安全生产管理条例》第六十六条

施工单位主要参与房地产开发的施工建设阶段,在该阶段中,施工企业要合法承包、依法施工,重点保障工程质量和安全生产,同时注意保护环境。相应地,房地产开发企业在选择施工方时应该着重对施工单位这些方面的违法记录进行审查。为进一步厘清施工单位在施工阶段的行政法律风险,下文将结合有关案例详细说明。

二、违法转让承揽工程

典型案例 7－1 ①

杭州H建筑劳务有限公司在东海航空产业中心(深圳主运营基地综合配套设施)幕墙工程项目中,允许个人使用其企业资质,以H建筑劳务有限公司的名义承揽工程。深圳市住房和建设局依据《建筑法》第六十六条,对其处以罚款人民币15万余元。

(一)法律规定

《建筑法》第六十六条

建筑施工企业转让、出借资质证书或者以其他方式允许他人以本企业的名

① 深圳市住房和建设局行政处罚决定书,深建罚(2019)第263号。

义承揽工程的,责令改正,没收违法所得,并处罚款,可以责令停业整顿,降低资质等级;情节严重的,吊销资质证书。对因该项承揽工程不符合规定的质量标准造成的损失,建筑施工企业与使用本企业名义的单位或者个人承担连带赔偿责任。

(二)案例分析

上述案例中,某公司在开发建设项目中允许不具备建设资质的个人借用其企业资质,以其公司的名义承揽工程,被执法机关查处,因此受到了高额罚款处罚。

(三)警示意义及应对建议

建筑施工企业应妥善保管资质证书,不得随意转让出借,不得允许他人借用资质。

三、违法转包、分包

典型案例 7-2 ①

义乌市H建设有限公司违法转包。义乌市行政执法局依据《建筑法》第六十七条第一款、《建设工程质量管理条例》第六十二条第一款,对其作出如下行政处罚:(1)处工程合同价款0.875%的罚款,计罚款人民币5万余元;(2)没收违法所得人民币近26万元。

典型案例 7-3 ②

北京某安置房项目一期工程由北京C公司总承包施工。北京Q建筑机械设备租赁有限公司是该工程中起重设备安装工程专业分包单位,该单位与施工总承包北京C公司签订了《北京市建筑施工设备服务合同》,合同中包含塔式起重机进出场及拆装费42,000元。北京Q建筑机械设备租赁有限公司承揽该工程中起重设备安装工程后,未对所承揽的专业工程全部进行自行组织施工,而

---

① 义乌市综合行政执法局行政处罚决定书,义执法行罚字(2019)第05408号。

② 北京市住房和城乡建设委员会行政处罚决定书,京建法罚(市)字(2019)第010221-2号。

将包含在所承包工程中的起重设备安装工程转包给北京市H设备租赁有限责任公司进行施工，并与北京市H设备租赁有限责任公司签订了《塔吊拆装合同》，目前已安装完成且投入使用。北京市住房和城乡建设委员会依法对北京Q建筑机械设备租赁有限公司处262.5元的罚款。

（一）法律规定

1.《建筑法》第六十七条

承包单位将承包的工程转包的，或者违反本法规定进行分包的，责令改正，没收违法所得，并处罚款，可以责令停业整顿，降低资质等级；情节严重的，吊销资质证书。

承包单位有前款规定的违法行为的，对因转包工程或者违法分包的工程不符合规定的质量标准造成的损失，与接受转包或者分包的单位承担连带赔偿责任。

2.《建设工程质量管理条例》第六十二条第一款

违反本条例规定，承包单位将承包的工程转包或者违法分包的，责令改正，没收违法所得，对勘察、设计单位处合同约定的勘察费、设计费25%以上50%以下的罚款；对施工单位处工程合同价款0.5%以上1%以下的罚款；可以责令停业整顿，降低资质等级；情节严重的，吊销资质证书。

（二）案例分析

北京Q建筑机械设备租赁有限公司承揽相关工程中的起重设备安装工程后，又将该工程转给另一个单位进行施工，该行为被执法机关认定构成工程转包。

（三）警示意义及应对建议

承包单位在依法承包建设工程后，应依法施工，不得将承包的工程转包或进行肢解分包等违法行为。

四、擅自变动施工

典型案例 7－4 ①

郑州D置业有限公司在建设涉及建筑主体和承重结构变动的装修工程时，没有设计方案擅自施工。郑州市城市综合执法局认为，其行为违反了《建设工程质量管理条例》第十五条第一款的规定，故依据《建设工程质量管理条例》第六十九条第一款的规定，对其处以50万元罚款。

（一）法律规定

1.《建筑法》第七十条

违反本法规定，涉及建筑主体或者承重结构变动的装修工程擅自施工的，责令改正，处以罚款；造成损失的，承担赔偿责任；构成犯罪的，依法追究刑事责任。

2.《建设工程质量管理条例》第六十九条

违反本条例规定，涉及建筑主体或者承重结构变动的装修工程，没有设计方案擅自施工的，责令改正，处50万元以上100万元以下的罚款；房屋建筑使用者在装修过程中擅自变动房屋建筑主体和承重结构的，责令改正，处5万元以上10万元以下的罚款。

有前款所列行为，造成损失的，依法承担赔偿责任。

（二）警示意义及应对建议

涉及建筑主体和承重结构变动的装修工程，建设单位应当在施工前委托原设计单位或者具有相应资质条件的设计单位提出设计方案；没有设计方案的，不得施工。

① 郑州市城市综合执法局行政处罚决定书，市执罚决字（2020）第29026号。

五、施工安全隐患

典型案例 7-5[①]

北京市住房和城乡建设委员会对位于丰台区某村的24#回迁住宅楼等5项、27#回迁住宅楼等3项的施工现场进行了专项执法检查，并对该工程的精装修工程分包施工单位北京C公司未严格按照建筑业安全作业标准进行施工，造成事故隐患的行为进行立案调查。

通过现场检查和对C公司的委托代理人颜某进行询问以及调取有关资料，查明该工程由北京W房地产开发有限公司建设、Z公司总承包施工、北京Z监理有限公司监理，精装修工程分包施工单位为北京C公司。24#回迁住宅楼等5项、27#回迁住宅楼等3项于2017年12月12日开工建设，建筑面积为94,333.93平方米，现场检查时正在进行装饰装修施工。该工程的精装修工程分包施工单位在施工过程中存在以下问题：(1)施工现场27#回迁住宅楼一层一个开关箱直接控制两台用电设备（一个电动搅拌机和一个220V照明灯具），不符合《施工现场临时用电安全技术规范》第8.1.3条的要求；(2)施工现场27#回迁住宅楼一层220V照明灯具距地高度为0.8m，不符合《施工现场临时用电安全技术规范》第10.3.2条的要求。因此，北京市住房和城乡建设委员会给了北京C公司责令改正，处1万元罚款的行政处罚。

（一）法律规定

《建筑法》第七十一条第一款

建筑施工企业违反本法规定，对建筑安全事故隐患不采取措施予以消除的，责令改正，可以处以罚款；情节严重的，责令停业整顿，降低资质等级或者吊销资质证书；构成犯罪的，依法追究刑事责任。

（二）案例分析

北京C公司作为施工单位，在施工中“一层一个开关箱直接控制两台用电

① 北京市住房和城乡建设委员会行政处罚决定书，京建法罚（市）字(2019)第020415号。

设备”和“一层220V照明灯具距地高度为0.8m”的施工配套设施违反了施工现场临时安全用电的要求，属于未严格按照建筑业安全作业标准进行施工，造成事故隐患，情节严重，故受到了有关部门的处罚。

（三）警示意义及应对建议

1. 建筑施工企业必须依法加强对建筑安全生产的管理，执行安全生产责任制度，采取有效措施，防止伤亡和其他安全生产事故的发生。

2. 施工中发生事故时，建筑施工企业应当采取紧急措施减少人员伤亡和事故损失，并按照国家有关规定及时向有关部门报告。

六、未按标准施工

典型案例 7－6①

北京J混凝土有限公司生产的C35P8混凝土外加剂计量整车偏差－10.5%，计量偏差大于±1%，北京市住房和城乡建设委员会认为，J公司不按照施工技术标准施工的行为违反了《预拌混凝土质量管理规程》（DB11/385—2019）第7.1.2条的规定，该车混凝土方量为18.0立方米，故依据《建筑法》第七十四条、《建设工程质量管理条例》第六十四条、《北京市建设工程质量条例》第七十五条第一款之规定，对J公司处以工程合同价款2%以上3%以下的罚款。

（一）法律规定

1.《建筑法》第七十四条

建筑施工企业在施工中偷工减料的，使用不合格的建筑材料、建筑构配件和设备的，或者有其他不按照工程设计图纸或者施工技术标准施工的行为的，责令改正，处以罚款；情节严重的，责令停业整顿，降低资质等级或者吊销资质证书；造成建筑工程质量不符合规定的质量标准的，负责返工、修理，并赔偿因此造成的损失；构成犯罪的，依法追究刑事责任。

---

① 北京市住房和城乡建设委员会行政处罚决定书，京建法罚简（市）字（2019）第020568号。

2.《建设工程质量管理条例》第六十四条

违反本条例规定，施工单位在施工中偷工减料的，使用不合格的建筑材料、建筑构配件和设备的，或者有不按照工程设计图纸或者施工技术标准施工的其他行为的，责令改正，处工程合同价款2%以上4%以下的罚款；造成建设工程质量不符合规定的质量标准的，负责返工、修理，并赔偿因此造成的损失；情节严重的，责令停业整顿，降低资质等级或者吊销资质证书。

（二）警示意义及应对建议

建筑施工企业必须按照工程设计图纸和施工技术标准施工，不得偷工减料。工程设计的修改由原设计单位负责，建筑施工企业不得擅自修改工程设计。

七、施工单位违规处置建筑垃圾

典型案例 7-7 ①

浙江H建设有限公司作为施工单位将建筑垃圾交给个人处置。义乌市综合行政执法局认为，该公司的行为违反了有关法律法规的规定，对其处以警告并罚款1.5万元。

（一）法律规定

《城市建筑垃圾管理规定》第二十二条

施工单位未及时清运工程施工过程中产生的建筑垃圾，造成环境污染的，由城市人民政府市容环境卫生主管部门责令限期改正，给予警告，处5000元以上5万元以下罚款。

施工单位将建筑垃圾交给个人或者未经核准从事建筑垃圾运输的单位处置的，由城市人民政府市容环境卫生主管部门责令限期改正，给予警告，处1万元以上10万元以下罚款。

---

① 义乌市综合行政执法局行政处罚决定书，义执法行罚字（2020）第01848号。

(二)案例分析

该案中,被处罚人擅自将建筑垃圾交给个人处置,违反了《城市建筑垃圾管理规定》第二十二条的明确规定,因此受到了处罚。

(三)警示意义及应对建议

建筑垃圾不可随意处置,施工单位应当及时清运工程施工过程中产生的建筑垃圾,并按照城市人民政府市容环境卫生主管部门的规定处置,防止污染环境。施工单位不得将建筑垃圾交给个人或者未经核准从事建筑垃圾运输的单位运输,而应该遵从城市人民政府市容环境卫生主管部门的规定,依法处置,防止污染环境。

八、保修问题

典型案例 7-8 ①

威海某公司施工建设的威海某中学校舍工程,在投入使用后出现大量质量问题。威海市住房和城乡建设局认为,该工程项目在出现问题后,施工单位未及时履行保修义务,造成恶劣影响,故依据《建设工程质量管理条例》第六十六条及《山东省住房城乡建设系统行政处罚裁量基准(试行)》的规定,对该公司处以15万元罚款。

(一)法律规定

1.《建筑法》第七十五条

建筑施工企业违反本法规定,不履行保修义务或者拖延履行保修义务的,责令改正,可以处以罚款,并对在保修期内因屋顶、墙面渗漏、开裂等质量缺陷造成的损失,承担赔偿责任。

2.《建设工程质量管理条例》第六十六条

违反本条例规定,施工单位不履行保修义务或者拖延履行保修义务的,责

① 威海市住房和城乡建设局行政处罚决定书,威建行处字(2015)第1号。

令改正，处 10 万元以上 20 万元以下的罚款，并对在保修期内因质量缺陷造成的损失承担赔偿责任。

(二) 警示意义及应对建议

建设工程在保修范围和保修期限内发生质量问题的，施工单位应当及时履行保修义务，并对造成的损失承担赔偿责任。

九、未依法检验

典型案例 7-9 ①

Z 公司未对涉及结构安全的试件现场取样检测，被南京市城乡建设委员会查处。南京市城乡建设委员会认为，Z 公司上述行为违反了《建设工程质量管理条例》第三十一条的规定，故依据《建设工程质量管理条例》第六十五条，对其处以罚款 15 万元。

(一) 法律规定

《建设工程质量管理条例》第六十五条

违反本条例规定，施工单位未对建筑材料、建筑构配件、设备和商品混凝土进行检验，或者未对涉及结构安全的试块、试件以及有关材料取样检测的，责令改正，处 10 万元以上 20 万元以下的罚款；情节严重的，责令停业整顿，降低资质等级或者吊销资质证书；造成损失的，依法承担赔偿责任。

(二) 警示意义及应对建议

施工单位必须按照工程设计要求、施工技术标准和合同约定，对建筑材料、建筑构配件、设备和商品混凝土进行检验，检验应当有书面记录和专人签字；未经检验或者检验不合格的，不得使用。

---

① 南京市城乡建设委员会行政处罚决定书，宁建罚决字(2019)第 60 号。

十、施工单位安全责任

典型案例 7-10 ①

C建设集团有限公司施工的办公及设备用房工程，未设立安全生产管理机构、配备专职安全生产管理人员或者分部分项工程施工时无专职安全生产管理人员现场监督，北京市住房和城乡建设委员会查处C公司上述违法行为后，认定其行为违反了《建设工程安全生产管理条例》第六十二条第（一）项之规定，故依据《安全生产法》（2014）第九十四条第（一）项，责令C公司改正，并对其处罚款1000元。

（一）法律规定

《建设工程安全生产管理条例》第六十二条

违反本条例的规定，施工单位有下列行为之一的，责令限期改正；逾期未改正的，责令停业整顿，依照《安全生产法》的有关规定处以罚款；造成重大安全事故，构成犯罪的，对直接责任人员，依照刑法有关规定追究刑事责任：

（一）未设立安全生产管理机构、配备专职安全生产管理人员或者分部分项工程施工时无专职安全生产管理人员现场监督的；

（二）施工单位的主要负责人、项目负责人、专职安全生产管理人员、作业人员或者特种作业人员，未经安全教育培训或者经考核不合格即从事相关工作的；

（三）未在施工现场的危险部位设置明显的安全警示标志，或者未按照国家有关规定在施工现场设置消防通道、消防水源、配备消防设施和灭火器材的；

（四）未向作业人员提供安全防护用具和安全防护服装的；

（五）未按照规定在施工起重机械和整体提升脚手架、模板等自升式架设设施验收合格后登记的；

（六）使用国家明令淘汰、禁止使用的危及施工安全的工艺、设备、材料的。

---

① 北京市住房和城乡建设委员会行政处罚决定书，京建法罚简（市）字（2019）第020124号。

(二)警示意义及应对建议

1. 施工单位应当设立安全生产管理机构，配备专职安全生产管理人员。专职安全生产管理人员负责对安全生产进行现场监督检查。发现安全事故隐患，应当及时向项目负责人和安全生产管理机构报告；对违章指挥、违章操作的，应当立即制止。

2. 施工单位应当建立健全安全生产责任制度和安全生产教育培训制度，制定安全生产规章制度和操作规程，保证本单位安全生产条件所需资金的投入，对所承担的建设工程进行定期和专项安全检查，并做好安全检查记录。

3. 施工单位应当在施工现场入口处、施工起重机械、临时用电设施、脚手架、出入通道口、楼梯口、电梯井口、孔洞口、桥梁口、隧道口、基坑边沿、爆破物及有害危险气体和液体存放处等危险部位设置明显的安全警示标志，安全警示标志必须符合国家标准。

4. 施工单位应当向作业人员提供安全防护用具和安全防护服装，并书面告知危险岗位的操作规程和违章操作的危害。

5. 施工单位应当自施工起重机械和整体提升脚手架、模板等自升式架设设施验收合格之日起 30 日内向建设行政主管部门或者其他有关部门登记。

6. 施工单位在施工中不得使用国家明令淘汰、禁止使用的危及施工安全的工艺、设备、材料。

典型案例 7－11 ①

Z 集团有限公司承建的青岛市地铁 1 号线工程土建一标段某站现场中板施工作业层临边栏杆局部缺失，塔吊洞口临边栏杆及防护网缺失，存在安全隐患。原青岛市城乡建设委员会认为，Z 公司该行为违反了建设工程安全生产的要求，但属于轻微违法情形，故依据《建设工程安全生产管理条例》第六十四条第一款第(二)项之规定，对其处以 5 万元罚款。

典型案例 7－12 ②

南京 C 建设工程有限公司在某地块项目建安工程的施工过程中，在尚未竣

① 青岛市城乡建设委员会行政处罚决定书，青建市政罚(2019)第 0008 号。

② 南京市城乡建设委员会行政处罚决定书，宁建罚决字(2017)第 3029 号。

工的建筑物内设置了员工集体宿舍，被原南京市城乡建设委员会查处，原南京市城乡建设委员会对其处以罚款人民币10万元。

(一)法律规定

《建设工程安全生产管理条例》第六十四条

违反本条例的规定，施工单位有下列行为之一的，责令限期改正；逾期未改正的，责令停业整顿，并处5万元以上10万元以下的罚款；造成重大安全事故，构成犯罪的，对直接责任人员，依照刑法有关规定追究刑事责任：

(一)施工前未对有关安全施工的技术要求作出详细说明的；

(二)未根据不同施工阶段和周围环境及季节、气候的变化，在施工现场采取相应的安全施工措施，或者在城市市区内的建设工程的施工现场未实行封闭围挡的；

(三)在尚未竣工的建筑物内设置员工集体宿舍的；

(四)施工现场临时搭建的建筑物不符合安全使用要求的；

(五)未对因建设工程施工可能造成损害的毗邻建筑物、构筑物和地下管线等采取专项防护措施的。

施工单位有前款规定第(四)项、第(五)项行为，造成损失的，依法承担赔偿责任。

(二)案例分析

南京C建设工程有限公司在尚未竣工的建筑物内设置员工集体宿舍的行为存在安全隐患，不符合安全施工的要求，违反了《建设工程质量管理条例》第六十四条，因此被有关部门处罚。

(三)警示意义及应对建议

1. 建设工程施工前，施工单位负责项目管理的技术人员应当对有关安全施工的技术要求向施工作业班组、作业人员作出详细说明，并由双方签字确认。

2. 施工单位对因建设工程施工可能造成损害的毗邻建筑物、构筑物和地下管线等，应当采取专项防护措施，在城市市区内的建设工程，施工单位应当对施工现场实行封闭围挡。

3. 施工单位应当将施工现场的办公、生活区与作业区分开设置，并保持安全距离;办公、生活区的选址应当符合安全性要求,不得在尚未竣工的建筑物内设置员工集体宿舍。

4. 施工现场临时搭建的建筑物应当符合安全使用要求。施工现场使用的装配式活动房屋应当具有产品合格证。

典型案例 7－13 ①

广东省D建筑工程有限公司在石井污水处理系统管网工程——石井中部片区一期——某村周边污水管网工程中使用的汽车起重机检验报告造假,使用了未经验收、验收不合格的汽车起重机,被广州市水务局执法监察支队查处。广州市水务局认定,其行为违反了《建设工程安全生产管理条例》第三十五条的规定,故依据《建设工程安全生产管理条例》第六十五条,对其处以罚款人民币14.5万元。

典型案例 7－14 ②

2009年9月9日下午,由浙江D建设有限公司施工的台州市路桥某项目建设工地在塔吊塔基开挖时,发生泥浆池坍塌事故,造成7人死亡,3人受伤。经浙江省住房和城乡建设厅认定,这是一起较大的生产安全责任事故。浙江D建设有限公司作为施工单位,内部管理不规范,安全生产责任不落实,安全管理不到位,项目部的安全生产处于失管状态,导致项目部在塔吊基坑开挖过程中盲目指挥、冒险作业、野蛮施工,造成较大的生产安全责任事故。

住房和城乡建设部依据《建筑法》第四十四条、第六十六条和第七十一条,以及《建设工程安全生产管理条例》第二十六条和第六十五条之规定,决定给予浙江D建设有限公司降低资质等级的行政处罚,由房屋建筑工程施工总承包一级降为房屋建筑工程施工总承包二级。

(一)法律规定

《建设工程安全生产管理条例》第六十五条

违反本条例的规定,施工单位有下列行为之一的,责令限期改正;逾期未改

① 广州市水务局行政处罚决定书,穗水行罚(2019)第110号。

② 中华人民共和国住房和城乡建设部行政处罚决定书,建市罚字(2010)第5号。

正的,责令停业整顿,并处10万元以上30万元以下的罚款;情节严重的,降低资质等级,直至吊销资质证书;造成重大安全事故,构成犯罪的,对直接责任人员,依照刑法有关规定追究刑事责任;造成损失的,依法承担赔偿责任:

(一)安全防护用具、机械设备、施工机具及配件在进入施工现场前未经查验或者查验不合格即投入使用的;

(二)使用未经验收或者验收不合格的施工起重机械和整体提升脚手架、模板等自升式架设设施的;

(三)委托不具有相应资质的单位承担施工现场安装、拆卸施工起重机械和整体提升脚手架、模板等自升式架设设施的;

(四)在施工组织设计中未编制安全技术措施、施工现场临时用电方案或者专项施工方案的。

(二)警示意义及应对建议

1. 施工单位采购、租赁的安全防护用具、机械设备、施工机具及配件,应当具有生产(制造)许可证、产品合格证,并在进入施工现场前进行查验。

2. 施工单位在使用施工起重机械和整体提升脚手架、模板等自升式架设设施前,应当组织有关单位进行验收,也可以委托具有相应资质的检验检测机构进行验收;使用承租的机械设备和施工机具及配件的,由施工总承包单位、分包单位、出租单位和安装单位共同进行验收。验收合格的方可使用。

3. 施工单位应当在施工组织设计中编制安全技术措施和施工现场临时用电方案,对达到一定规模的危险性较大的分部分项工程还应编制专项施工方案。

典型案例 7-15①

瓯海区住房和城乡建设局工作人员前往大西洋Y城工地进行检查,发现该工地存在如下5项问题:(1)现场检查发现个别工人没有戴安全帽;(2)现场脚手架搭设与施工方案不符,无扫地杆,缺少脚手片,个别立杆间距过大,剪刀撑设置不规范,缺少刚性连接,架体端口防护不到位,与防护棚混搭;(3)临时用电未做到三级配电三级保护,配电箱未做重复接地,开关箱设置不规范,无"一机

① 温州市瓯海区住房和城乡建设局行政处罚决定书,温瓯住建罚决字(2016)第13号。

一闸一漏保”，电缆线拖地，架设不规范；(4)楼层临边预留洞口防护不到位；(5)施工现场无防扬尘措施。Y城公共部分室内装修工程建设单位为温州C公司，施工单位为J公司，监理单位为浙江A公司，该工程为内部装修工程，施工面积49,900平方米，工程造价5278余万元，目前已完成工程量50%左右。当日，瓯海区住房和城乡建设局立即开出安全隐患整改通知单，责令该工地停工整改。该工地于9月8日对有关问题整改完成并回复，同时，住房和城乡建设局复查确已整改到位后，同意其复工。

瓯海区住房和城乡建设局认为，项目负责人郑某对该项目公共部分室内装修工程的安全施工负有管理责任，因其没有落实好安全生产责任制度、安全生产规章制度和操作规程，导致工地在平安检查中被发现存在多个安全隐患。项目负责人郑某的行为违反了《建设工程安全生产管理条例》第二十一条第二款之规定，故依据《行政处罚法》(2009)第三十一条①、第三十二条②之规定，区住房和城乡建设局向当事人发出了《行政处罚事先告知书》，当事人在规定的期限内未要求进行听证、陈述和申辩。瓯海区住房和城乡建设局考虑到项目负责人郑某是初次违法，且未造成安全事故，事后也已整改落实到位，依据《建设工程安全生产管理条例》第六十六条第三款之规定，决定对项目负责人郑某处3万元的罚款。

(一)法律规定

《建设工程安全生产管理条例》第六十六条

违反本条例的规定，施工单位的主要负责人、项目负责人未履行安全生产管理职责的，责令限期改正；逾期未改正的，责令施工单位停业整顿；造成重大安全事故、重大伤亡事故或者其他严重后果，构成犯罪的，依照刑法有关规定追究刑事责任。

作业人员不服管理、违反规章制度和操作规程冒险作业造成重大伤亡事故或者其他严重后果，构成犯罪的，依照刑法有关规定追究刑事责任。

施工单位的主要负责人、项目负责人有前款违法行为，尚不够刑事处罚的，处2万元以上20万元以下的罚款或者按照管理权限给予撤职处分；自刑罚执

---

① 对应《行政处罚法》(2021)第四十四条。

② 对应《行政处罚法》(2021)第四十五条。

行完毕或者受处分之日起,5 年内不得担任任何施工单位的主要负责人、项目负责人。

(二)警示意义及应对建议

施工单位主要负责人应加强对本单位施工项目的安全生产工作的管理,依法对本单位的安全生产工作全面负责。

十一、物业服务企业行政处罚风险一览表

物业服务企业主要参与房地产开发销售后的物业管理阶段,前期的物业服务企业往往是由房地产开发企业选定。在该阶段中,物业服务企业要做好各项物业管理工作,保障业主利益,并在前期物业服务合同终止后妥善办理交接工作。相应地,房地产开发企业在选择物业服务企业时应该着重对物业服务企业的违法记录进行审查。物业服务企业在物业管理阶段的行政处罚风险如表 7－2 所示:

表 7－2　物业服务企业行政处罚风险一览

序号	违法类别	具体违法行为	处罚措施	处罚依据
1	物业服务违法转包	物业服务企业将一个物业管理区域内的全部物业管理一并委托给他人	由县级以上地方人民政府房地产行政主管部门责令限期改正,处委托合同价款30%以上50%以下的罚款	《物业管理条例》第五十九条
2	擅自改变物业管理用房用途	物业服务企业未经业主大会同意,擅自改变物业管理用房的用途	由县级以上地方人民政府房地产行政主管部门责令限期改正,给予警告,并处1万元以上10万元以下的罚款	《物业管理条例》第六十二条
3	擅自使用共有部分	(1)擅自改变物业管理区域内按照规划建设的公共建筑和共用设施用途; (2)擅自占用、挖掘物业管理区域内道路、场地,损害业主共同利益; (3)擅自利用物业共用部位、共用设施设备进行经营	(1)由县级以上地方人民政府房地产行政主管部门责令限期改正,给予警告,并按照本条第二款的规定处以罚款; (2)个人有前款规定行为之一的,处1000元以上1万元以下的罚款;单位有前款规定行为之一的,处5万元以上20万元以下的罚款	《物业管理条例》第六十三条

续表

序号	违法类别	具体违法行为	处罚措施	处罚依据
4	怠于移交有关资料	物业公司在物业合同终止时怠于移交有关物业资料	(1)由县级以上地方人民政府房地产行政主管部门责令限期改正; (2)逾期仍不移交有关资料的,对建设单位、物业服务企业予以通报,处1万元以上10万元以下的罚款	《物业管理条例》五十八条

十二、物业服务违法转包

(一)法律规定

《物业管理条例》第五十九条

违反本条例的规定,物业服务企业将一个物业管理区域内的全部物业管理一并委托给他人的,由县级以上地方人民政府房地产行政主管部门责令限期改正,处委托合同价款30%以上50%以下的罚款。委托所得收益,用于物业管理区域内物业共用部位、共用设施设备的维修、养护,剩余部分按照业主大会的决定使用;给业主造成损失的,依法承担赔偿责任。

(二)警示意义及应对建议

物业服务企业可以将物业管理区域内的专项服务业务委托给专业性服务企业,但不得将该区域内的全部物业管理一并委托给他人。

十二、擅自改变物业管理用房用途

典型案例 7-16[①]

荆州市J物业服务有限公司未经荆州市J公馆业主委员会同意,擅自与荆州市Y装饰工程有限公司签订《房屋租赁合同》,将“J公馆”小区物业管理用房

① 湖北省荆州市沙市区人民法院行政裁定书,(2018)鄂1002行审92号。

二楼出租给荆州市Y装饰工程有限公司作办公室使用。

原荆州市房产管理局认为，荆州市J物业服务有限公司涉嫌擅自改变物业管理用房用途，其行为违反了《物业管理条例》第三十七条的规定。依照《物业管理条例》第六十二条的规定，于2017年11月15日对荆州市J物业服务有限公司作出《行政处罚决定书》，责令被执行人立即改正违法行为，予以警告并处罚款6万元。

（一）法律规定

《物业管理条例》第六十二条

违反本条例的规定，未经业主大会同意，物业服务企业擅自改变物业管理用房的用途的，由县级以上地方人民政府房地产行政主管部门责令限期改正，给予警告，并处1万元以上10万元以下的罚款；有收益的，所得收益用于物业管理区域内物业共用部位、共用设施设备的维修、养护，剩余部分按照业主大会的决定使用。

（二）案例分析

该案中，物业服务公司未经业主委员会同意，擅自将物业管理用房出租给其他公司用作办公，属于擅自改变物业管理用房用途的行为，违反了《物业管理条例》的规定，故依法受到了有关部门的处罚。

（三）警示意义及应对建议

物业管理用房的所有权依法属于业主，物业服务企业使用物业管理用房应遵循“符合业主利益”的原则，未经业主大会同意不得擅自改变物业管理用房的用途。

十四、擅自使用共有部分

典型案例 7－17[①]

北京H房地产开发有限公司作为某小区的物业服务企业，在未征得相关业

① 北京市住房和城乡建设委员会行政处罚决定书，京建法罚（市）字（2019）第010319号。

主、业主大会的同意的情况下，利用小区多处物业共用部位、共用设施设备（主要为电梯轿厢、候梯厅、绿地、公共区域道路、门厅、走廊通道、地下车库公共区域）进行电梯内LED视屏广告、电梯内镜框广告、电梯内投影设备类媒体广告、电梯外等候厅媒体广告、阿甘奇点智能生鲜菜栈售卖机、菜鸟驿站快递柜、丰巢快递柜、格格快递柜、农夫山泉桶装水自助售卖机、自助售水机、小黄狗垃圾回收机、自助洗衣柜、自助售米机、鲜花柜售卖机等16项经营活动，并收取相关单位费用。

北京市住房和城乡建设委员会认为，该公司的上述行为违反了《物业管理条例》第五十四条的规定，故责令该公司自收到处罚决定书之日起90日之内改正，给予警告，并对其处以20万元罚款的行政处罚。

典型案例 7－18[①]

被处罚人鄘某存在未经过丰泽湖山庄相关业主、业主大会同意擅自决定利用丰泽湖山庄共用部位、共用设施设备进行广告经营的行为。深圳市龙华区住房和建设局认为，其上述行为违反了《物业管理条例》第五十四条之规定，根据《物业管理条例》第六十三条第一款第三项、第六十三条第二款之规定，责令限期改正，给予警告，并处以罚款人民币4900元。

（一）法律规定

《物业管理条例》第六十三条

违反本条例的规定，有下列行为之一的，由县级以上地方人民政府房地产行政主管部门责令限期改正，给予警告，并按照本条第二款的规定处以罚款；所得收益，用于物业管理区域内物业共用部位、共用设施设备的维修、养护，剩余部分按照业主大会的决定使用：

（一）擅自改变物业管理区域内按照规划建设的公共建筑和共用设施用途的；

（二）擅自占用、挖掘物业管理区域内道路、场地，损害业主共同利益的；

（三）擅自利用物业共用部位、共用设施设备进行经营的。

个人有前款规定行为之一的，处1000元以上1万元以下的罚款；单位有前

---

① 深圳市龙华区住房和建设局行政处罚决定书，深龙华建罚字（2019）第032号。

款规定行为之一的,处5万元以上20万元以下的罚款。

(二)案例分析

物业管理区域内的公共区域道路、门厅、走廊通道、地下车库公共区域等依法属于业主共有,上述案例7-17中,北京H房地产开发有限公司未经业主大会同意,擅自在业主共有区域内设置广告、营运设备并收取费用,属于违法行为,因此受到了有关部门的处罚。

(三)警示意义及应对建议

物业服务企业的主要职责是为业主提供物业管理服务,对于物业管理范围内属于小区业主共有的部分物业企业不得擅自使用、处分,使用共有部分必须经过业主大会的决定同意。物业服务企业违法擅自使用将面临处罚。

物业服务企业不得擅自占用、挖掘物业管理区域内的道路、场地,损害业主的共同利益。

利用物业共用部位、共用设施设备进行经营的,应当在征得相关业主、业主大会、物业服务企业的同意后,按照规定办理有关手续。

物业服务企业原则上不得改变物业管理区域内按照规划建设的公共建筑和共用设施的用途;物业服务企业确需改变的,应当提请业主大会讨论决定同意后,由业主依法办理有关手续。

十五、怠于移交有关资料

典型案例 7-19 [①]

该案中,北京市海淀区Y小区业主委员会向北京市住房和城乡建设委员会投诉,投诉内容之一是反映T物业公司撤出小区后,拒绝把小区的一些重要文件资料交还小区。在投诉中,Y业委会称,T公司是涉黑性质物业,要求北京市住房和城乡建设委员会予以查处和惩治。2014年9月23日,市住建委作出信访事项告知函。

---

① 北京市第一中级人民法院行政判决书,(2019)京01行终323号。

2017 年 11 月 23 日,市住建委针对 Y 业委会的投诉重新作出《关于 Y 小区反映北京 T 物业公司撤出不移交相关资料等问题的答复意见》,认为根据《北京市物业管理办法》[①]第二十七条之规定,鉴于 T 公司已按期改正不移交资料的行为,不构成逾期不移交的情形。Y 业委会不服上述答复,向住房和城乡建设部申请行政复议。住房和城乡建设部作出行政复议决定书,予以维持。Y 业委会仍不服,遂向一审法院提起诉讼,请求撤销答复及复议决定,并判令市住房和城乡建设委员会针对上诉人的投诉重新作出公正处理。

一审法院认为,依据《物业管理条例》(2007)第五十九条[②]、《北京市物业管理办法》第四十三条第一款之规定,对于物业服务企业未按规定办理物业交接的行为,初始管辖权在区县房屋行政管理部门。北京市住房和城乡建设委员会作为上级行政机关,虽然对上述行为进行监督管理属于其管辖范围之内的事项,但是,除非上级行政机关已经代替下级行政机关启动了行政处罚等查处程序,否则,其对物业服务企业未按规定办理物业交接的行为履行的相关告知和答复义务,仅是基于其管辖范围而进行,并非启动法定查处程序。因此,本案被诉答复即是北京市住房和城乡建设委员会基于上述管辖范围作出,对其合法性的审查范围,应当基于该答复是否对上诉人合法权益造成损害。

本案中,根据已查明事实,被诉答复针对上诉人投诉反映的 T 公司未按规定移交相关物业资料的问题,认定 T 公司已按期改正不移交资料的行为,T 公司不构成逾期不移交的情形。上述答复内容系北京市住房和城乡建设委员会对于 Y 业委会的投诉在经过多次诉讼且告知函已被撤销的情况下,进一步调查核实后重新作出的答复,该答复并未对 Y 业委会施加任何不利影响,亦符合生效民事判决所认定的事实。同时,针对 Y 业委会投诉 T 公司存在侵犯业主权益及是否"涉黑"的问题,《物业管理条例》及《北京市物业管理办法》等相关规定中,均未赋予房地产行政主管部门针对上述事项负有法定查处职责。因此,被诉答复中关于对上诉人投诉的上述事项进行的答复部分,对上诉人的权利义务不产生实际影响,亦未侵犯上诉人的合法权益。故北京市住房和城乡建设委员会作出的被诉答复并无不当。同时,复议机关住房和城乡建设部依照《行政复

① 该法规已被《北京市人民政府关于废止〈北京市城市建设临时用地和临时建设工程管理暂行规定〉等 10 项规章的决定》(2020 年 6 月 8 日发布,2020 年 6 月 8 日实施)废止。

② 本篇法规被《国务院关于修改和废止部分行政法规的决定》(2018 年 3 月 19 日发布;2018 年 3 月 19 日实施)修订,该条对应《物业管理条例》(2018)第五十八条。

议法》的相关规定，履行了受理、告知、审查、延期、决定并送达的法定程序，其行为亦无不当。故上诉人的诉讼请求缺乏事实和法律依据，法院不予支持。故法院依照《行政诉讼法》第六十九条、第七十九条之规定，判决驳回了Y业委会的全部诉讼请求。二审法院维持原判。

(一)法律规定

《物业管理条例》第五十八条

违反本条例的规定，不移交有关资料的，由县级以上地方人民政府房地产行政主管部门责令限期改正；逾期仍不移交有关资料的，对建设单位、物业服务企业予以通报，处1万元以上10万元以下的罚款。

(二)警示意义及应对建议

物业服务企业应当在前期物业服务合同终止时将以下资料移交给业主委员会：

1. 竣工总平面图，单体建筑、结构、设备竣工图，配套设施、地下管网工程竣工图等竣工验收资料。
2. 设施设备的安装、使用和维护保养等技术资料。
3. 物业质量保修文件和物业使用说明文件。
4. 物业管理所必需的其他资料。

十六、本章小结

施工单位是房地产开发建设施工阶段的重要主体。建设项目竣工及商品房售出后，需要对各项目物业进行管理。前期物业服务企业往往由建设单位选任，与建设单位关系密切。施工单位在施工中需要遵守有关安全施工、环保施工的规定，严防安全生产事故，不得违法转包分包，不得擅自变动施工。而物业服务企业需要处理好与业主的关系，不得擅自改变物业管理用房用途，不得擅自使用业主共有部分，不得侵害业主的合法权益，并在业主委员会选任出物业服务企业后及时移交前期物业服务的有关资料。

因此，房地产开发企业对施工单位、物业服务企业在房地产开发、销售、管理过程中可能面临的行政处罚风险应予以适当的关注，并提醒施工单位、物业服务企业合规生产、经营。

第八章

/ CHAPTER 08

行政处罚程序及注意事项

《行政处罚法》将作出行政处罚的程序分为一般程序和简易程序。后者的适用条件是违法事实确凿并有法定依据,对公民处以200元以下、对法人或者其他组织处以3000元以下罚款或者警告的行政处罚。在此情况下,行政机关可以当场作出行政处罚决定。在房地产开发企业可能面临的行政处罚中,几乎不会涉及简易程序的适用,因而本章重点探讨房地产开发企业对行政机关依据一般程序作出行政处罚的应对。

一、行政检查

《行政处罚法》第五十四条第一款规定:"除本法第五十一条规定的可以当场作出的行政处罚外,行政机关发现公民、法人或者其他组织有依法应当给予行政处罚的行为的,必须全面、客观、公正地调查,收集有关证据;必要时,依照法律、法规的规定,可以进行检查。"因而,除依法可当场作出行政处罚的情形之外,行政调查或行政检查是行政机关作出其他行政处罚之前必需的前置性程序。同时,为进一步推进简政放权、放管结合、优化服务的部署和要求,创新政府管理方式,规范市场执法行为,切实解决当前一些领域存在的检查任性和执法扰民、执法不公、执法不严等问题,营造公平竞争的发展环境,国务院办公厅于2015年7月29日发布了《关于推广随机抽查规范事中事后监管的通知》(国办发〔2015〕58号),推广"双随机、一公开"制度,对行政机关的行政检查行为提出了诸多要求。

广东省人民政府于2020年4月9日公布,自2020年6月1日起施行的《广东省行政检查办法》(广东省人民政府令第272号)对行政检查的原则、组织、实施、检查对象的权益保障等问题作出了详尽的规定。根据该办法,行政检查是指行政执法主体依照法定职权,对公民、法人和其他组织遵守法律、法规、规章和执行行政命令、行政决定的情况进行了解、调查和监督的行为。行政检查包括日常检查和专项检查。日常检查是指行政执法主体依照法定职权对不特定对象或者不特定事项进行检查。专项检查是指行政执法主体根据投诉举报、上级交办、其他机关移送等案件线索或者重点领域治理部署对特定对象或者特定事项进行检查。

企业在应对行政检查时,应当注意如下事项:

(一)随机抽查事项清单

企业应当关注相关职能部门在其官方网站上公布的随机抽查事项清单。

根据国务院办公厅《关于推广随机抽查规范事中事后监管的通知》(国办发〔2015〕58号),行政机关应制定随机抽查事项清单。法律法规规章没有规定的,一律不得擅自开展检查。因此,随机抽查事项清单的依据应当是法律、法规和规章,并在行政检查事项清单中明确列举。如果行政机关自行开展清单之外的行政检查,相关行政行为可能在后续的行政复议、行政诉讼中被撤销、确认违法或无效。

同时,随机抽查事项清单应明确抽查依据、抽查主体、抽查内容、抽查方式,并根据法律法规规章修订情况和工作实际进行动态调整,及时向社会公布。根据《政府信息公开条例》和国务院办公厅《关于印发国务院部门权力和责任清单编制试点方案的通知》(国办发〔2015〕92号)的规定,行政检查事项清单作为政府权责清单的一部分,应当在行政机关网站上公开发布,供公众查询。

例如,广东住房和城乡建设厅就在其官方网站上公布了其权责清单,企业可以自行下载查阅。

(二)行政检查的频次

企业应当关注行政检查的频次。如果面临的行政检查频次较以往明显增加,应当特别注意规范生产经营行为,避免行政处罚风险。

根据国务院办公厅《关于推广随机抽查规范事中事后监管的通知》(国办发〔2015〕58号),行政机关应要根据当地经济社会发展和监管领域实际情况,合理确定随机抽查的比例和频次,既要保证必要的抽查覆盖面和工作力度,又要防止检查过多和执法扰民。对投诉举报多、列入经营异常名录或有严重违法违规记录等情况的市场主体,要加大随机抽查力度。《广东省行政检查办法》第十三条和第十四条规定,行政执法主体应当重点对下列执法事项或者检查对象依法依规实行全覆盖重点检查:(1)直接关系食品安全、药品安全、公共卫生、安全生产、自然资源保护、生态环境保护等重点领域治理的;(2)被多次投诉举报的;(3)被列入经营异常名录或者有严重违法违规记录等情况的;(4)其他在日常监管中发现需要重点检查的。对全国信用信息共享平台核查信用优良的检查对象,行政执法主体可以减少行政检查频次。

(三)行政检查机关

企业应当注意参与行政检查的行政机关的范围。为防止检查扰企、执法扰民,《广东省行政检查办法》第十六条和第十七条规定,推行“综合查一次”制度,避免行政执法主体对检查对象重复检查。同一行政执法主体同一时期对同一检查对象实施多项检查的,原则上应当合并进行。不同行政执法主体需要对同一检查对象进行多项检查并且内容可以合并完成的,原则上应当组织联合检查。因而,如果房地产开发企业在短时间内受到同一行政执法主体的多次检查,或者不同行政执法主体就相同或相近内容的分别检查,并影响企业的正常经营,可以向行政机关提出避免重复检查的建议,并可依据《广东省行政执法监督条例》向同级人民政府投诉、举报。然而,由于《广东省行政检查办法》并未规定重复检查的法律责任,所以复议机关和法院一般不会确认重复检查行为违法。

(四)行政检查方式

行政机关对企业的行政检查除了现场检查之外,还可能通过信息共享、“互联网 + 监管”等方式进行。《广东省行政检查办法》第十九条和第二十条规定,行政检查的方式包括现场检查和非现场检查。行政执法主体可以通过信息共享、“互联网 + 监管”等方式达到行政检查目的的,原则上不再进行现场检查。除直接涉及公共安全和人民群众生命健康等特殊行业、重点领域外,市场监管领域的行政检查应当通过随机抽取检查对象、随机选派执法检查人员、抽查事项及查处结果及时向社会公开的方式进行。

(五)行政执法人员的人数和资格

《行政处罚法》第四十二条第一款规定,行政处罚应当由具有行政执法资格的执法人员实施。执法人员不得少于两人,法律另有规定的除外。第五十五条第一款规定,执法人员在调查或者进行检查时,应当主动向当事人或者有关人员出示执法证件。当事人或者有关人员有权要求执法人员出示执法证件。执法人员不出示执法证件的,当事人或者有关人员有权拒绝接受调查或者检查。由此,企业应当注意行政执法人员的人数是否有两人或以上,是否持有有效的行政执法证件并主动出示,否则企业可以拒绝其检查;在后续的行政复议和行政诉讼当中,行政行为可能被撤销、确认违法或无效。

典型案例 8-1[①]

2018年3月12日,天津财政局对天津市S酒店用品有限公司(以下简称S酒店世纪公司)作出津财采罚(2018)6号《天津市财政局行政处罚决定书》,主要内容为:S酒店世纪公司在参与政府采购活动中提供虚假材料的行为,属于《政府采购法》第七十七条第一款第一项规定的提供虚假材料谋取中标、成交的情形。根据《政府采购法》第七十七条第一款的有关规定,对其作出如下处罚决定:(1)罚款近5600元,在接到本处罚决定书之日起15日内,按照本处罚决定书所附《天津市非税收入统一缴款书》所载内容,到有关银行缴纳罚款。(2)列入不良行为目录名单,禁止一年内参加政府采购活动。S酒店世纪公司不服,向财政部申请行政复议。2018年6月26日,财政部作出财复议(2018)123号《行政复议决定书》,维持了天津财政局作出的行政处罚决定。本案中,S酒店世纪公司向一审法院起诉请求判决撤销被诉处罚决定和被诉复议决定的理由之一是"天津财政局作出被诉处罚决定时未向被处罚人告知办案人员姓名,剥夺了被处罚人提出回避的权利,且收集的证据未经被处罚人确认和质证,影响陈述申辩权,属程序违法"。二审法院指出:"被诉处罚决定认定事实清楚,证据确凿,但天津财政局提交的证据材料不足以证明该局在作出被诉处罚决定的过程中履行了告知执法人员身份的程序,亦无法证明系由二人完成执法过程,故一审认定被诉处罚决定系程序违法、应予撤销是正确的。基于同样理由,一审法院认定财政部未尽复议审查职责,所作被诉复议决定应予撤销是正确的。"同时,法院还强调:"行政机关对案件事实的调查方式与对行政相对人程序权利的保护是行政行为的两个不同方面,应分别考虑、独立评价。尽管天津财政局主张通过向有关机关发函的方式即可查清案件事实,但此亦无法免除其在执法程序中示明身份、保障行政相对人合法权利的义务。天津财政局以其已查清案件事实为由,规避出示证件、示明身份的法定义务,缺乏法律依据,不能成立。"

1.法律规定

(1)《行政处罚法》第四十二条

行政处罚应当由具有行政执法资格的执法人员实施。执法人员不得少于两人,法律另有规定的除外。

---

① 北京市第二中级人民法院行政判决书,(2019)京02行终575号。

执法人员应当文明执法,尊重和保护当事人合法权益。

(2)《行政处罚法》第五十五条

执法人员在调查或者进行检查时,应当主动向当事人或者有关人员出示执法证件。当事人或者有关人员有权要求执法人员出示执法证件。执法人员不出示执法证件的,当事人或者有关人员有权拒绝接受调查或者检查。

当事人或者有关人员应当如实回答询问,并协助调查或者检查,不得拒绝或者阻挠。询问或者检查应当制作笔录。

2. 警示意义及应对建议

行政机关应当依据法定程序作出行政处罚。行政机关在调查或者进行检查时,执法人员不得少于两人,并应当向当事人或者有关人员出示证件以表明身份。由此,若企业发现行政执法人员的人数不满足两人或以上的要求,或执法人员未出示有效的行政执法证件,企业可以拒绝其检查,若之后引发讼争,也可以作为重要的理由。

企业可以在网上查询、核对行政执法人员的信息。如果其行政执法证过期、失效或者不具有相关执法权限,则企业可以拒绝其检查,在后续的行政复议和行政诉讼当中,相关行政行为可能被撤销、确认违法或无效。以广东省为例,《广东省行政执法证管理办法》第四条规定,行政执法证由省人民政府统一制发,加盖广东省人民政府行政执法证件专用章。第五条规定,行政执法证应当载明以下信息:(一)证件编号;(二)持证人的照片等基本信息及所属行政执法机构名称;(三)执法区域;(四)证件有效期;(五)执法权来源。省人民政府司法行政部门负责确定行政执法证的版式,并向社会公布。第十二条规定,行政执法证相关信息应当在政府公众信息网上予以公开,供社会公众查询和监督。

目前，广东省人民政府制发的行政执法证示例如下：

广东省人民政府
行政执法证

照片

姓名

单位：[redacted]市质量技术监督局

证号：[redacted] 有效期：2023年07月31日

正面

广东省人民政府

行政执法证

姓名	[redacted]	性别	女
职别	科员		
职权来源	依职权	单位性质	行政机关
委托单位			
执法区域	[redacted]市		
有效期	2023年07月31日		

二维码

反面

（六）行政执法人员的回避

如果企业认为行政执法人员与本企业（含本企业的负责人、工作人员）可能存在利益冲突（如是竞争企业管理人员的亲属或其他利害关系，可能影响公正调查的），可以申请回避。《行政处罚法》第四十三条第一款规定，执法人员与案件有直接利害关系或者有其他关系可能影响公正执法的，应当回避。《广东省行政检查办法》第二十九条第二款、第三款规定，检查对象在检查现场对行政执法人员提出回避申请的，应当说明理由；行政执法人员应当记录回避申请，并在24小时内向本单位负责人报告。行政执法主体对检查对象提出的回避申请，应当在申请提出之日起3个工作日内作出书面决定并告知检查对象。如果行政执法人员应当回避而未回避，在后续的行政复议或行政诉讼中，行政行为可能被撤销、确认违法或无效。但是，在实践中因为回避违法被撤销或认定无效的行政行为较少，若行政机关执法人员仅存在应当回避而未回避的情形，但对行政相对人的权利不产生实际影响的，法院可能仅判决确认违法，但不撤销行政行为。当然，若行政执法人员应当回避而未回避且确实可能影响案件公正处理从而对行政相对人的权利产生了实际影响的，其违反回避规定作出的行政处罚决定也可能因程序违法被法院依法撤销。

典型案例 8-2[①]

2019年5月20日,北京市大兴区市场监督管理局(以下简称大兴市监局)执法人员对J加油站进行现场检查时,发现其在售玲珑王小叶茶红茶6号1盒,执行标准为GB/T13738.2—2008。该局认为,当事人的行为违反了《食品安全法》第七十一条第一款的规定。依据《食品安全法》第一百二十五条第一款第(二)项规定,该局决定对当事人给予以下行政处罚:(1)没收1盒玲珑王小叶茶红茶6号;(2)没收违法所得2020元;(3)罚款人民币27,000元。J加油站不服提起行政诉讼。

一审法院认为,大兴市监局提交的证据显示马某同时作为本案调查阶段的办案人员与行政处罚审核人员,违反了《市场监督管理行政处罚程序暂行规定》的相关规定,属程序违法。但考虑到J加油站存在销售标签标注虚假内容的产品的行为,违反了《食品安全法》第七十一条第一款的规定,应当依据《食品安全法》第一百二十五条第一款第(二)项的规定接受行政处罚,大兴市监局认定事实清楚,证据确凿,适用法律正确,且马某只是本案被诉处罚决定审核阶段的审核人员之一,既非唯一审核人员,也非最终审核环节。大兴市监局在审查阶段的轻微程序违法行为对J加油站依法享有的陈述、申辩等重要程序性权利未产生实质损害,不足以影响被诉处罚决定结果的准确性和正当性,如以此程序违法为由撤销大兴市监局作出的被诉处罚决定,势必造成程序空转、增加行政执法成本,故应确认大兴市监局执法程序违法,但不予撤销。二审法院对此意见予以认可。

1. 法律规定

《市场监督管理行政处罚程序暂行规定》第四十六条

案件审核由市场监督管理部门法制机构或者其他机构负责实施,办案人员不得作为审核人员。县级市场监督管理部门派出机构以自己的名义实施行政处罚的案件,由派出机构法制员负责审核。

市场监督管理部门中初次从事案件审核的人员,应当通过国家统一法律职业资格考试取得法律职业资格。

---

① 北京市第二中级人民法院行政判决书,(2020)京02行终411号。

2. 案例分析

虽然审核人员之一同时作为本案调查阶段的办案人员与行政处罚审核人员，违反了相关回避要求，属程序违法，但因为该执法人员并非唯一审核人员，其所参与的也非最终审核环节，故此轻微程序违法对行政相对人依法享有的陈述、申辩等重要程序性权利未产生实质损害，不足以影响到被诉处罚决定结果的准确性和正当性，为节约成本、提高诉讼效率，法院可仅确认其执法程序违法，但不撤销相关处罚决定。

典型案例 8-3[①]

济南市公安局历城区分局港沟派出所接到报案，称赵某某夫妇采用静坐、拦挡等形式阻挠公司正常施工。2013 年 10 月 12 日上午 9 时许，港沟派出所六名民警到赵某某家对其进行传唤。赵某某无正当理由，拒不接受传唤，在民警对其进行强制传唤时，赵某某蹬踹民警，大喊大叫，拒不配合民警工作。同日，历城区公安分局认为赵某某阻碍国家机关工作人员依法执行职务，决定对赵某某处以行政拘留 10 日。赵某某不服该处罚决定，提起行政诉讼。其在诉讼中提出，田某、胡某既是对上诉人赵某因阻碍民警执行职务而对其予以行政处罚案件的当事人，又是案件的办案人，应当自行提出回避申请。法院对此主张予以支持，认为田某、胡某作为案件当事人应当自行回避而未回避，可能影响案件公正处理，历城区公安局的行政处罚决定程序违法，于是判决撤销了该处罚决定。

1. 法律规定

《治安管理处罚法》第八十一条

人民警察在办理治安案件过程中，遇有下列情形之一的，应当回避；违反治安管理行为人、被侵害人或者其法定代理人也有权要求他们回避：

（一）是本案当事人或者当事人的近亲属的；

（二）本人或者其近亲属与本案有利害关系的；

（三）与本案当事人有其他关系，可能影响案件公正处理的。

人民警察的回避，由其所属的公安机关决定；公安机关负责人的回避，由上一级公安机关决定。

---

① 山东省济南市中级人民法院行政判决书，（2014）济行终字第 27 号。

2. 案例分析

本案中，民警田某、胡某在其作为案件当事人的治安案件中应当主动回避。如其未主动回避，违反治安管理行为人、被侵害人或者其法定代理人也有权要求他们回避。如果应回避而未回避，相关行政处罚可能因违反法定程序被撤销。

（七）配合义务

企业的负责人和工作人员应当如实回答行政执法人员的询问，并协助调查或者检查，不得阻挠，否则可能承担行政责任甚至刑事责任。《行政处罚法》第五十五条第二款规定，当事人或者有关人员应当如实回答询问，并协助调查或者检查，不得拒绝或者阻挠。《治安管理处罚法》第六十条第（二）项规定，伪造、隐匿、毁灭证据或者提供虚假证言、谎报案情，影响行政执法机关依法办案的，处5日以上10日以下拘留，并处200元以上500元以下罚款。《刑法》第二百七十七条第一款规定，以暴力、威胁方法阻碍国家机关工作人员依法执行职务的，处3年以下有期徒刑、拘役、管制或者罚金。

同时，如果企业配合行政机关的调查或检查并有立功表现，则行政机关应当依法从轻或者减轻行政处罚；如果行政机关没有从轻或者减轻行政处罚，在后续的行政复议或行政诉讼中，行政行为可能被撤销、确认违法或无效。

典型案例 8－4[①]

南宁市市场监督管理局作出认定，X公司在网络平台销售产品使用“最先进”的广告用语属于违法广告用语，该行为违反《广告法》第九条第（三）项的规定，属于利用互联网发布违法广告的行为，故根据《行政处罚法》第二十三条[②]及《广告法》第五十七条的规定，责令X公司改正违法行为，并处罚款20万元。被处罚人X公司不服提起诉讼。案件审理中，“对X公司处以20万元罚款是否明显不当”是争议焦点之一，一审法院认为，X公司的广告违法行为尚属轻微，广告发布时间短，产品销售量不高，危害结果轻，且X公司积极配合行政机关调查，故应当减轻行政处罚，从而以行政处罚明显不当为由，将被诉处罚决定

---

① 南宁铁路运输中级法院行政判决书，（2019）桂71行终90号。

② 对应《行政处罚法》（2021）第二十八条。

中的罚款金额变更为5万元。二审法院予以维持。

一审法院南宁铁路运输中级法院在判决中指出,虽然该处罚决定对X公司处以罚款有相应的事实和法律依据,同时《广告法》旨在规范广告活动,保护消费者的合法权益,促进广告业的健康发展,维护社会经济秩序。其中,该法之所以禁止广告使用"国家级""最高级""最佳"等绝对化用语,是因为广告中的绝对化用语不仅可能误导消费者,而且可能贬低同类商品或服务,属于不正当竞争以及扰乱市场秩序的行为,违反诚实信用和公平竞争原则,故对使用绝对化用语的广告违法行为的处罚。2015年修订的《广告法》与1995年实施的《广告法》相比,呈现出更为严厉的趋势。但工商行政管理部门对广告使用绝对化用语的行为进行处罚,应当符合相关广告法律规范的立法目的及趋势,综合、全面考虑案件主体、客体、主观、客观及社会危害性等具体情况,不能偏执一端,片面考虑某一情节对当事人进行处罚,所采取的处罚种类和幅度应当必要、适当,既要制裁违法行为,又要教育当事人自觉遵守法律,避免处罚畸轻畸重、重责轻罚、轻责重罚。

本案中:(1)主体方面,X公司由来自区外的农村中青年设立,虽然注册资金达100万元,但是经营场所仅为面积112平方米的租赁铺面,公司经营规模相对较小。另外,在案没有证据证明该公司经营十余年以来有违法广告的前科。(2)客体方面,案涉指纹门禁考勤机不是大众日常生活所需的食品、药品等,而主要针对有考勤管理需要的企事业单位等,单位对商品的鉴别能力相对较强,一般不容易被误导。(3)主观方面,案涉违法广告虽由X公司自行发布到其网店,但该广告内容来源于生产商深圳市Y科技有限公司,综合考虑X公司对该广告违法的认知程度、追求或放任程度以及市场交易习惯等情况,X公司的主观恶性相对较小。(4)客观行为及危害后果方面,案涉指纹门禁考勤机只是X公司在其网店销售的众多商品之一,案涉广告在网店中比较隐蔽需多次点击链接才能看到,而且该广告违法内容只占该广告整体内容的极小部分,其字体、位置等并不突出。同时,X公司发布案涉广告时间较短,仅有十余天,在接受调查后立即停止发布案涉广告并配合行政机关调查。另,案涉网页截图显示X公司网店中案涉指纹门禁考勤机的成交量和评价量均为零。故案涉广告违法行为情节较为轻微,危害后果相对较小,误导消费者和贬低同类商品的可能性较低。综合考虑上述情况,X公司符合减轻行政处罚的法定情形。最终,法院以明显不当为由撤销了该行政处罚决定。

1.法律规定

(1)《广告法》第九条

广告不得有下列情形：

……

(三)使用“国家级”“最高级”“最佳”等用语；

……

(2)《广告法》第五十七条

有下列行为之一的，由市场监督管理部门责令停止发布广告，对广告主处二十万元以上一百万元以下的罚款，情节严重的，并可以吊销营业执照，由广告审查机关撤销广告审查批准文件、一年内不受理其广告审查申请；对广告经营者、广告发布者，由市场监督管理部门没收广告费用，处二十万元以上一百万元以下的罚款，情节严重的，并可以吊销营业执照、吊销广告发布登记证件：

(一)发布有本法第九条、第十条规定的禁止情形的广告的；

……

2.案例分析

行政执法机关作出行政处罚决定时，应综合、全面考虑案件主体、客体、主观、客观及社会危害性等具体情况，不能偏执一端，片面考虑某一情节对当事人进行处罚，所采取的处罚种类和幅度应当必要、适当，既要制裁违法行为，又要教育当事人自觉遵守法律，避免处罚畸轻畸重、重责轻罚、轻责重罚。如果企业违法情节轻微或存在配合行政机关调查、检查并有立功表现的情形，则行政机关应当依法从轻或者减轻行政处罚，若行政机关没有依法从轻、减轻处罚，企业应注意保留相关证据，争取在后续可能的行政诉讼中请求法院依法变更处罚决定。

如果当事人仅是“配合”但没有“立功表现”，是否从轻或减轻行政处罚属于行政机关的裁量权；即使行政机关没有从轻或减轻行政处罚，复议机关或法院也不会因此撤销、确认该行政行为违法或无效。在有些行政执法领域，由于国家立法规定了比较严格的法律责任，导致起罚点过高，行政执法机关倾向于仅仅由于当事人的配合即从轻或减轻处罚。例如，2019 年 12 月 24 日国家市场监督管理总局发布的《关于规范市场监督管理行政处罚裁量权的指导意见》(国市监法〔2019〕244 号)规定，当事人积极配合市场监管部门调查，如实陈述违法事实并主动提供证据材料，行政机关可以依法从轻或减轻行政处罚。

（八）核对笔录

行政执法人员在行政检查后，应当制作笔录，并需要在场的企业负责人或工作人员签名。此时，企业的负责人或工作人员要认真核对笔录内容，确认记录内容是否真实、准确、客观、全面；如果笔录存在问题，应当场提出异议，并可以拒绝在笔录上签字。否则，该笔录会被作为行政处罚的依据，并被复议机关和法院用以审查行政行为的合法性。拒绝在笔录上签字并不属于妨害执法的行为，不会导致企业负责人和工作人员个人承担行政或刑事责任。同时，最高人民法院《关于行政诉讼证据若干问题的规定》（法释〔2002〕21号）第十五条规定，被告向人民法院提供的现场笔录，应当载明时间、地点和事件等内容，并由执法人员和当事人签名。当事人拒绝签名或者不能签名的，应当注明原因。有其他人在现场的，可由其他人签名。因此，拒绝签名并不一定会否定笔录的合法性。

（九）抽样、检验、检疫、检测、技术鉴定

行政检查如果需要抽取样品，相关费用应由行政执法主体承担；同时，行政执法主体不得要求检查对象接受指定机构的检验、检疫、检测、技术鉴定等服务。《广东省行政检查办法》第二十八条规定，行政执法主体需要抽取样品进行检验、检疫、检测或者技术鉴定的，采集的样品费用以及抽取样品的递送、保管费用和检验、检疫、检测、技术鉴定等费用，由实施行政检查的行政执法主体依法按照市场价格支付。法律法规另有规定的，从其规定。行政执法人员应当出具列明抽取样品数量、规格等情况的抽样取证物品清单，并送达检查对象。该办法第三十四条规定，行政执法主体实施行政检查，不得要求检查对象接受指定机构的检验、检疫、检测、技术鉴定等服务。

一般情况下，行政执法主体不得对企业同一批次的产品进行重复检验、检疫、检测和技术鉴定；如果企业认为行政执法主体委托的法定检验、检疫、检测、技术鉴定机构与本企业存在民事纠纷或者其他明显利益冲突的，可以提出相应证据，申请行政执法主体另行委托检验、检疫、检测或者技术鉴定机构。该办法第三十五条第一款、第二款规定，除直接涉及人民群众健康的食品药品等产品外，行政执法主体不得重复检验、检疫、检测和技术鉴定。检查对象与法定检验、检疫、检测、技术鉴定机构存在民事纠纷或者其他明显利益冲突的，行政执法主体应当另行委托检验、检疫、检测或者技术鉴定机构。

如果其他行政执法主体在近期已经对企业进行过内容相同或相似的行政检查,并出具检验、检疫、检测和技术鉴定报告或结果,企业可以向行政执法主体出示,以避免重复检查。该办法第三十五条第三款规定,对行政执法主体委托的法定检验、检疫、检测、技术鉴定机构依法作出的符合法定要求的检验、检疫、检测和技术鉴定结果,其他行政执法主体能够采用的,应当直接采用。

(十)权利救济

行政执法人员在行政检查过程中如果存在违法行为,企业应当保存证据,并通过如下方式寻求权利救济:第一,向同级人民政府、同级人民政府的行政监察部门或者上级行政执法主体申诉或检举;第二,申请行政复议;第三,提起行政诉讼。

二、行政听证

(一)申请条件

《行政处罚法》第六十三条规定:"行政机关拟作出下列行政处罚决定,应当告知当事人有要求听证的权利,当事人要求听证的,行政机关应当组织听证:(一)较大数额罚款;(二)没收较大数额违法所得、没收较大价值非法财物;(三)降低资质等级、吊销许可证件;(四)责令停产停业、责令关闭、限制从业;(五)其他较重的行政处罚;(六)法律、法规、规章规定的其他情形。当事人不承担行政机关组织听证的费用。"根据该条,企业并非在所有的行政处罚程序当中都有申请听证的权利,只有在行政执法主体拟作出特定种类或数额的行政处罚决定的情况下,企业才享有申请听证的权利。其中,"较大数额罚款"由各省级政府根据本地的经济发展水平等情况确定。根据《广东省行政处罚听证程序实施办法》第五条、第六条规定,广东省"较大数额"的标准是"对公民的违法行为处以5000元以上罚款,对法人或者其他组织的违法行为处以10万元以上罚款"。对海关、金融、国税、外汇管理等实行垂直领导的行政机关和公安机关、国家安全机关的较大数额罚款标准,国家有关行政主管部门另有规定的,适用其规定。

典型案例 8－5

2021年修订之前的《行政处罚法》第四十二条未明确规定在行政机关拟作出没收较大数额财产的情况下应告知当事人有要求听证的权利。最高人民法院在指导案例6号"黄某、何某1、何某2四川省成都市金堂工商行政管理局行政处罚案"中指出，虽然《行政处罚法》(2017)第四十二条没有明确列举"没收财产"，但是该条中的"等"系不完全列举，应当包括与明文列举的"责令停产停业、吊销许可证或者执照、较大数额罚款"类似的其他对相对人权益产生较大影响的行政处罚。为了保证行政相对人充分行使陈述权和申辩权，保障行政处罚决定的合法性和合理性，对没收较大数额财产的行政处罚，也应当根据《行政处罚法》第四十二条的规定适用听证程序。而"较大数额财产"的认定标准参照该地或该领域"较大数额罚款"的标准。该案中，法院认定原金堂工商局没收黄某等三人32台电脑主机的行政处罚决定，应属没收较大数额的财产，对黄某等三人的利益产生重大影响的行为，原金堂工商局在作出行政处罚前应当告知被处罚人有要求听证的权利。而原金堂工商局在作出处罚决定前只按照行政处罚一般程序告知黄某等三人有陈述、申辩的权利，而没有告知听证权利，违反了法定程序，依法应予撤销。2021年修订的《行政处罚法》第六十三条吸纳了上述指导案例的观点，将行政机关拟作出"没收较大数额违法所得、没收较大价值非法财物"作为当事人有权要求听证的情形之一。

1. 法律规定

《行政处罚法》第六十三条

行政机关拟作出下列行政处罚决定，应当告知当事人有要求听证的权利，当事人要求听证的，行政机关应当组织听证：

（一）较大数额罚款；

（二）没收较大数额违法所得、没收较大价值非法财物；

（三）降低资质等级、吊销许可证件；

（四）责令停产停业、责令关闭、限制从业；

（五）其他较重的行政处罚；

（六）法律、法规、规章规定的其他情形。

当事人不承担行政机关组织听证的费用。

2. 案例分析

行政机关作出没收较大数额涉案财产的行政处罚决定时,未告知当事人有要求举行听证的权利或者未依法举行听证的,人民法院应当依法认定该行政处罚违反法定程序。

另外,根据最高人民法院《关于审理行政案件适用法律规范问题的座谈会纪要》(法〔2004〕96 号)规定,法律规范在列举其适用的典型事项后,又以“等”“其他”等词语进行表述的,属于不完全列举的例示性规定。以“等”“其他”等概括性用语表示的事项,均为明文列举的事项以外的事项,且其所概括的情形应为与列举事项类似的事项。因而,行政机关拟作出与上述责令停产停业、吊销许可证或者执照、较大数额罚款类似的其他行政处罚前,也应告知企业有申请听证的权利。如在上述几种情形下行政机关未告知当事人有申请听证的权利,在后续的行政复议或行政诉讼中,行政行为可能被撤销、确认违法或无效。

典型案例 8-6 ①

J 房地产开发有限公司在新建 J 嘉园小区过程中,因未修建防空地下室,欠缴人防工程易地建设费 23.3 万元,2007 年其在新建 J 福源小区过程中,又欠缴人防工程易地建设费 437.5 万元。2018 年 8 月 13 日,丹东市振兴区人民检察院向丹东市住房和城乡建设局发出检察建议书,建议其依法全面履行职责,采取有效措施追缴 J 房地产开发有限公司应补缴的人防易地建设费并对其违法行为作出行政处罚。2018 年 11 月 2 日,丹东市住房和城乡建设局向 J 房地产开发有限公司送达了关于限期缴纳人防工程易地建设费通知书,通知 J 房地产开发有限公司于 7 日内缴纳所欠缴的结合民用建筑修建防空地下室易地建设费 460.8 万元。2018 年 11 月 13 日,丹东市人民防空办公室作出行政处罚先行告知书。2018 年 12 月 5 日,丹东市住房和城乡建设局作出行政处罚决定书。J 房地产开发有限公司不服,诉至法院。一审法院判决驳回其诉讼请求,J 房地产开发有限公司提起上诉。

二审法院另查明,2018 年 11 月 13 日,原审被告丹东市人民防空办公室向上诉人 J 房地产开发有限公司送达行政处罚先行告知书,告知上诉人可在收到该告知书 3 日内书面要求听证、陈述意见,逾期视为放弃听证、陈述权利。上诉

---

① 辽宁省丹东市中级人民法院行政判决书,(2020)辽 06 行终 57 号。

人于2018年11月15日,提出听证请求及申辩意见,原审被告丹东市人民防空办公室未进行听证程序。二审法院指出,上诉人要求听证,被上诉人没有按照法律规定组织听证,剥夺了上诉人的听证权利。虽然被上诉人在一审诉讼中辩称,上诉人在规定期限内,提交了行政处罚答辩书,进行申诉和辩解,并申请听证,事后上诉人电话通知被上诉人不要求听证。但上诉人对此不予认可,且被上诉人没有证据证明上诉人不要求听证的事实存在。听证权属于重要的程序性权利,未保障当事人听证权利就等同于拒绝当事人的陈述和申辩。根据《行政处罚法》(2017)第四十一条①的规定,拒绝听取当事人的陈述、申辩,行政处罚决定不能成立。故被上诉人作出的被诉行政处罚决定程序违法,根据《行政诉讼法》第七十条第三项的规定应当予以撤销。

1. 法律规定

《行政处罚法》第六十二条

行政机关及其执法人员在作出行政处罚决定之前,未依照本法第四十四条、第四十五条的规定向当事人告知拟作出的行政处罚内容及事实、理由、依据,或者拒绝听取当事人的陈述、申辩,不得作出行政处罚决定;当事人明确放弃陈述或者申辩权利的除外。

2. 案例分析

听证权属于重要的程序性权利,未保障当事人听证权利就等同于拒绝当事人的陈述和申辩。若企业受到行政处罚且属于《行政处罚法》规定的应当听证的情形,应注意保存企业向行政执法机关进行申诉和辩解、申请听证的相关证据;若行政机关未告知听证权利或未按要求组织听证,在后续可能的行政诉讼中,企业可以以行政处罚决定程序违法为由主张撤销行政处罚决定。

(二)申请程序和费用

根据《行政处罚法》第六十三条和第六十四条,符合条件的案件,行政机关在作出行政处罚决定前会作出《听证告知书》,告知企业有要求听证的权利。企业要求听证的,应当在行政机关告知听证权利后5日内提出。企业法定代表人可以亲自参加听证,也可以委托1~2人代理;企业不承担行政机关组织听证的费用。根据《广东省行政处罚听证程序实施办法》第二十一条第一款,当事人在

---

① 对应《行政处罚法》(2021)第六十二条。

广东省对应当适用听证程序的行政处罚要求听证的,应当在收到《听证告知书》之日起3日内,以书面形式向行政机关提出申请。当事人以邮寄挂号信方式提出听证要求的,以寄出的邮戳日期为准。

(三)听证准备

企业在听证准备环节,应当注意如下五个问题。

第一,查收《听证会通知书》。根据《行政处罚法》第六十四条第(二)项,行政机关应当在听证的7日前,通知当事人及有关人员听证的时间、地点。《广东省行政处罚听证程序实施办法》第二十二条要求行政机关制作《听证会通知书》,内容包括:(1)听证会举行的时间、地点;(2)听证会组成人员的姓名;(3)告知当事人有权申请回避;(4)告知当事人准备证据、通知证人等事项。听证主持人应当在听证会举行的7日前,将《听证会通知书》送达当事人;把听证时间、地点等事项通知其他参加人。公开听证的案件应在听证会举行3日以前公告案由、当事人姓名或者名称、听证举行时间和地点。如行政机关未按时发出《听证会通知书》或《听证会通知书》告知事项不全,行政行为可能在后续的行政复议或行政诉讼中被撤销、确认违法或无效。

第二,核对听证组织机关。组织听证的主体是拟作出行政处罚的行政机关或者法定授权组织,行政委托组织不能组织听证。《广东省行政处罚听证程序实施办法》第七条规定,听证由拟作出适用听证程序的行政处罚的行政机关组织。法定授权组织拟作出适用听证程序的行政处罚的,由该授权组织组织听证。行政委托组织拟作出适用听证程序的行政处罚的,由委托的行政机关组织听证。如听证组织机关错误,行政行为可能在后续的行政复议或行政诉讼中被撤销、确认违法或无效。

第三,核对听证会组成人员,决定是否需要申请回避。对于听证会组成人员,《行政处罚法》第六十四条只规定了听证主持人,并要求听证主持人应该是非本案调查人员。《广东省行政处罚听证程序实施办法》第八条至第十二条作出了更为详细的规定:听证主持人应在行政机关从事法制工作2年以上或者从事行政执法工作3年以上并持有广东省人民政府行政执法证。听证会还应当由负责听证的机构指定1名以上4名以下听证员,听证员应当持有广东省人民政府行政执法证。听证会还应设书记员1名,负责听证笔录的制作和其他事务。听证主持人、听证员、书记员有下列情况之一的,应当自行回避,当事人及其代理人有权申请回避：(1)本案调查人员；(2)当事人、本案调查人员的近亲属；(3)担任过本案的证人、鉴定人；(4)与本案的处理结果有利害关系的。前述规定，适用于翻译人员、鉴定人、勘验人。当事人申请听证员、书记员、翻译人员、鉴定人、勘验人回避的，由听证主持人决定；申请听证主持人回避的，由举行听证会的行政机关负责人决定。

如听证会组成人员不合法或者应当回避而未回避，行政行为可能在后续的行政复议或行政诉讼中被撤销、确认违法或无效。

第四，准备证据、通知证人。《广东省行政处罚听证程序实施办法》第十八条、第十九条规定，听证会的证据包括：书证；物证；证人证言；当事人的陈述；鉴定结论；勘验笔录；视听资料、现场笔录。证据应当在听证会上出示、宣读和辨认，并经质证，凡未经质证的证据不能作为定案的证据。对涉及国家秘密、商业秘密和个人隐私的证据应当保密，由听证会验证，不得在公开听证时出示。参考《行政复议法》、《行政诉讼法》及相关司法解释的规定，能够反映案件真实情况、与待证事实相关联、来源和形式符合法律规定的证据，应当作为认定案件事实的根据，即具有真实性、关联性和合法性。

如果违法事实确实存在，企业应当重点准备能够证明自身存在应当免除、从轻或减轻处罚的法定情形的相关证据，进而要求行政机关依法作出免予处罚、从轻或减轻处罚的决定。根据《行政处罚法》第二十九条至第三十三条，企业可以援引的理由通常可能包括：

(1)已有行政机关向企业作出罚款的行政处罚，则行政机关不能就同一个违法行为再次作出罚款的行政处罚。这需要企业准备及证明：前一次行政处罚的证据；两次处罚涉及同一违法行为。

(2)违法行为轻微并及时改正，没有造成危害后果的，不予行政处罚。初次违法且危害后果轻微并及时改正的，可以不予行政处罚。当事人有证据足以证明没有主观过错的，不予行政处罚。

(3)主动消除或者减轻违法行为危害后果的，受他人胁迫或者诱骗实施行为的，主动供述行政机关尚未掌握的违法行为的，配合行政机关查处违法行为有立功表现的，行政机关应当依法从轻或者减轻行政处罚。

同时，《行政处罚法》在总则部分规定了过罚相当、处罚与教育相结合两个原则，行政机关在进行处罚裁量时也会依据这两个原则考量诸多因素。市场监管总局《关于规范市场监督管理行政处罚裁量权的指导意见》（国市监法

〔2019〕244 号)要求行政机关“综合考虑个案情况,兼顾地区经济社会发展水平、当事人主客观情况等相关因素,实现法律效果、社会效果、政治效果的统一”。如果行政机关没有考量这些因素,行政行为可能在后续的行政复议或行政诉讼中被撤销、确认违法或无效。

第五,准备申辩、质证和辩论。企业应从如下几个方向进行准备:拟作出的行政处罚证据是否充分;适用法律、法规是否正确;是否违反法定程序;是否超越其职权;是否滥用职权;是否存在明显不当。

典型案例 8-7[①]

甘肃省成县某局于2019年6月18日对成县某厂作出《行政处罚决定书》:自收到处罚决定书之日起3日内自行拆除地上建筑物,恢复耕地及工矿用地原貌。成县某厂起诉请求撤销该行政处罚决定。案件审理中,“被告作出行政处罚的程序是否合法”系争议焦点之一。法院认为,本案中,经被告2019年6月4日告知,原告当日即提交了申请书,要求进行申辩,被告也于6月17日召开了听证会,听取了当事人的陈述和申辩,但其组织听证的程序不符合法律的规定,主要是:一是没有在7日前向原告通知举行听证的时间、地点,而是在举行听证的当日电话通知原告到红川镇人民政府办公室,随即召开了听证会;二是在召开听证会时,由该案参与调查的人员王某负责记录,并制作了听证笔录,违反了法律规定。因此,被告作出《行政处罚决定书》的程序不合法,应予撤销。

1. 法律规定

《行政处罚法》第六十四条

听证应当依照以下程序组织:

(一)当事人要求听证的,应当在行政机关告知后五日内提出;

(二)行政机关应当在举行听证的七日前,通知当事人及有关人员听证的时间、地点;

(三)除涉及国家秘密、商业秘密或者个人隐私依法予以保密外,听证公开举行;

(四)听证由行政机关指定的非本案调查人员主持;当事人认为主持人与本案有直接利害关系的,有权申请回避;

① 甘肃省徽县人民法院行政判决书,(2020)甘1227行初3号。

（五）当事人可以亲自参加听证，也可以委托一至二人代理；

（六）当事人及其代理人无正当理由拒不出席听证或者未经许可中途退出听证的，视为放弃听证权利，行政机关终止听证；

（七）举行听证时，调查人员提出当事人违法的事实、证据和行政处罚建议，当事人进行申辩和质证；

（八）听证应当制作笔录。笔录应当交当事人或者其代理人核对无误后签字或者盖章。当事人或者其代理人拒绝签字或者盖章的，由听证主持人在笔录中注明。

2. 案例分析

行政机关组织听证应符合法定程序，应在7日前向当事人通知举行听证的时间、地点；在召开听证会时，听证由行政机关指定的非本案调查人员主持；当事人认为主持人与本案有直接利害关系的，有权申请回避；若违反前述程序要求，即便组织了听证，行政行为也可能在后续的行政复议或行政诉讼中被撤销。

典型案例 8-8①

2017年1~2月，原南阳市工商行政管理局宛城分局以B旅行社在宣传彩页上印有“全国民族文化旅游十大新兴品牌”字样等行为违反了《反不正当竞争法》的规定，构成了引人误解的虚假宣传行为为由，分三次对B旅行社作出行政处罚，以上三个行政处罚均涉及清江画廊景点宣传彩页问题，三个行政处罚均有罚款内容，每个处罚2万元，共计罚款6万元。B旅行社不服提起行政诉讼。法院在论及本案被诉行政处罚的合法性问题时指出，《行政处罚法》（2017）第三条第一款②规定：“公民、法人或者其他组织违反行政管理秩序的行为，应当给予行政处罚的，依照本法由法律、法规或者规章规定，并由行政机关依照本法规定的程序实施。”违法行为人是当然的法定处罚的对象。本案涉及的法律行为有两个：一是湖北Q旅游开发有限公司印制，Q南阳线路经营者发放、放置宣传彩页的行为；二是南阳B旅行社有限公司向进店客人介绍宣传彩页的行为。本案原南阳市工商行政管理局宛城分局处罚的是上述第二种行为。《河南省工商行政管理机关行政处罚自由裁量权适用规则》第六条规定，“行使行政处罚自由

① 河南省南阳市中级人民法院行政判决书，（2017）豫13行终391号。

② 对应《行政处罚法》（2021）第四条。

裁量权,应当遵循综合裁量原则。全面分析违法行为的主体、客体、主观方面、客观方面及社会危害后果等因素,对违法行为处罚与否以及处罚的种类和幅度进行判断,并作出相应的处理决定",据此,行政机关实施行政处罚应当具备三个要件:违规行为符合处罚要件,违规行为具备违法性和违规行为人具有主观过错。具体到本案,原南阳市工商行政管理局宛城分局关于南阳B旅行社有限公司介绍涉案宣传彩页的行政处罚案中,先不论是否构成"引人误解的虚假宣传"之法定情形,就被处罚对象向何人介绍宣传彩页、有多少人次、获得的违法经营额多少,处罚机关均需进行充分调查、固定证据。同时,处罚机关还应证明被处罚对象有违法的故意或者重大过失。但就上述涉及处罚重要情节之事项,南阳市原工商行政管理局宛城分局未能充分证实,其没有查实认定违法经营数额,亦没有就处罚对象的主观过错进行调查,其作出的处罚决定证据明显不足,依法应予撤销。

1. 法律规定

《河南省工商行政管理机关行政处罚自由裁量权适用规则》第六条

行使行政处罚自由裁量权,应当遵循综合裁量原则。全面分析违法行为的主体、客体、主观方面、客观方面及社会危害后果等因素,对违法行为处罚与否以及处罚的种类和幅度进行判断,并作出相应的处理决定。

2. 案例分析

行政机关实施行政处罚应当具备三个要件:违规行为符合处罚要件,违规行为具备违法性和违规行为人具有主观过错。行政机关没有就处罚对象的主观过错进行调查,其作出的处罚决定证据明显不足,依法应予撤销。

(四)参加听证

根据《行政处罚法》,行政处罚听证至少应当包含如下三个环节:

第一,调查人员提出当事人违法的事实、证据和行政处罚建议。

第二,当事人进行申辩和质证。

第三,听证应当制作笔录;笔录应当交当事人审核无误后签字或者盖章。

将《广东省行政处罚听证程序实施办法》第七章相关程序细化为图8-1。

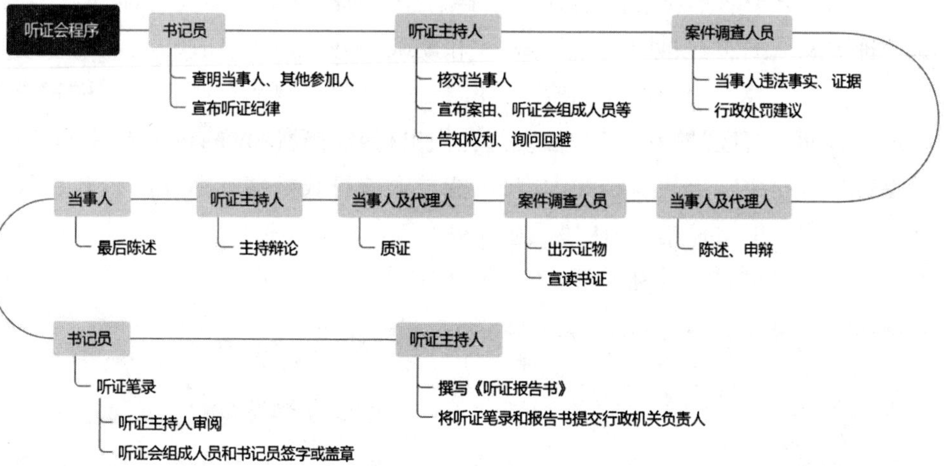

图8－1　广东省行政处罚听证会流程

三、行政处罚决定

根据《行政处罚法》第五十七条，行政检查和行政听证（如有）结束后，行政机关会根据不同情况作出决定，包括：

（1）确有应受行政处罚的违法行为的，根据情节轻重及具体情况，作出行政处罚决定；

（2）违法行为轻微，依法可以不予行政处罚的，不予行政处罚；

（3）违法事实不能成立的，不予行政处罚；

（4）违法行为涉嫌犯罪的，移送司法机关。

如果行政机关最终作出行政处罚决定，企业应当注意以下两点：

第一，接收行政处罚决定书。行政处罚决定书应当在宣告后当场交付企业负责人或者其代理人；企业负责人或者其代理人不在场的，行政机关应当在7日内依照民事诉讼法的有关规定，送达行政处罚决定书。行政机关及其执法人员在作出行政处罚决定之前，应当告知企业负责人或者其代理人行政处罚的事实、理由和依据，并听取其陈述、申辩。当然，如果行政决定作出前，行政机关已经依法组织听证程序，视为行政机关已经履行上述告知，听取陈述、申辩的程序。

第二，检查行政处罚决定书的内容。行政处罚决定书应当载明下列事项：

当事人的姓名或者名称、地址；违反法律、法规或者规章的事实和证据；行政处罚的种类和依据；行政处罚的履行方式和期限；不服行政处罚决定，申请行政复议或者提起行政诉讼的途径和期限；作出行政处罚决定的行政机关名称和作出决定的日期。行政处罚决定书必须盖有作出行政处罚决定的行政机关的印章。如果行政处罚决定书缺少相关内容，可能导致该行政处罚在后续的行政复议和行政诉讼程序中被撤销、确认违法或无效。

行政处罚决定书示例如下：

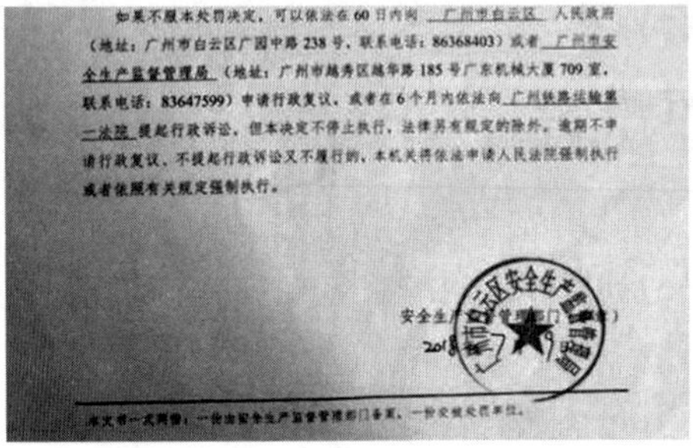

如果不服本处罚决定，可以依法在60日内向 广州市白云区 人民政府（地址：广州市白云区广园中路238号，联系电话：86368403）或者 广州市安全生产监督管理局（地址：广州市越秀区越华路185号广东机械大厦709室，联系电话：83647599）申请行政复议，或者在6个月内依法向 广州铁路运输第一法院 提起行政诉讼，但本决定不停止执行，法律另有规定的除外。逾期不申请行政复议，不提起行政诉讼又不履行的，本机关将依法申请人民法院强制执行或者依照有关规定强制执行。

安全生产监督管理部门（印章）

本文书一式两份：一份由安全生产监督管理部门备案，一份交被处罚单位。

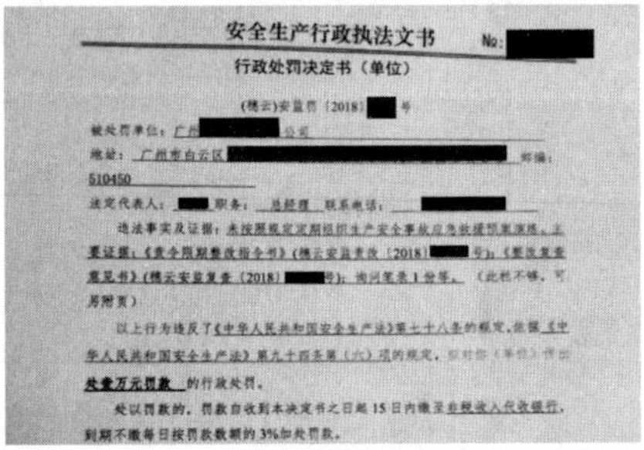

安全生产行政执法文书 No: [redacted]

行政处罚决定书（单位）

（穗云）安监罚〔2018〕[redacted]号

被处罚单位：广州[redacted]公司

地址：广州市白云区[redacted] 邮编：510450

法定代表人：[redacted] 职务：总经理 联系电话：[redacted]

违法事实及证据：未按照规定定期组织生产安全事故应急救援预案演练。主要证据：《责令限期整改指令书》（穗云安监责改〔2018〕[redacted]号）；《整改复查意见书》（穗云安监复查〔2018〕[redacted]号）；询问笔录1份等。（此栏不够，可另附页）

以上行为违反了《中华人民共和国安全生产法》第七十八条的规定，依据《中华人民共和国安全生产法》第九十四条第（六）项的规定，决定对你（单位）作出 处壹万元罚款 的行政处罚。

处以罚款的，罚款自收到本决定书之日起15日内缴至 当地税收入代收银行，到期不缴每日按罚款数额的3%加处罚款。

另外，根据《行政处罚法》第二十九条，对当事人的同一个违法行为，不得给予两次以上罚款的行政处罚。因此，房地产开发企业在收到有关机关作出的行政处罚决定书后，若认为其存在上述“重复处罚”情形，可以提出复议申请，或起诉要求人民法院撤销处罚决定书。

典型案例 8－9 ①

2019年5月20日，勐腊县市场监督管理局执法人员在巡查工作中发现M房地产开发有限公司通过路灯灯箱、果皮箱、宣传单、微信公众号、抖音发布“9999元盘壹套房”“买房仅需9999元，不是首付款，是整套房款”“敢拼只要9999元，9999元就可以买一套房”等广告。经调查，M房地产开发有限公司上述广告内容与实际不符，上述广告是一个有奖销售广告，9999元并不能购买一套房，该款仅为认筹金，且中奖后获得的奖品并非一套房的所有权而是1套160m^2大平层住房1年的使用权。勐腊县市场监督管理局于2019年6月3日向M房地产开发有限公司送达《责令改正通知书》，责令其在2019年6月10日前改正、停止违法行为。M房地产开发有限公司接到该通知后撤回了微信公众

① 云南省勐腊县人民法院行政判决书，(2020)云2823行初8号。

号和抖音上的广告宣传,但路灯灯箱、果皮箱至7月才拆除。2019年8月29日,勐腊县市场监督管理局作出《行政处罚决定书》:一、责令当事人停止发布广告、在相应范围内消除影响,并处罚款40万元;二、责令当事人停止有奖销售行为,并处罚款5万元。M房地产开发有限公司不服提起行政诉讼。

法院认为,根据《行政处罚法》第二十四条[①]规定:"对当事人的同一违法行为,不得给予两次以上的罚款的行政处罚。"本案原告的广告行为同时可引起虚假广告,误导消费者违反广告法和反不正当竞争法的后果,但总的来说,原告的行为是同一故意连续实施同一违法行为,该违法事实是在一定时间内处于持续状态的同一违法事实,故被告就同一违法行为进行了两次罚款处罚违反了"同一行为不得重复处罚"的原则,属于法律适用错误,故原告要求撤销被告行政处罚决定的主张符合法律规定。

1. 法律规定

《行政处罚法》第二十九条

对当事人的同一个违法行为,不得给予两次以上罚款的行政处罚。同一违法行为违反多个法律规范应当给予罚款处罚的,按照罚款数额高的规定处罚。

2. 案例分析

基于同一故意连续实施同一违法行为,该违法事实是在一定时间内处于持续状态的同一违法事实,就同一违法行为进行两次罚款处罚违反了"同一行为不得重复处罚"的原则,属于法律适用错误,故作出重复处罚的《行政处罚决定书》应予撤销。

四、行政强制

在行政处罚决定作出前后,行政机关可能会对企业及工作人员作出行政强制,具体包括行政强制措施和行政强制执行两种类型。

(一)行政处罚决定作出前的行政强制措施

根据《行政强制法》,行政强制措施是行政机关在行政管理过程中,为制止违法行为、防止证据损毁、避免危害发生、控制危险扩大等情形,依法对公民的

① 对应《行政处罚法》(2021)第二十九条。

人身自由实施暂时性限制,或者对公民、法人或者其他组织的财物实施暂时性控制的行为。行政强制措施的种类包括:限制公民人身自由;查封场所、设施或者财物;扣押财物;冻结存款、汇款;其他行政强制措施。

行政处罚决定作出前,行政机关有可能作出行政强制措施。行政强制措施的作出应当遵守以下规定,否则行政行为可能会在后续的行政复议或行政诉讼中被撤销、确认违法或无效。

第一,行政执法人员的人数和身份。根据《行政强制法》第十七条和第十八条,同前述行政检查和行政处罚程序一样,执行行政强制措施的行政执法人员应为两人或以上,并持有行政执法资格证。但与一般的行政处罚和行政检查不同的是,行政强制措施不能由行政机关委托组织实施。

第二,行政执法人员是否通知企业负责人或工作人员到场。根据《行政强制法》第十八条,行政执法人员实施行政强制措施应当通知当事人到场;如不到场,行政执法人员会邀请见证人到场,由见证人和行政执法人员在现场笔录上签名或者盖章。

第三,行政执法人员是否告知权利,听取陈述和申辩。根据《行政强制法》第十八条,行政执法人员应当场告知当事人采取行政强制措施的理由、依据以及当事人依法享有的权利、救济途径并听取当事人的陈述和申辩。

第四,限制人身自由的行政强制措施的特别程序。根据《行政强制法》第二十条,如果行政执法人员对企业负责人或工作人员实施限制公民人身自由的行政强制措施,除应当履行上述程序外,还应场告知或者实施行政强制措施后立即通知当事人家属实施行政强制措施的行政机关、地点和期限。限制人身自由的行政强制措施不得超过法定期限。实施行政强制措施的目的已经达到或者条件已经消失,应当立即解除。

典型案例 8-10[①]

2016年10月15日凌晨0时许,蒙某某跟其几个朋友在韶关市××区“苏荷酒吧”通过喝掺有冰毒的芝华士洋酒的方式吸食了冰毒。同月20日凌晨5时许,南雄市公安局在韶关市××区工业西路××栋××号蒙某某的住处将蒙某某抓获,当日向蒙某某发出《传唤证》《行政案件权利义务告知书》,对蒙某某

① 广东省韶关市中级人民法院行政判决书,(2017)粤02行终76号。

制作了《询问笔录》《行政处罚告知笔录》，出具《尿液现场检验报告书》，并据此对蒙某某处以行政拘留15日，同时作出《强制隔离戒毒决定书》，决定对蒙某某强制隔离戒毒2年。蒙某某不服，提起行政诉讼。

法院认为，根据相关法律规定，公安机关对吸毒成瘾人员决定予以强制隔离戒毒的，应当制作强制隔离戒毒决定书，在执行强制隔离戒毒前送达被决定人，并在送达后24小时以内通知被决定人的家属、所在单位和户籍所在地公安派出所。而本案中，南雄市公安局仅提交了一份国内挂号信函收据，且其提交的《被传唤人家属通知书》及《行政拘留家属通知书》上均没有蒙某家属的签名。上述证据不足以证实南雄市公安局在《强制隔离戒毒决定书》送达被决定人后24小时以内通知了被决定人的家属、所在单位和户籍所在地公安派出所，因此，南雄市公安局的行政行为违反了法定程序。

1. 法律规定

《禁毒法》第四十条

公安机关对吸毒成瘾人员决定予以强制隔离戒毒的，应当制作强制隔离戒毒决定书，在执行强制隔离戒毒前送达被决定人，并在送达后24小时以内通知被决定人的家属、所在单位和户籍所在地公安派出所；被决定人不讲真实姓名、住址，身份不明的，公安机关应当自查清其身份后通知。

被决定人对公安机关作出的强制隔离戒毒决定不服的，可以依法申请行政复议或者提起行政诉讼。

2. 案例分析

行政执法人员对企业负责人或工作人员实施限制公民人身自由的行政强制措施，应当场告知或者实施行政强制措施后立即通知当事人家属实施行政强制措施的行政机关、地点和期限。若行政机关无法证明已依法履行了通知程序，就属于程序上违法，相关行政行为可能被撤销。

第五，对财产进行查封、扣押的特别程序。

根据《行政强制法》第二十三条至第二十八条，如果行政执法人员对企业的财产实施查封、扣押，不得查封、扣押与违法行为无关的场所、设施或者财物；相关场所、设施或者财物已被其他国家机关依法查封的，不得重复查封。企业负责人或工作人员应注意行政执法人员出具的相关文书。同时，行政机关决定实施查封、扣押的，应制作并当场交付查封、扣押决定书和清单。查封、扣押决定书应当载明下列事项：当事人的姓名或者名称、地址；查封、扣押的理由、依据和

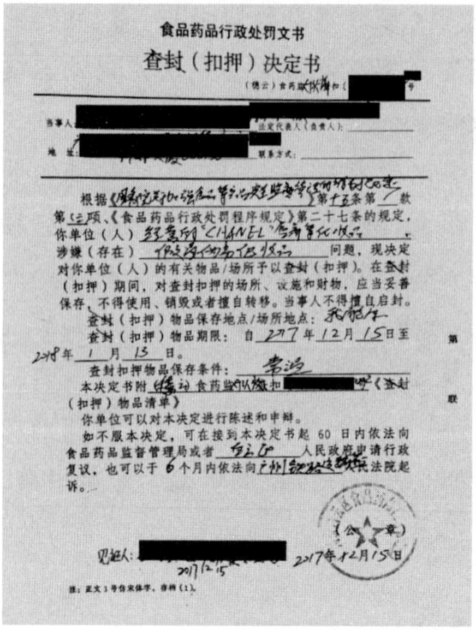

食品药品行政处罚文书

查封（扰押）决定书

（穗云）食药[redacted]号

当事人：[redacted] 法定代表人（负责人）：

地 址：[redacted] 联系方式：

根据《____》第十五条第一款第（三）项、《食品药品行政处罚程序规定》第二十七条的规定，你单位（人）____，涉嫌（存在）____问题，现决定对你单位（人）的有关物品/场所予以查封（扣押）。在查封（扣押）期间，对查封扣押的场所、设施和财物，应当妥善保存，不得使用、销毁或者擅自转移。当事人不得擅自启封。

查封（扣押）物品保存地点/场所地点：____

查封（扣押）物品期限：自2017年12月15日至2018年1月13日。

查封扣押物品保存条件：常温

本决定书附（穗云）食药监____扣[redacted]号《查封（扣押）物品清单》

你单位可以对本决定进行陈述和申辩。

如不服本决定，可在接到本决定书起60日内依法向食品药品监督管理局或者____人民政府申请行政复议，也可以于6个月内依法向____人民法院起诉。

（公章）

见证人：[redacted] 2017年12月15日

注：正文3号仿宋体字，存档（1）。

期限；查封、扣押场所、设施或者财物的名称、数量等；申请行政复议或者提起行政诉讼的途径和期限；行政机关的名称、印章和日期。查封、扣押清单一式二份，由当事人和行政机关分别保存。

查封、扣押的期限不得超过30日；情况复杂的，经行政机关负责人批准，可以延长，但是延长期限不得超过30日。法律、行政法规另有规定的除外。延长查封、扣押的决定应当及时书面告知当事人，并说明理由。对物品需要进行检测、检验、检疫或者技术鉴定的，查封、扣押的期间不包括检测、检验、检疫或者技术鉴定的期间。检测、检验、检疫或者技术鉴定的期间应当明确，并书面告知当事人。检测、检验、检疫或者技术鉴定的费用由行政机关承担。

对查封、扣押的场所、设施或者财物，行政机关应当妥善保管，不得使用或者损毁；造成损失的，应当承担赔偿责任。对查封的场所、设施或者财物，行政机关可以委托第三人保管，第三人不得损毁或者擅自转移、处置。因第三人的原因造成的损失，行政机关先行赔付后，有权向第三人追偿。因查封、扣押发生的保管费用由行政机关承担。

行政机关采取查封、扣押措施后，应当及时查清事实：对违法事实清楚，依法应当没收的非法财物予以没收；法律、行政法规规定应当销毁的，依法销毁；应当解除查封、扣押的，作出解除查封、扣押的决定。

有下列情形之一的，行政机关应当及时作出解除查封、扣押决定：当事人没有违法行为；查封、扣押的场所、设施或者财物与违法行为无关；行政机关对违法行为已经作出处理决定，不再需要查封、扣押；查封、扣押期限已经届满。解除查封、扣押应当立即退还财物；已将鲜活物品或者其他不易保管的财物拍卖或者变卖的，退还拍卖或者变卖所得款项。变卖价格明显低于市场价格，给当事人造成损失的，应当给予补偿。

第六，对存款、汇款进行冻结的特别程序。根据《行政强制法》第二十九条至第三十三条，如果行政执法人员对企业的存款、汇款进行冻结，冻结的数额应当与违法行为涉及的金额相当;已被其他国家机关依法冻结的,不得重复冻结。作出冻结决定后,行政机关应当在3日内向企业交付冻结决定书。冻结决定书应当载明:当事人的姓名或者名称、地址;冻结的理由、依据和期限;冻结的账号和数额;申请行政复议或者提起行政诉讼的途径和期限;行政机关的名称、印章和日期。自冻结存款、汇款之日起30日内,行政机关应当作出处理决定或者作出解除冻结决定;情况复杂的,经行政机关负责人批准,可以延长,但是延长期限不得超过30日。延长冻结的决定应当及时书面告知当事人,并说明理由。有下列情形之一的,行政机关应当及时作出解除冻结决定:当事人没有违法行为;冻结的存款、汇款与违法行为无关;行政机关对违法行为已经作出处理决定,不再需要冻结;冻结期限已经届满。行政机关作出解除冻结决定的,应当及时通知金融机构和当事人。金融机构接到通知后,应当立即解除冻结。行政机关逾期未作出处理决定或者解除冻结决定的,金融机构应当自冻结期满之日起解除冻结。

(二)行政处罚决定作出后的行政强制执行

根据《行政强制法》,行政强制执行是行政机关或者行政机关申请人民法院,对不履行行政决定的公民、法人或者其他组织,依法强制履行义务的行为。具体包括:加处罚款或者滞纳金;划拨存款、汇款;拍卖或者依法处理查封、扣押的场所、设施或者财物;排除妨碍、恢复原状;代履行等方式。

行政处罚决定作出后,如果企业在行政机关决定的期限内不履行行政处罚决定书中所规定的义务,则行政机关有可能自行或申请法院强制执行。行政强制执行的作出应当遵守以下规定,否则行政行为可能会在后续的行政复议或行政诉讼中被撤销、确认违法或无效。

第一,具有行政强制执行权限。并非所有的行政机关都具有行政强制执行权限,没有行政强制执行权限的行政机关应当申请法院强制执行,而非自行强制执行。行政机关是否具有该权限,可以在该机关的权责清单中查阅,上文已述,此处不赘述。

第二,具有行政强制执行权的行政机关应履行法定程序。根据《行政强制法》第四章,行政机关强制执行程序如图8-2所示。

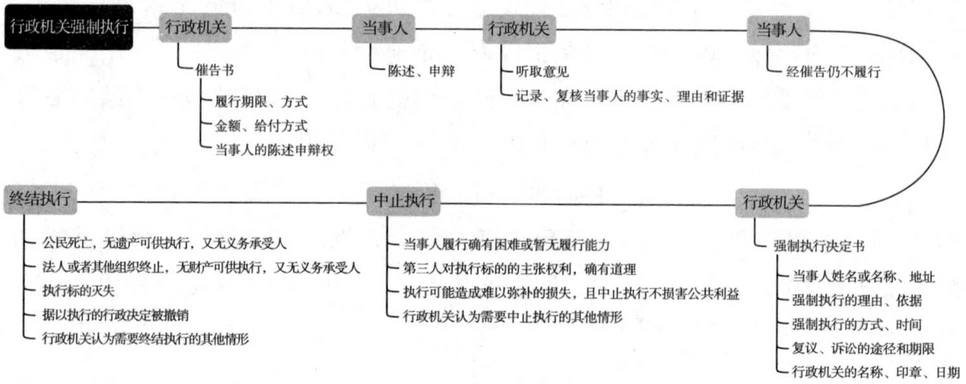

图 8 - 2　行政机关强制执行程序

第三，申请法院强制执行应履行法定程序。根据《行政强制法》第五章，行政机关申请法院强制执行程序如图 8 - 3 所示。

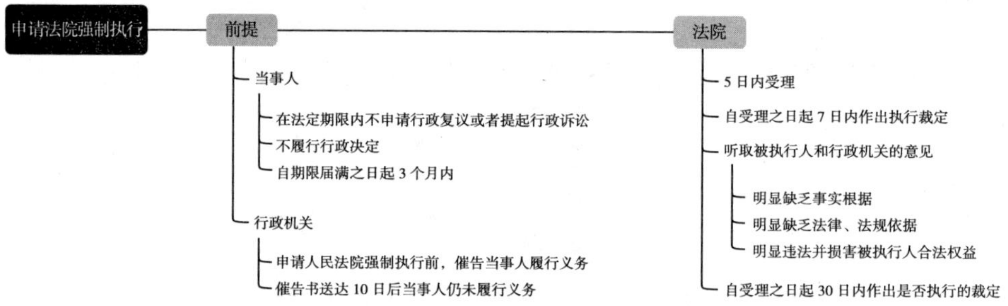

图 8 - 3　行政机关申请法院强制执行程序

第九章

/ CHAPTER 09

对行政处罚决定不服的救济程序

一、行政复议

(一)申请行政复议的范围

根据《行政复议法》,有下列情形之一的,公民、法人或者其他组织可以申请行政复议:(1)对行政机关作出的警告、罚款、没收违法所得、没收非法财物、责令停产停业、暂扣或者吊销许可证、暂扣或者吊销执照、行政拘留等行政处罚决定不服的;(2)对行政机关作出的限制人身自由或者查封、扣押、冻结财产等行政强制措施决定不服的;(3)对行政机关作出的有关许可证、执照、资质证、资格证等证书变更、中止、撤销的决定不服的;(4)对行政机关作出的关于确认土地、矿藏、水流、森林、山岭、草原、荒地、滩涂、海域等自然资源的所有权或者使用权的决定不服的;(5)认为行政机关侵犯合法的经营自主权的;(6)认为行政机关变更或者废止农业承包合同,侵犯其合法权益的;(7)认为行政机关违法集资、征收财物、摊派费用或者违法要求履行其他义务的;(8)认为符合法定条件,申请行政机关颁发许可证、执照、资质证、资格证等证书,或者申请行政机关审批、登记有关事项,行政机关没有依法办理的;(9)申请行政机关履行保护人身权利、财产权利、受教育权利的法定职责,行政机关没有依法履行的;(10)申请行政机关依法发放抚恤金、社会保险金或者最低生活保障费,行政机关没有依法发放的;(11)认为行政机关的其他具体行政行为侵犯其合法权益的。

该条从正面列举了行政复议的范围,因此,只有属于上述情形之一的,才可以申请行政复议,否则有关行政机关可能对行政复议申请不予受理。

典型案例 9-1①

孙某向吉林省住建厅提交了关于查询吉建房字〔1999〕27号通知是否已过时效的申请,并要求给予书面答复。吉林省住建厅一直未予书面答复。2011年4月26日,孙某以吉林省住建厅对其申请推托未予书面答复为由向吉林省人民政府提起行政复议,请求依据《政府信息公开条例》及相关法律规定,责令吉林省住建厅依法给予书面答复。2011年4月28日,吉林省人民政府作出不予受理决定,认为孙某提出的行政复议申请不在行政复议范围之内,根据《行政复议法》第六条、第十七条的规定,决定不予受理。2011年7月6日,孙某向法院提起行政诉讼,请求人民法院撤销吉林省人民政府的不予受理决定,并责令重新作出行政行为。

最高人民法院在审理中指出,孙某向吉林省住建厅申请了解的是吉建房字〔1999〕27号通知的效力问题,并非申请公开"以一定形式记录、保存的"政府文件本身,在性质上属于咨询,不属于《政府信息公开条例》调整的范畴,况且针对咨询作出答复以及答复与否,不会对咨询人的权利义务产生实际影响。因此,吉林省人民政府作出不予受理决定,符合《行政复议法》第六条、第十七条的规定。

1. 法律规定

《行政复议法》第十七条

行政复议机关收到行政复议申请后,应当在五日内进行审查,对不符合本法规定的行政复议申请,决定不予受理,并书面告知申请人;对符合本法规定,但是不属于本机关受理的行政复议申请,应当告知申请人向有关行政复议机关提出。

除前款规定外,行政复议申请自行政复议机关负责法制工作的机构收到之日起即为受理。

2. 案例分析

《政府信息公开条例》调整的"政府信息"是指现实存在的,并以一定形式记录、保存的信息。申请了解文件效力,属于咨询性质,不属于"应当按照申请人要求的形式予以提供"政府信息的情形。行政机关针对咨询申请作出的答复

---

① 中华人民共和国最高人民法院行政判决书,(2015)行提字第19号。

以及不予答复行为，不属于政府信息公开行为，不会对咨询人的权利义务产生实际影响，故不属于行政复议的受理范围。起诉人缺乏诉的利益，则无原告资格，人民法院可以不予受理或裁定驳回起诉。

另外，需要注意，新修订的《政府信息公开条例》进一步明确：在确定提供政府信息的形式时，不仅需要考虑到申请人要求的形式，还要综合考虑行政机关保存政府信息的实际情况，确定提供政府信息的具体形式；同时，按照申请人要求的形式提供政府信息，可能危及政府信息载体安全或者公开成本过高的，可以通过电子数据以及其他适当形式提供，或者安排申请人查阅、抄录相关政府信息。

（二）申请复议的期限

公民、法人或者其他组织认为具体行政行为侵犯其合法权益的，可以自知道该具体行政行为之日起 60 日内提出行政复议申请；但是法律规定的申请期限超过 60 日的除外。因不可抗力或者其他正当理由耽误法定申请期限的，申请期限自障碍消除之日起继续计算。

一般情况下，行政复议申请期限的起算点为“知道该具体行政行为之日”。结合实践中常见的行政处罚决定送达方式，企业对行政处罚决定申请行政复议的起算点通常包括以下几种情况：行政处罚决定直接送达的，自企业签收之日起算；行政处罚决定邮寄送达的，自企业在邮件签收单上签收之日起算；行政处罚决定公告送达的，自公告规定的期限届满之日起算。

企业负责处理行政处罚事宜的相关人员或者负责收发文件的人员，在亲自签收行政处罚决定书或者签收邮寄送达的行政处罚文书时，必须要有期限意识，及时向主管领导或决策部门反馈签收情况，以便主管领导或决策部门在法定期限内有足够的时间决定是否提出复议申请。如果提出行政复议申请超过了法定的申请期限，行政机关就可能不予受理其复议申请。

典型案例 9－2①

明溪县农业局于 1989 年 1 月 17 日经明溪县农业委员会批准，创办明溪县植物激素厂，该厂由马某某承包。由于承包人未能履行承包合同，1990 年 6 月

---

① 福建省高级人民法院行政判决书，(2011)闽行终字第 86 号。

19日明溪县农业局向明溪县农业委员会请求撤销明溪县植物激素厂,1990年8月25日,明溪县农业委员会同意撤销。2011年4月22日,马某某以信件形式向明溪县人民政府提出行政复议申请,要求确认明溪县农业局行政限制明溪县植物激素厂经营自主权的行政行为违法与无效。明溪县人民政府于2011年4月25日收到该行政复议申请后,认为该申请书未明确明溪县农业局以何种行为限制明溪县植物激素厂的经营自主权等,需要补充的相关材料,于2011年4月26日作出《补正行政复议申请通知书》,要求马某某补正有关材料。马某某于2011年4月30日递交了《补正意见书》,补充说明了明溪县农业局是以强制扣押明溪县植物激素厂税务登记证、企业法人营业执照正本及配套税务登记证、强制违法注销明溪县植物激素厂的开户银行账号等行为限制明溪县植物激素厂的经营自主权。明溪县人民政府于2011年5月6日收到马某某的《补正意见书》后,认为该补正材料未提交明溪县农业局限制明溪县植物激素厂的经营自主权行政行为的具体证明材料等需要补充的相关材料,于2011年5月11日再次作出《补正行政复议申请通知书》,要求马某某明确明溪县农业局以何种行政行为限制明溪县植物激素厂的经营自主权,并补充该行政行为的具体证明材料等。马某某于2011年5月20日再次递交了《补正意见书》。2011年5月26日,明溪县人民政府作出《不予受理行政复议申请决定书》。马某某不服提起行政诉讼。

法院认为,当事人申请行政复议,应当在法定的时限内申请。行政复议申请材料不齐全或者表述不清楚的,行政复议机构书面通知申请人补正的,申请人应在规定的补正期限内补正,无正当理由逾期不补正的,视为申请人放弃行政复议申请。对于强制扣押明溪县某激素厂企业法人营业执照正本及配套的税务登记证这一事项,明溪县农业局确于1991年5月3日强制扣押了明溪县某激素厂的企业法人营业执照、税务登记证。但就该问题,马某某于2009年9月7日在向明溪县人民政府递交的行政复议申请中,就已要求确认明溪县农业局于1991年5月3日强制扣押明溪县某激素厂税务登记证、企业法人营业执照违法,表明其最迟在2009年9月7日就已经知道明溪县农业局强制扣押明溪县某激素厂税务登记证、企业法人营业执照等行为,并已申请行政复议。而马某某于2011年4月25日再向明溪县人民政府提出行政复议申请既超过法定的申请期限,也违反了一事不再理原则,明溪县人民政府不予受理其复议申请是正确的。

1. 法律规定

《行政复议法》第九条

公民、法人或者其他组织认为具体行政行为侵犯其合法权益的,可以自知道该具体行政行为之日起六十日内提出行政复议申请;但是法律规定的申请期限超过六十日的除外。

因不可抗力或者其他正当理由耽误法定申请期限的,申请期限自障碍消除之日起继续计算。

2. 案例分析

当事人申请行政复议,应当在法定的时限内申请。行政复议申请材料不齐全或者表述不清楚的,行政复议机构书面通知申请人补正的,申请人应在规定的补正期限内补正,无正当理由逾期不补正的,视为申请人放弃行政复议申请。

另外,负责具体办理行政处罚事宜的企业工作人员,在接受行政调查时,必须要向调查人员如实反馈企业有效的送达地址,若未能如实反馈,则可能出现行政机关无法直接送达的情况。例如,企业实际经营地址早已经与工商登记地址不同,而行政调查过程中相关人员又未能如实向行政机关反馈实际经营地址,行政机关在作出行政处罚决定书后按照工商登记地址进行送达,此时就很可能出现留置送达或公告送达的情况。这种情况下,企业也可能无法知晓或无法及时知晓行政处罚决定,造成复议期限白白经过的情况发生。

(三)行政复议被申请人

企业对行政处罚决定不服的,应当以作出该行政处罚决定的行政机关为被申请人。通常情况下,在行政处罚决定书落款中加盖公章的行政机关即为被申请人。

(四)复议机关

复议申请人在选择复议机关时应当遵循如下规则:

1. 对县级以上地方各级人民政府工作部门的具体行政行为不服的,既可以向该部门的同级人民政府申请行政复议,也可以向上一级主管部门申请行政复议,由企业自行选择。但是,对海关、金融、国税、外汇管理等实行垂直领导的行政机关和国家安全机关的具体行政行为不服的,只能向上一级主管部门申请行政复议。

2. 对地方各级人民政府的具体行政行为不服的，应当向上一级地方人民政府申请行政复议。对省、自治区人民政府依法设立的派出机关所属的县级地方人民政府的具体行政行为不服的，向该派出机关申请行政复议。

3. 对国务院部门或者省、自治区、直辖市人民政府的具体行政行为不服的，向作出该具体行政行为的国务院部门或者省、自治区、直辖市人民政府申请行政复议。

（五）行政复议申请方式

复议申请人申请行政复议，既可以书面申请，也可以口头申请。书面申请行政复议的，可以采取当面递交、邮寄或者传真等方式提出行政复议申请，有条件的行政复议机构可以接受以电子邮件形式提出的行政复议申请；口头申请的，行政复议机关应当当场记录申请人的基本情况、行政复议请求、申请行政复议的主要事实、理由和时间。实践中，很少见到以口头方式提出行政复议申请的情形。从固定复议申请行为及复议请求的角度来看，不建议企业采取口头方式提出复议申请。

（六）行政复议申请书的内容

行政复议申请书应包括申请人的基本情况（法人或者其他组织的名称、住所、邮政编码和法定代表人或者主要负责人的姓名、职务），被申请人的名称、行政复议请求，申请行政复议的主要事实和理由，申请人的签名或者盖章，申请行政复议的日期。若有佐证复议请求的相关证据材料，建议随行政复议申请书一并提供。

（七）行政复议的受理

行政复议机关收到行政复议申请后，应当在 5 日内进行审查，对不符合法律规定的行政复议申请，决定不予受理，并书面告知申请人；对符合法律规定，但是不属于本机关受理的行政复议申请，应当告知申请人向有关行政复议机关提出。

行政复议申请材料不齐全或者表述不清楚的，行政复议机构可以自收到该行政复议申请之日起 5 日内书面通知申请人补正。补正通知应当载明需要补正的事项和合理的补正期限。无正当理由逾期不补正的，视为申请人放弃行政复议申请。补正申请材料所用时间不计入行政复议审理期限。

因而,企业在提出行政复议申请后,若5日内未收到复议机构的任何反馈,可主动进行咨询,询问是否已经受理。复议机构若通知企业补正相关材料,则企业应在补正通知载明的期限内补正,否则将会被视为放弃行政复议申请。

(八)行政复议的审理

企业在行政复议的审理过程中应当注意以下事项:

1. 行政复议的审理通常采取书面审的方式,即审查申请人和被申请人提交的书面材料后即作出复议决定。复议机关收到被申请人的申请材料后,一般不会主动向复议申请人进行送达,但复议申请人可以主动与复议机关沟通,请求复议机关送达被申请人提供的行政复议答复书及相关材料副本,以便更加清晰全面地了解行政处罚决定作出的事实及法律依据,为日后可能进行的行政诉讼做好准备。

2. 在行政复议过程中,被申请人不得自行向申请人和其他有关组织或者个人收集证据。若在复议过程中,有关行政机关继续向被处罚企业进行调查、取证,企业有权予以拒绝。另外,若被申请人在行政复议过程中自行收集了证据,企业可以在后续行政诉讼中要求法院不得将此证据作为定案根据。

3. 行政复议决定作出前,申请人要求撤回行政复议申请的,经说明理由,可以撤回;撤回行政复议申请的,行政复议终止。

典型案例 9-3①

2016年5月25日,泰州医药高新技术产业开发区拆迁安置管理办公室作出《房屋搬迁公告》,载明:"为进一步加快城市发展,根据规划,经研究,决定对南官河绿化工程(东明段)范围内的房屋实施搬迁,现将有关事项公告如下:(1)搬迁项目名称:南官河绿化工程(东明段)。(2)搬迁范围:东至南官河、北至济川路(详见规划红线图)。(3)搬迁期限:2016年5月27日~7月26日。"同年8月30日,陈某向泰州市政府申请行政复议,请求撤销《房屋搬迁公告》。9月14日,明珠街道办向泰州医药高新技术产业开发区管理委员会作出情况说明,称由于陈某的房屋建设用地为国有土地,故未将其列为房屋拆迁对象,该房

---

① 江苏省高级人民法院行政判决书,(2017)苏行终1074号。

屋搬迁项目的实施对陈某的合法权益不产生影响。泰州市人民政府作出维持决定。陈某提起行政诉讼,一审败诉。陈某在上诉中提出,明珠街道办出具的情况说明是高新区管委会在复议阶段收集的证据,依法不应采用。二审法院认为,根据《行政复议法》第二十四条,行政复议过程中,被申请人不得自行向申请人和其他有关组织或者个人收集证据。本案中,明珠街道办向高新区管委会出具情况说明的时间是在泰州市政府受理复议申请之后,不能够作为认定陈某房屋在32号《房屋搬迁公告》作出时是否属于搬迁对象的依据。

1. 法律规定

《行政复议法》第二十四条

在行政复议过程中,被申请人不得自行向申请人和其他有关组织或者个人收集证据。

2. 案例分析

在行政复议过程中,被申请人自行收集的证据不能作为判断行政行为合法性的依据。

(九)复议不停止执行的例外

行政复议期间具体行政行为不停止执行;但是,有下列情形之一的,可以停止执行:被申请人认为需要停止执行的;行政复议机关认为需要停止执行的;申请人申请停止执行,行政复议机关认为其要求合理,决定停止执行的;法律规定停止执行的。因而,企业在申请行政复议时可一并提交停止执行申请,并载明申请停止执行的理由,以免损失扩大或不可逆转。

(十)行政复议决定的作出

行政复议机关应当自受理申请之日起60日内作出行政复议决定;但是法律规定的行政复议期限少于60日的除外。情况复杂,不能在规定期限内作出行政复议决定的,经行政复议机关的负责人批准,可以适当延长,并告知申请人和被申请人;但是延长期限最多不超过30日。行政复议机关作出行政复议决定,应当制作行政复议决定书,并加盖印章。行政复议决定书一经送达,即发生法律效力。

二、行政诉讼

行政复议决定作出后，行政相对人若对复议决定不服，可以提起行政诉讼。当然，对于大部分行政处罚决定而言，也可以不经复议直接提出行政诉讼。

（一）起诉期限

企业应当在如下期限内提起行政诉讼：

1. 若经复议但对复议决定不服的，可以在收到复议决定书之日起15日内向人民法院提起诉讼。复议机关逾期不作决定的，申请人可以在复议期满之日起15日内向人民法院提起诉讼。法律另有规定的除外。

2. 未经复议，直接向人民法院提起诉讼的，应当自知道或者应当知道作出行政行为之日起6个月内提出。法律另有规定的除外。若不知道行政机关作出的行政行为内容的，其起诉期限从知道或者应当知道该行政行为内容之日起计算。因不动产提起诉讼的案件自行政行为作出之日起超过20年，其他案件自行政行为作出之日起超过5年提起诉讼的，人民法院不予受理。

因此，当企业认为行政行为可能存在无效、违法、可撤销的情形时，应注意在法定期限内提起诉讼，否则将无法获得救济。

典型案例 9-4①

西宁市政府作出批复，同意将在国有土地、市政公共设施范围内首批建设的19处停车场（库）的特许经营权及以此为载体的户外广告特许经营权授予J公司投资建设、经营，经营期限30年。2011年1月，J公司委托青海省产权交易市场对案涉项目的投资、建设、运营进行公开招商。2月11日，确定M公司为中标单位。3月23日，M公司与J公司签订合作协议，约定J公司将案涉项目的开发建设和一定年限的经营权授予M公司，M公司负责投入全额建设资金。项目建设工程竣工后，其产权归J公司，J公司将地下商业区的经营权按50年有偿转让给M公司。2012年11月7日、2014年9月27日、28日、29日，J公司在《西宁晚报》上刊登公告称，案涉项目范围内的地下商业区经营权均由J公司

① 青海省高级人民法院行政裁定书，(2020)青行终52号。

独家享有。2019年10月9日，M公司以西宁市政府为被告提起行政诉讼，认为西宁市政府将特许经营权授予J公司投资建设、经营，经营期限30年，而J公司将案涉项目地下商业区50年经营权授予原告，明显超出被告授权J公司的30年经营期限。同时，通过西宁市政府的多份文件显示，被告对J公司的前述违法行为应属明知，且未予以及时纠正。这就导致原告取得的特许经营权期限存在严重的不确定性，给原告招商、招租、出售地下商业区商铺等行为带来巨大负面影响，造成巨大损失。因而，M公司请求法院确认西宁市政府授权J公司授予原告M公司50年特许经营权的行政行为违法。

一审法院认为，行政诉讼的起诉期限是法定起诉条件之一。本案中，M公司于2011年3月23日与J公司签订合作协议时，已经知道或应当知道被告西宁市政府已经作出批复，授予J公司案涉项目特许经营权。虽然《行政诉讼法》第四十八条对"因不可抗力或者其他不属于其自身的原因耽误起诉期限的"以及"因前款规定以外的特殊情况耽误起诉期限的"，作出了起诉期限可以延长的规定，但原告并未向法庭说明并提交"因不可抗力或者其他不属于其自身的原因耽误起诉期限"的理由及证据。根据当时有效的最高人民法院《关于执行〈中华人民共和国行政诉讼法〉若干问题的解释》第四十一条规定，原告M公司应当自知道或者应当知道作出行政行为之日起2年内起诉。即使按照最长5年的起诉期限计算，自2010年4月13日西宁市政府作出批复，或2011年3月23日M公司与J公司签订合作协议至2019年10月9日M公司向本院提起行政诉讼均已逾5年，显然已超过了法定起诉期限。故原告的起诉不符合法定起诉条件，最终裁定驳回原告的起诉。

二审法院认为，《行政诉讼法》规定的行政诉讼最长保护期限，是指行政相对人或利害关系人始终不知道被诉行政行为内容的情形，但对该期限的适用也需遵循知道或应当知道这一起算点的设置。本案中，即便推定M公司所诉西宁市政府的授权行为存在，至其于2019年9月提起行政诉讼显然已超过当时有效的最高人民法院《关于执行〈中华人民共和国行政诉讼法〉若干问题的解释》第四十一条规定的2年起诉期限。

1. 法律规定

《行政诉讼法》第四十六条

公民、法人或者其他组织直接向人民法院提起诉讼的，应当自知道或者应当知道作出行政行为之日起六个月内提出。法律另有规定的除外。

因不动产提起诉讼的案件自行政行为作出之日起超过二十年，其他案件自行政行为作出之日起超过五年提起诉讼的，人民法院不予受理。

2. 案例分析

当事人对行政行为不服的，应当在法定起诉期限内提起行政诉讼，超过法定起诉期限又起诉的，人民法院应当裁定驳回起诉。

（二）起诉条件

提起行政诉讼应当符合下列条件：

1. 原告是符合《行政诉讼法》第二十五条规定的公民、法人或者其他组织。

2. 有明确的被告（原告提供被告的名称等信息足以使被告与其他行政机关相区别）。

3. 有具体的诉讼请求和事实根据。“有具体的诉讼请求”是指：请求判决撤销或者变更行政行为、请求判决行政机关履行特定法定职责或者给付义务、请求判决确认行政行为违法、请求判决确认行政行为无效、请求判决行政机关予以赔偿或者补偿、请求解决行政协议争议、请求一并审查规章以下规范性文件、请求一并解决相关民事争议等。另外，当事人单独或者一并提起行政赔偿、补偿诉讼的，应当有具体的赔偿、补偿事项以及数额；请求一并审查规章以下规范性文件的，应当提供明确的文件名称或者审查对象；请求一并解决相关民事争议的，应当有具体的民事诉讼请求。

4. 属于人民法院受案范围和受诉人民法院管辖。

提起行政诉讼必须符合上述条件，若不属于行政诉讼的受案范围，就有可能被裁定驳回起诉。

（三）管辖

法院管辖规则：

1. 地域管辖：行政案件由最初作出行政行为的行政机关所在地人民法院管辖。经复议的案件，也可以由复议机关所在地人民法院管辖。

2. 级别管辖：基层人民法院管辖第一审行政案件。中级人民法院管辖下列第一审行政案件：对国务院部门或者县级以上地方人民政府所作的行政行为提起诉讼的案件；海关处理的案件；本辖区内重大、复杂的案件；其他法律规定由中级人民法院管辖的案件。高级人民法院管辖本辖区内重大、复杂的第一审行政案件。最高人民法院管辖全国范围内重大、复杂的第一审行政案件。另外，有下列情形之一的，属于行政诉讼法第十五条第三项规定的“本辖区内重大、复杂的案件”：(1)社会影响重大的共同诉讼案件；(2)涉外或者涉及香港特别行政区、澳门特别行政区、台湾地区的案件；(3)其他重大、复杂案件。

(四)立案

企业在申请立案时应当注意以下事项：

第一，人民法院在接到起诉状时对符合本法规定的起诉条件的，应当登记立案。

第二，对当场不能判定是否符合本法规定的起诉条件的，应当接收起诉状，出具注明收到日期的书面凭证，并在 7 日内决定是否立案。不符合起诉条件的，作出不予立案的裁定。裁定书应当载明不予立案的理由。原告对裁定不服的，可以提起上诉。

第三，起诉状内容欠缺或者有其他错误的，应当给予指导和释明，并一次性告知当事人需要补正的内容。不得未经指导和释明即以起诉不符合条件为由不接收起诉状。

第四，对于不接收起诉状、接收起诉状后不出具书面凭证，以及不一次性告知当事人需要补正的起诉状内容的，当事人可以向上级人民法院投诉，上级人民法院应当责令改正，并对直接负责的主管人员和其他直接责任人员依法给予处分。

第五，人民法院既不立案，又不作出不予立案裁定的，当事人可以向上一级人民法院起诉。上一级人民法院认为符合起诉条件的，应当立案、审理，也可以指定其他下级人民法院立案、审理。

(五)举证

企业在准备行政诉讼证据的过程中应当注意以下事项：

1. 被告对作出的行政行为负有举证责任，应当提供作出该行政行为的证据和所依据的规范性文件。被告不提供或者无正当理由逾期提供证据，视为没有相应证据。

2. 在诉讼过程中，被告及其诉讼代理人不得自行向原告、第三人和证人收集证据。这一点企业需特别留意，若在诉讼过程中行政机关向企业或者第三人、证人等收集证据，属于违法调查取证，被调查人员可以拒绝。

3. 原告或者第三人提出了其在行政处理程序中没有提出的理由或者证据的，经人民法院准许，被告可以补充证据。

4. 原告可以提供证明行政行为违法的证据。原告提供的证据不成立的，不免除被告的举证责任。

5. 在起诉被告不履行法定职责的案件中，原告应当提供其向被告提出申请的证据。但有下列情形之一的除外：被告应当依职权主动履行法定职责的；原告因正当理由不能提供证据的。在行政赔偿、补偿的案件中，原告应当对行政行为造成的损害提供证据。因被告的原因导致原告无法举证的，由被告承担举证责任。

需要注意，举证责任的分配将直接影响诉讼结果，若负有举证责任的一方无法举证证明待证事实成立，就面临着败诉的风险。而根据上述规定，行政诉讼的举证责任一般在行政机关一方，因此，若企业发现诉讼中举证责任分配有所不当，应及时提出，以便维护自身合法权益。

典型案例 9-5①

赵氏宗祠产权属赵氏家族共同共有，由赵氏族人推选赵某某作为宗祠代管人。2003 年 9 月 2 日，福州市人民政府下发批复，同意由仓山区政府收储该宗祠所在国有土地使用权作为旧屋区改造建设用地。赵某某向法院诉称，2004 年 12 月 2 日深夜，赵氏宗祠被仓山区政府下属单位福州仓山国有资产营运有限公司违法拆除。

一审法院认为，赵氏宗祠于 2004 年 12 月 2 日被拆除，2005 年 5 月重建竣工。强拆行为系事实行为，赵某某已确认其在拆除行为实施当日即已知道讼争房屋被拆除，并在 2006 年 8 月就此提起民事诉讼，则其提起本案行政诉讼应当自知道或者应当知道该拆除行为之日起计算，但最长不得超过 2 年的起诉期限，即至 2006 年 12 月 2 日。而赵某某直至 2017 年 8 月 29 日才提起行政诉讼，已经超过了起诉期限，因而驳回赵某某的起诉。赵某某不服，提起上诉。二审法院驳回上诉，维持原裁定。

再审中，最高人民法院指出：首先，从起诉期限角度而言，一审法院以超期

---

① 中华人民共和国最高人民法院行政裁定书，(2019) 最高法行申 1292 号。

为由驳回赵某某的起诉明显不当。其次,从强制活动举证角度而言,二审法院将被诉强拆行为的举证责任完全归于赵某某一方理据不足。行政诉讼中,原告方往往相对弱势,掌握的资源与证据有限,只要能够提供初步证据,证明事实行为存在且有可能系起诉状所列被告实施,即可视为基本履行了符合立案条件的举证义务;而被告方有义务提供证据证明自身是否实施了强制、按照何种程序如何实施、有无对当事人合法利益作出必要考量;在必要的情形下,人民法院也可依职权调查,对强制主体等事宜作出认定或者推定。况且在本案中,结合赵某某原审期间提交的榕政地(2003)267 号文件、榕地挂牌(2003)8 号出让公告、《赵氏宗祠拆除计划》、营运公司和工程处的登报道歉声明等证据以及仓山区政府及原审第三人提供的其他证据,并不当然排除仓山区政府没有组织被诉强拆活动,二审法院对此事实问题亦指出"需要进一步的证据予以确认",故本案存在举证责任配置不当。

1. 法律规定

《行政诉讼法》第三十四条

被告对作出的行政行为负有举证责任,应当提供作出该行政行为的证据和所依据的规范性文件。

被告不提供或者无正当理由逾期提供证据,视为没有相应证据。但是,被诉行政行为涉及第三人合法权益,第三人提供证据的除外。

2. 案例分析

《行政诉讼法》第三十四条规定的"被告对作出的行政行为负有举证责任"是行政诉讼举证责任的一般原则,行政诉讼中,原告方往往相对弱势,掌握的资源与证据有限,只要能够提供初步证据,证明事实行为存在且有可能系起诉状所列被告实施,即可视为基本履行了符合立案条件的举证义务。而被告方有义务提供证据证明自身是否实施了强制、按照何种程序如何实施、有无对当事人合法利益作出必要考量;在必要的情形下,人民法院也可依职权调查,对强制主体等事宜作出认定或者推定。

(六)诉讼不停止执行的例外

诉讼期间,不停止行政行为的执行。但有下列情形之一的,裁定停止执行:被告认为需要停止执行的;原告或者利害关系人申请停止执行,人民法院认为该行政行为的执行会造成难以弥补的损失,并且停止执行不损害国家利益、社会公共利益的；人民法院认为该行政行为的执行会给国家利益、社会公共利益造成重大损害的；法律、法规规定停止执行的。当事人对停止执行或者不停止执行的裁定不服的，可以申请复议一次。因而，企业在提起行政诉讼时可以同时申请停止执行，以免损失扩大或不可逆转。

（七）判决作出

根据《行政诉讼法》第八十一条和第八十八条，人民法院应当在立案之日起6个月内作出第一审判决。有特殊情况需要延长的，由高级人民法院批准，高级人民法院审理第一审案件需要延长的，由最高人民法院批准。人民法院审理上诉案件，应当在收到上诉状之日起3个月内作出终审判决。有特殊情况需要延长的，由高级人民法院批准，高级人民法院审理上诉案件需要延长的，由最高人民法院批准。

图书在版编目(CIP)数据

房地产开发行政处罚风险防范与实务应对 / 陈作科等著. -- 北京 : 法律出版社, 2021

ISBN 978-7-5197-5667-3

Ⅰ. ①房… Ⅱ. ①陈… Ⅲ. ①房地产开发-行政处罚法-研究-中国 Ⅳ. ①D922.112.4

中国版本图书馆 CIP 数据核字(2021)第 106423 号

房地产开发行政处罚风险防范与实务应对
FANGDICHAN KAIFA XINGZHENG CHUFA FENGXIAN FANGFAN YU SHIWU YINGDUI

陈作科
裴红艳
李云舒 著
王凌光
成晨阳

策划编辑 肖 越
责任编辑 肖 越
装帧设计 汪奇峰

出版发行 法律出版社
编辑统筹 法商出版分社
责任校对 杨锦华 王沁陶
责任印制 胡晓雅
经 销 新华书店

开本 710 毫米×1000 毫米 1/16
印张 18.75 **字数** 285 千
版本 2021 年 7 月第 1 版
印次 2021 年 7 月第 1 次印刷
印刷 三河市龙大印装有限公司

地址:北京市丰台区莲花池西里 7 号(100073)
网址:www.lawpress.com.cn
投稿邮箱:info@lawpress.com.cn
举报盗版邮箱:jbwq@lawpress.com.cn

销售电话:010-83938349
客服电话:010-83938350
咨询电话:010-63939796

书号:ISBN 978-7-5197-5667-3
定价:76.00 元

凡购买本社图书,如有印装错误,我社负责退换。电话:010-83938349